Apprendre de la vie quotidienne

La collection « Apprendre » a pour vocation d'établir des ponts entre la recherche et les pratiques en éducation. Elle propose une approche pluridisciplinaire des questions actuelles qui préoccupent les acteurs du champ de l'éducation, de l'enseignement et de la formation. Elle fait pour cela appel aux meilleurs spécialistes au fait des développements les plus récents de la recherche dans le domaine. Elle se dote d'une charte rédactionnelle qui assure la plus grande lisibilité et accessibilité des contenus à tous les professionnels du champ.

Sous la direction de

Gilles Brougère

Anne-Lise Ulmann

Apprendre de la vie quotidienne

Presses Universitaires de France

Collection « Apprendre »
Codirigée par Étienne Bourgeois et Gaëtane Chapelle

Autres titres parus dans cette collection :

Étienne Bourgeois et Gaëtane Chapelle (dirs), *Apprendre et faire apprendre*, collection « Apprendre », Paris, PUF, 2006.

Gaëtane Chapelle et Denis Meuret (dirs), *Améliorer l'école*, collection « Apprendre », Paris, PUF, 2006.

Benoît Galand et Étienne Bourgeois (dirs), *(Se) motiver à apprendre*, collection « Apprendre », Paris, PUF, 2006.

Vincent Dupriez et Gaëtane Chapelle (dirs), *Enseigner*, collection « Apprendre », Paris, PUF, 2007.

Michel Fayol et Jean-Pierre Jaffré, *Orthographier*, collection « Apprendre », Paris, PUF, 2008.

Denis Bédard et Jean-Pierre Béchard (dirs), *Innover dans l'enseignement supérieur*, collection « Apprendre », Paris, PUF, 2009.

ISBN 978-2-13-057207-7
Dépôt légal – 1re édition : 2009, mars

6, avenue Reille, 75014 Paris

Sommaire

Troisième partie : Apprendre des loisirs

Quatrième partie : Apprendre dans le travail

Cinquième partie : Apprendre par la vie politique et associative

Sixième partie : Quelles théories pour les apprentissages du quotidien ?

Introduction
Sortir de l'ombre les apprentissages quotidiens

Gilles Brougère et Anne-Lise Ulmann

Apprendre de la vie quotidienne ne constitue pas une modalité de formation très prisée. Un tel énoncé peut même faire figure de provocation, tant la distance avec le modèle canonique de l'enseignement où les savoirs sont considérés comme des objets directement transmissibles de tête en tête se trouve à l'opposé de cette formule qui donne du crédit aux actes banals, ceux de tous les jours. Gorgés d'évidence, mal définis et de surcroît peu visibles, ces apprentissages quotidiens laissent souvent indifférents parce qu'ils ne contribuent pas à développer de nouvelles connaissances. Que peut-on réellement apprendre d'essentiel d'actes routiniers, même s'ils nous occupent le plus clair de notre temps ? Comment le banal, le simple, l'évident peuvent-ils apporter de nouvelles connaissances, si ce n'est quelques truismes ? Nous verrons dans ce livre que, pris entre l'allant-de-soi et l'insipide, le quotidien rend aveugle, par ses évidences, aux ressources qu'il recèle.

Appelés pratiques locales, savoirs quotidiens, savoir-faire implicites, savoirs incorporés ou encore habiletés, ces apprentissages du quotidien ne font pas l'objet de définitions bien précises comme si la variété des termes qui sert à les identifier venait confirmer la circonspection avec laquelle le statut de savoir leur est conféré. S'ils ne sont pas complètement déniés en tant que savoirs, ils ne sont pas vraiment reconnus en tant que tels. Si bien que ces apprentissages de la vie quotidienne laissent perplexes. Nous pouvons alors nous demander pourquoi ce qui nous est le plus proche et le plus familier, le quotidien, se révèle le moins connu, parfois même le plus étranger.

Les raisons peuvent être d'ordre culturel. L'acte d'apprendre est considéré comme un acte volontaire qui d'une part s'effectuerait dans un cadre spécifique et d'autre part requerrait une activité soutenue des sujets. Hors de ce cadre institué, l'apprentissage paraît plus aléatoire et les savoirs acquis moins immédiatement reconnus. Une hiérarchisation implicite des savoirs structure donc notre rapport à l'apprentissage, confortant l'ordre social et culturel qui donne un crédit quasi exclusif aux institutions habilitées à transmettre ce que la société considère comme le savoir. Relégués au second rang, les apprentissages de la vie quotidienne restent confinés dans l'invisible alors même qu'ils contribuent à développer de nombreuses connaissances y compris dans ces lieux officiels destinés à transmettre un savoir valide et reconnu. S'attacher à reconnaître les apprentissages effectués dans le cours de toutes nos pratiques sociales, des plus banales aux plus élaborées, implique de porter un autre regard sur le quotidien, ce que nous ne sommes pas toujours portés à faire.

Par ailleurs, du point de vue d'une épistémologie des savoirs, ces savoirs du quotidien, considérés comme des pratiques locales, situées ou spécifiques, restent souvent inexplorés parce qu'ils ne seraient pas suffisamment porteurs de généralités. Leur indexation à une situation particulière ne permettrait pas autant de possibilités de transfert d'un domaine à un autre, d'une situation à une autre, que ceux acquis dans des cadres formels et reconnus. Une hypothétique montée en généralité donne un statut supérieur à ces savoirs alors même qu'« il n'y a qu'une manière de parvenir au général, c'est d'observer le particulier, non pas superficiellement et en gros, mais minutieusement et par le détail »[1]. Reconnaître les apprentissages du quotidien comme des savoirs présuppose donc que le savoir n'existe pas en soi prêt à être transmis, mais qu'il se trouve inextricablement lié à l'activité des sujets dans des contextes divers, ordinaires comme inaccoutumés, toujours particuliers et situés.

Outre cette difficulté à accepter que des savoirs généraux et transférables s'élaborent souvent à partir de pratiques quotidiennes locales, découvrir ou redécouvrir le familier oblige à porter un autre regard sur les pratiques habituelles et routinières. S'intéresser aux pratiques ordinaires conduit en effet à transcender nos préjugés pour discerner d'autres sens dans ce que nous pensions sans intérêt ou évident. Les apprentissages de la vie quotidienne, loin d'être toujours faciles à faire, contraignent à opérer un déplacement de regard sur les choses pour les dévoiler autrement et faire émerger des sens enfouis. Ce nouveau regard sur l'ordinaire transforme les représentations du quotidien et, ce faisant, ne nous laisse ni extérieurs ni indemnes, mais nous transforme également. Les représentations du monde changent et en même temps le travail opéré par ce déplacement de regard nous découvre autrement et modifie notre appréhension du monde. Cette transformation porteuse d'apprentissages, parfois difficile à accepter sur un plan identitaire, vient ici attester que derrière ce quotidien, soi-disant banal, se sont structurées et sédimentées des manières de penser et d'agir qui résistent aux remises en question. Les allant-de-soi, derrière lesquels nous nous réfugions pour ne pas penser, dévoilent une autre profondeur de champ au quotidien, qui, par-delà ses banalités, nous confronte à la construction sociale de nos évidences.

Enfin, l'indifférence dans laquelle nous tenons fréquemment le quotidien tient aussi au fait que ces apprentissages quotidiens ne sont pas structurellement ordinaires, mais qu'ils le deviennent au prix d'un travail parfois ardu. Chacun s'ingénie, quel que soit le cadre dans lequel il se trouve, à rendre évidentes, banales, faciles des situations qui initialement paraissaient difficiles, insurmontables, extraordinaires. Les apprentissages de la vie quotidienne développent nos capacités à construire des routines qui nous permettent de dépasser et de rendre acceptables les difficultés du monde dans lequel nous évoluons. Ce travail silencieux et invisible que nous devons entreprendre pour transformer une pratique sociale inhabituelle en habitude quotidienne et « laisser la nature s'échiner à votre place »[2] vient révéler que les apprentissages de la vie quotidienne ne s'effectuent pas seulement dans des espaces institués pour apprendre, mais qu'ils constituent des ressources dont nous avons continuellement besoin. Apprentissages formels et informels, savants ou quotidiens ne s'élaborent pas seulement pour les uns dans des espaces sociaux institués et pour les autres au cours d'une pratique sociale ordinaire, mais s'entrecroisent constamment. Ces enchâssements peu explorés aujourd'hui dans nos systèmes de formation se révèlent pourtant des ressources importantes pour comprendre l'organisation de nos vies sociales et y développer de nouveaux savoirs.

Conçu de manière à faire découvrir les apprentissages du quotidien effectués dans des espaces sociaux variés, ce livre est composé de six parties, traitant chacune d'un domaine particulier permettant d'apprécier la diversité et l'importance des savoirs enfouis dans nos habitudes quotidiennes. Les auteurs de ces sections nous font traverser des mondes ordinaires qui ont en commun de révéler des apprentissages qui, loin d'être secondaires ou annexes, se révèlent importants à maîtriser pour comprendre le sens de nos pratiques et se repérer dans un espace social.

Si chaque chapitre est conçu comme une section autonome qui traite de la vie quotidienne dans un champ spécifique, l'ensemble de l'ouvrage offre un ensemble de situations ordinaires qui se découvrent comme des voies d'accès, manifestement encore bien peu explorées dans certains domaines, pour comprendre les fonctionnements sociaux que nous construisons et qui construisent notre rapport au monde.

– La première partie de ce livre propose, après un chapitre d'ouverture écrit par Gilles Brougère pour donner un cadre et définir ces apprentissages quotidiens, plusieurs illustrations effectuées dans des espaces sociaux différents : Hakima Mounir montre comment s'effectue la transmission de savoirs domestiques chez des femmes marocaines, Alain Vulbeau illustre l'entrelacement de différents types d'apprentissages permettant d'évoluer dans un espace urbain et Philippe de Leener étudie comment la prise en compte de savoirs liés aux fondements sociaux et culturels de migrants d'Afrique de l'Ouest constitue un préalable fondamental pour faciliter leur insertion dans le pays d'accueil.

– La deuxième partie traite des apprentissages effectués en marge de l'univers scolaire. Julie Delalande étudie les savoirs acquis par les enfants dans les cours de récréation, Lucette Colin s'attache à valoriser ceux développés par des adolescents lors d'échanges scolaires à l'étranger, Jean Houssaye s'intéresse aux savoirs développés dans le cadre de colonies de vacances et Ismael Ghodbane montre comment, par le biais d'apprentissages artistiques ou culturels, des jeunes en proie à de nombreuses difficultés arrivent à se réinsérer socialement.

– La troisième partie est consacrée aux loisirs : Gilles Brougère définit le loisir et analyse ses liens avec les apprentissages, Jean Retschizki découvre le monde des médias en permanente évolution exigeant toujours davantage d'apprentissages et Vincent Berry donne à voir la complexité des apprentissages à acquérir pour structurer et maintenir des liens dans les communautés sur Internet.

– Les mondes professionnels sont abordés dans la quatrième partie. Anne-Lise Ulmann montre comment la pratique professionnelle contribue au développement de nouveaux savoirs appris par l'exercice même de cette pratique, Philippe Carré dresse un panorama des savoirs professionnels informels, Jean-Yves Robin étudie en quoi les carrières professionnelles peuvent être source d'apprentissages et Martine Morisse révèle ce que l'écriture d'un dossier de validation des acquis de l'expérience (VAE) développe comme apprentissages nouveaux sur sa propre pratique.

– La cinquième partie étudie des apprentissages sociaux effectués en marge du monde de l'entreprise. Daniel Shugurensky traite de la démocratie participative et des savoirs qu'elle permet de développer, Renato Di Ruzza s'intéresse aux apprentissages inhérents à la pratique syndicale et Stéphane Hanczyk dresse un aperçu des apprentissages permettant de travailler au sein de structures associatives.

– La dernière partie présente différentes approches théoriques permettant d'appréhender ces apprentissages. Régine Sirota explore les apprentissages du quotidien au regard des transformations récentes de la notion de socialisation. Lysette Ngeng décrit la notion de niche de développement pour analyser les savoirs du quotidien. Gilles Brougère clôt cet ouvrage en étudiant plus particulièrement la participation comme une théorie de l'apprentissage adaptée aux effets formateurs du quotidien.

Traversant tous les domaines de la vie sociale, qu'il s'agisse des mondes domestiques, scolaires, des loisirs, de l'entreprise, des associations voire ceux du politique, ce vaste panorama des apprentissages de la vie quotidienne apparaît comme une « histoire politique du quotidien », pour reprendre l'expression de M. Perrot citée par R. Sirota dans ce livre, qui ouvre un espace de réflexion renouvelé pour penser les liens entre l'éducation et la formation. En effet, l'ambition de ce livre n'est pas seulement de réhabiliter le quotidien pour mieux décrypter les fonctionnements qui structurent nos actes et nos pratiques sociales, il vise aussi à offrir de nouvelles perspectives d'actions pour penser la formation en prenant acte de ces apprentissages.

UNE CHARTE RÉDACTIONNELLE

Cet ouvrage, comme tous ceux de cette collection, vise un double objectif que les auteurs qui ont accepté d'y contribuer ont tenté de concilier : offrir un « bilan récent des recherches et de leurs implications pour l'éducation et la formation » qui soit destiné à un public non spécialisé de professionnels concernés par tous ceux qui s'interrogent sur la façon dont on apprend, en milieu éducatif, associatif, professionnel, familial, etc.

Pour relever ce double pari de rigueur et d'accessibilité, les auteurs ont accepté de ne pas correspondre à tous les codes des publications scientifiques spécialisées. Bien sûr, la rigueur des recherches présentées, la complexité et les nuances des débats en cours sont restées une exigence. Mais l'on a délibérément choisi de ne pas alourdir la lecture par des références bibliographiques trop nombreuses, des résultats chiffrés et des termes trop techniques, et de limiter la longueur des textes. Un « fil rouge » court par ailleurs dans les marges afin de résumer en quelques mots les idées centrales des textes, et de permettre de se repérer au fil des pages.

Afin de compléter le texte principal, chaque chapitre est accompagné d'un encadré. Les encadrés « J'ai lu » proposent la recension d'un livre paru en français ou en anglais, sur le sujet. Les encadrés « Questions à » interrogent des chercheurs spécialistes de la question, tandis que les encadrés « Regards d'acteur » donnent la parole à des acteurs de terrain. Les encadrés « En pratique » présentent une application concrète du sujet discuté par l'auteur du chapitre. Le dernier type d'encadré, appelé « Du côté de la recherche », présente une recherche ou une situation de façon plus précise.

Nous remercions vivement les auteurs pour leur contribution et pour s'être prêtés au jeu de cette charte rédactionnelle.

Si les différents chapitres de ce livre donnent à voir des apprentissages quotidiens souvent enfouis, mais néanmoins agissants pour s'intégrer socialement, ils confirment également que l'apprentissage est un processus complexe qui ne se réduit pas à une simple opération de transmission. Contrairement aux idées reçues héritées des modèles scolaires, ce n'est pas seulement dans des espaces prévus pour apprendre ou dans des situations conçues pour être éducatives que les personnes développent de nouveaux apprentissages, mais dans toutes les situations où elles peuvent nouer une relation, construire du sens, développer des intérêts nouveaux. Faire une place à ces apprentissages déplace et parfois dérange nos habitudes formatives parce que le sujet qui apprend est aussi un sujet qui s'est déjà formé dans et par les espaces sociaux qu'il fréquente quotidiennement.

Les apprentissages du quotidien ne viennent pas se substituer à ceux effectués dans un cadre institué, mais ils apparaissent dans l'ensemble de ces contributions comme des soubassements de l'activité des sujets. Le sujet qui apprend est d'abord un sujet épistémique pour qui le rapport au savoir est aussi un rapport à soi et à autrui. Le monde ordinaire constitue alors un espace d'apprentissages souvent ignoré, alors même qu'il recèle des ressources nombreuses et variées pour comprendre le monde qui nous construit socialement et que nous construisons dans nos relations à autrui.

NOTES

1. P. Ladrière, « Durkheim lecteur de Kant », *in* S. Bateman-Novaes, R. Ogien, P. Pharo (dirs), *Raison pratique et sociologie de l'éthique. Autour des travaux de Paul Ladrière*, Paris, CNRS éditions, 2000, p. 25-59.

2. Expression de Hegel reprise par G. Delbos et P. Jorion, *La transmission des savoirs*, Paris, Éditions de la Maison des sciences de l'homme, 1990, p. 166.

Première partie

Apprendre dans les espaces sociaux

Chapitre 1
Vie quotidienne et apprentissages

Gilles Brougère

« On n'est jamais en dehors de la vie quotidienne. »
Guy Debord

Avant de savoir si l'on peut apprendre de la vie quotidienne et comment, il importe de se pencher sur cette notion qui apparaît polysémique, sujette à de multiples interprétations parfois contradictoires, quand bien même on serait d'accord sur ce qu'elle recouvre exactement. Elle est prise entre deux extrêmes qu'il convient d'éviter si l'on veut s'en servir. D'un côté, la vie quotidienne renvoie au plus banal, aux routines, aux répétitions de la vie, à ce que l'on chercherait à fuir et qu'il serait difficile de considérer comme porteur d'un quelconque apprentissage. De l'autre côté, tout serait vie quotidienne sous prétexte que tout se déploie d'une façon ou d'une autre dans le quotidien.

Pour éviter cette opposition, il convient de considérer que, au-delà de l'expression « vie quotidienne », il s'agit de mettre en évidence le quotidien, ce qui se déroule au jour le jour. C'est une dimension peu contournable qui confère son empreinte à l'ensemble de la vie sociale. Celle-ci a lieu dans le quotidien, s'insère dans la répétition temporelle, implique des répétitions, des routines, des coutumes, des habitudes. C'est en partie dû au cycle temporel des jours et des nuits, des saisons, des années, qui donne un cadre temporel au quotidien et dont il est difficile de s'échapper même si l'on peut construire des activités qui le nient, le contestent, tentent de le renverser. Essayer de déconstruire le cadre quotidien habituel revient toujours à construire un nouveau quotidien dans un cycle différent. Cela vient aussi de l'ordre biologique auquel l'être humain est soumis, au risque d'y perdre la vie, risque que certains peuvent prendre, qui implique de satisfaire des besoins qui se répètent (dormir, manger, etc.). Ces deux aspects nous conduisent à saisir pourquoi le quotidien peut avoir mauvaise presse, symbole de la contrainte qui s'exerce sur chacun d'entre nous. Nous ne deviendrions libres qu'en sortant de cet espace contraint. Mais l'on peut aussi faire l'hypothèse qu'une liberté concrète suppose l'acceptation des contraintes, à partir desquelles il devient possible de bâtir un autre quotidien.

La vie quotidienne ne se réduit pas à se soumettre à l'exercice de ces contraintes dont l'origine est hors du social même si elles prennent nécessairement des formes sociales (temps socialisé des horloges, modalité sociale du sommeil ou du repas) qui constituent la première dimension de la réappropriation humaine de la nécessité. La vie quotidienne est aussi cet ensemble de façons de faire, de rituels, de routines qu'aucun ordre cosmique ou biologique ne vient imposer à l'homme. Pourquoi prendre le même chemin pour se rendre chaque matin au travail, pourquoi toujours un café à 10 heures, pourquoi manger dans la même cantine, pourquoi la gym tous les vendredis midi, etc. Loin d'essayer d'échapper à la routine, nous en construisons sans cesse, certaines durablement voire pour toute la vie, d'autres de façon éphémère. Nous avons une forte tendance à nous répéter, au risque de résister à ce qui vient mettre en cause cette organisation. La raison en est que c'est plus simple : cela évite de recommencer chaque matin à zéro comme si c'était le premier jour de notre vie. On pourrait imaginer que, hésitant tel l'âne de Buridan entre tous les chemins possibles pour aller au travail, nous n'y arriverions jamais. L'habitude nous donne un cadre, qui n'est peut-être pas le meilleur, mais qui a l'avantage de nous permettre d'agir sans « nous prendre la tête », sans effort. Tout en conduisant, nous pouvons rêver, penser à autre chose, ne pas avoir à mettre toute notre énergie dans l'organisation du trajet.

La vie quotidienne est cet ensemble de façons de faire, de rituels, de routines qu'aucun ordre cosmique ou biologique ne vient imposer à l'homme.

Le quotidien est un ensemble de ressources qui permettent de s'économiser, de s'appuyer sur ce que nous avons déjà fait, mais aussi sur ce que d'autres ont fait, les routines pouvant se transmettre.

Mais on peut[1] avoir une vision plus fondamentale de ce processus de « mise en quotidien » en le considérant dans sa dynamique comme le support incontournable de la vie humaine ou sociale, permettant de rendre les choses familières, de chasser l'étranger dérangeant, de construire un univers vivable, appropriation du monde par les êtres humains, par chacun d'entre nous dans la sphère qui le concerne.

On comprend pourquoi on a pu voir, comme Henri Lefebvre dans sa *Critique de la vie quotidienne*, l'aliénation au centre du quotidien, tout en y voyant aussi son contraire, libération, résistance, invention. Car la vie quotidienne apparaît bien à certains égards comme une auto-aliénation, une domestication du monde que l'être humain opère sur lui-même et par lui-même, indispensable pour vivre, mais qui parfois peut devenir un carcan. La mise en quotidien de moyens devient alors une fin en soi. La vie s'accroche sur le café de 10 heures sans lequel nous ne pouvons plus vivre, toutes ces habitudes dont nous risquons à tout moment de devenir esclave, mais dont l'absence peut rendre malheureux.

Il suffit de comparer le quotidien, décennie après décennie, pour voir que s'il est l'espace de la répétition journalière, il ne n'agit pas pour autant d'une répétition séculaire. Le quotidien change constamment avec les objets, les organisations, les modes de vie. Rien de plus changeant – donc de plus innovant – que le quotidien. Il est en première ligne des transformations sociales profondes : relations entre les personnes, nouvelles pratiques, nouvelles techniques, etc.

Rien de plus changeant – donc de plus innovant – que le quotidien.

Cette dimension de la vie sociale présente alors un paradoxe, puisqu'il imprègne tout, tout en se distinguant des activités spécialisées qui sont hors et dans le quotidien à la fois. Religion, vie politique, science, activité artistique sont des activités qui peuvent se définir elles-mêmes à distance du quotidien, pouvant parfois mettre en scène cette différence sur le modèle de l'artiste ou du savant sans contact avec la vie ordinaire. Mais ces activités, contrairement à certaines images qu'elles peuvent produire d'elles-mêmes, s'enracinent dans le quotidien de deux façons : d'une part, la vie religieuse et la vie scientifique ont un quotidien, et se développent à travers des façons de faire jour après jour, mois après mois, année après année. D'autre part, elles pénètrent le quotidien, qu'il s'agisse de la messe dominicale ou d'une émission scientifique à la télévision.

Toute pratique sociale s'inscrit donc d'une façon ou d'une autre dans le quotidien, même si elle ne se définit pas seulement par cette dimension. Le quotidien peut alors être appréhendé comme la base, le support, voire le fondement de toute pratique sociale.

Ainsi, l'école a ses routines, sa vie quotidienne, même si elle est aussi le lieu d'une rupture avec le quotidien. Toute rupture est partielle, car une rupture totale, si elle n'est pas impossible, tout au moins demanderait trop d'efforts. Entre les contraintes (il faut bien manger) et la sécurité apportée par la banalisation, on comprend pourquoi le quotidien est très vite reconstruit quand il est détruit (par une guerre par exemple), même si c'est sur de nouvelles bases.

Si l'on évite de dichotomiser le quotidien en considérant que toute activité est traversée par une dimension quotidienne, comment penser les relations entre apprentissage et vie quotidienne ?

Apprendre la vie quotidienne

La vie quotidienne n'est pas génétique, il s'agit d'une construction humaine particulière. S'il y a partout une vie quotidienne, elle diffère selon les sociétés, les milieux sociaux, les familles, les institutions. Elle a donc été apprise non pas à l'école, mais par confrontation, immersion, contact. L'apprentissage domestique des filles au Maroc, présenté par Hakima Mounir, nous en offre dans le chapitre suivant un exemple précis et documenté. La socialisation passe sans doute par cette maîtrise de la vie quotidienne qui conduit à savoir agir dans les différents moments de la vie conformément aux attentes des autres. L'enfance est ce temps essentiel de l'apprentissage de la vie quotidienne familiale, mais aujourd'hui également de celle d'une famille d'accueil ou de la crèche. C'est également vrai de toute entrée dans une institution ou dans un groupe : j'en apprends, sans toujours m'en rendre compte, les logiques quotidiennes, les façons de faire (de se saluer, d'interagir, d'organiser les productions communes, etc.). Cet apprentissage par observation, imitation, n'apparaît pas comme tel : je fais comme les autres, ou je fais ce que les autres attendent de moi. Une fois que je l'ai compris, je n'ai plus le sentiment d'avoir appris. L'apprentissage n'y est pas nécessairement intentionnel, ni même toujours conscient ; il est informel, implicite, incident, de l'ordre de la socialisation ou de l'acculturation selon le terme que l'on préférera utiliser.

L'apprentissage dans la vie quotidienne n'est pas nécessairement intentionnel, ni même toujours conscient ; il est informel, implicite, incident.

J'ai lu

ÉDUCATION INFORMELLE, LES EFFETS FORMATEURS DANS LE QUOTIDIEN

par Abraham Pain, Paris, L'Harmattan, 1990.

À partir d'un rapide panorama qui retrace les évolutions de l'éducation populaire jusqu'à l'avènement de la formation professionnelle continue, A. Pain s'attache à resituer les apprentissages informels dans l'ensemble plus vaste des actions éducatives. Se fondant d'abord sur cette approche diachronique, il analyse les raisons qui relèguent ces apprentissages informels aux frontières du système éducatif. Puis, prenant appui sur des recherches relevant de domaines différents, tels que l'appropriation de nouveaux principes organisationnels, l'aménagement d'un logement ou l'utilisation de la télévision, il montre que les personnes n'apprennent pas seulement dans des espaces conçus pour être éducatifs mais qu'elles se forment à tous les âges de la vie de façon informelle dans leur cadre quotidien. Ce constat le conduit à poser un regard neuf sur le quotidien de nos vies, qui, par-delà sa banalité, offre de multiples opportunités d'apprendre. Sans visées pédagogiques explicites, ces situations ordinaires recèlent un fort potentiel d'effets éducatifs qu'A. Pain nomme une « coproduction éducative par rapport à l'activité principale ». Le quotidien n'est donc pas seulement l'espace de la routine mais aussi celui où se structurent des apprentissages informels. Faut-il alors en déduire que la vie quotidienne, dans ce qu'elle recèle de plus banale, est toujours source d'apprentissages ? A. Pain précise : ces situations ordinaires doivent constituer des « vecteurs qui véhiculent des contenus capables de provoquer des changements de comportement ». C'est donc en étudiant les actions éducatives non du point de vue de leur intentionnalité pédagogique mais en fonction de leurs effets sur les pratiques qu'il nous incite à porter intérêt aux apprentissages informels. Soulignant l'influence de l'environnement pour faire face à une situation, A. Pain montre que les apprentissages informels sont construits soit par imprégnation (quand ils sont transmis par les structures où les individus vivent et agissent), soit par répétition (quand les personnes entreprennent par elles-mêmes une action). Dans chacune de ces illustrations, la participation des personnes apparaît essentielle pour favoriser ces apprentissages, puisque c'est en opérant des tris dans les innombrables sollicitations du réel qu'elles peuvent mener à bien leurs actions et trouver des solutions aux problèmes qu'elles rencontrent. Le lien entre ces apprentissages informels et les préoccupations immédiates visant l'action vient confirmer que la seule transmission des informations s'avère insuffisante si elle ne s'inscrit pas dans le projet des personnes. En soulignant les rapports étroits que ces apprentissages informels entretiennent avec la pensée et l'action, A. Pain fait la démonstration que ces situations sans intentionnalité éducative ne viennent pas en concurrence des autres modes d'éducation plus traditionnels, mais qu'elles incitent au contraire à penser conjointement l'éducation formelle et l'éducation informelle.

Anne-Lise Ulmann

J'apprends à faire comme les autres, mais je construis également une production originale, par mes routines personnelles, mon répertoire de pratiques[2]. En effet, la vie quotidienne peut être considérée comme un vaste répertoire que je vais connaître et reconnaître, mais que je ne vais pas entièrement utiliser. Certaines pratiques ne me sont pas utiles, d'autres ne me plaisent pas. Dans le cadre du répertoire partagé au sein d'une société, je vais produire mon propre répertoire, et sans doute vais-je inventer certaines pratiques, qui pourront rester les miennes, ou être reprises, imitées et intégrées à d'autres répertoires. Relation au passé et innovation peuvent avoir leur place dans ces répertoires dont certains sont sans doute plus novateurs que d'autres. Mais qui dit répertoire dit aussi possibilité de convoquer des pratiques de façon plus ou moins importante et fréquente. Il est des pratiques que l'on maîtrise (comme un chanteur un rôle du répertoire), mais que l'on utilise peu, faute d'occasion, d'envie, d'intérêt, etc.

Apprendre de la vie quotidienne, c'est constituer à travers les rencontres, les activités, les observations, les difficultés et les succès un répertoire de pratiques. Ce répertoire peut continuer à s'enrichir de nouvelles pratiques (mais aussi à en voir dépérir certaines) tout au long de la vie, du fait de nouvelles rencontres, d'activités, de migrations et de voyages, d'innovations générées par la société et ses objets.

Les pratiques ne viennent jamais seules, elles sont accompagnées de connaissances, de justifications, de valeurs, etc. C'est en ce sens que l'on peut parler de savoirs quotidiens (voir le chapitre de Lysette Ngeng dans cet ouvrage), liés à nos pratiques. Il ne s'agit pas seulement d'apprendre à faire, mais également de maîtriser les connaissances qui vont avec, par exemple, les proverbes concernant les régularités climatiques ou les interactions humaines.

La vie quotidienne n'existerait pas si elle ne faisait pas l'objet d'un apprentissage.

La vie quotidienne n'existerait pas si elle ne faisait pas l'objet d'un apprentissage. On apprend d'abord la vie quotidienne elle-même, ses pratiques et ses savoirs.

Vie quotidienne comme processus d'apprentissage

La vie quotidienne n'entretiendrait-elle pas avec l'apprentissage une relation originale ? Il faut ici passer à la limite et penser au processus de « mise en quotidien » lui-même. Rendre quotidien le monde, l'apprivoiser, le domestiquer, n'est-ce pas un processus d'apprentissage collectif et individuel ?

Créer le monde quotidien, c'est apprendre le monde, comprendre comment il fonctionne pour s'y couler. Le monde quotidien est un monde appris, dans le passage de l'étrangeté à la familiarité. D'une certaine façon, le quotidien est installé quand le processus d'apprentissage est terminé. Les exemples sont nombreux : pourquoi l'ordinateur est-il devenu un objet du quotidien, sinon parce qu'il ne m'est plus étranger, que j'ai su l'apprivoiser, le domestiquer ? Quel est ce processus, sinon (mais pas seulement) un processus d'apprentissage qui m'a permis de dépasser et désormais d'oublier le sentiment d'étrangeté des premiers temps face à cet objet ? J'ai appris à me servir de l'ordinateur, mais en même temps j'ai participé à l'invention de ses usages, d'usages compatibles avec ce qu'est mon quotidien, souvent loin des usages imaginés par les inventeurs. Nous serions ici dans une logique proche de celle mise en évidence par Michel de Certeau[3] dans le repérage des inventions, des résistances, des détournements comme la perruque (qui consiste à utiliser le matériel de son entreprise pour son usage personnel). Nous nuancerions cette vision romantique en considérant que les usages conformes sont aussi des inventions. S'approprier un objet, c'est l'insérer dans son quotidien, lui donner du sens, apprendre de lui sans pour autant s'y soumettre. Cet apprentissage ouvert, porteur de nouvelles significations négociées avec l'objet et les autres usagers, produit le quotidien, fait que l'automobile, la télévision, l'ordinateur et le téléphone portable font partie de notre quotidien.

S'approprier un objet, c'est l'insérer dans son quotidien, lui donner du sens, apprendre de lui sans pour autant s'y soumettre.

Cette relation forte et réversible entre l'apprentissage et la vie quotidienne apparaît très clairement dans la confrontation à un autre quotidien.

Entrer dans une autre vie quotidienne

Ces dimensions de la vie quotidienne apparaissent fortement quand je suis un étranger, soit dans une nouvelle institution, soit en tant qu'immigrant, car je suis conduit à pénétrer une nouvelle vie quotidienne.

J'ai lu

INFORMAL TEACHING AND LEARNING : A STUDY OF EVERYDAY COGNITION IN A GREEK COMMUNITY

par Rosemary C. Henze, Hillsdale, L. Erlbaum, 1992.

Cet ouvrage s'appuie sur une observation participante, l'auteure ayant partagé la vie d'une famille grecque de la classe moyenne urbaine. Elle a repéré les apprentissages que la vie quotidienne générait, tant pour les enfants que pour les adultes, mettant en valeur, surtout dans le premier cas, les attitudes des adultes favorisant les apprentissages des plus jeunes sans pour autant les rechercher explicitement, ce qui renvoie à l'idée qu'en relation avec l'apprentissage informel on mette en évidence un enseignement tout aussi informel.

R. C. Henze nous offre ainsi un panorama de situations dans lesquelles il y a apprentissage intégré au déroulement de la vie quotidienne, qu'il s'agisse de vêtements d'enfants, de danse, activité très présente au sein de la communauté étudiée, de soins médicaux quotidiens, de la préparation du café, du système de parenté, de la bonne prononciation d'un terme.

Elle distingue trois types d'apprentissage : le premier concerne les procédures ou façons de faire, le deuxième renvoie à la compréhension du monde quotidien, voire au-delà, et le troisième concerne l'usage du langage. Mais le plus original de l'approche proposée est l'intérêt porté à la forme, à la médiation ou, en reprenant l'expression de Goffman, aux cadres de l'expérience. En effet, dans les différents exemples proposés, on trouve des situations ordinaires où l'on apprend en participant à l'activité usuelle et des situations qui s'appuient, toujours selon l'expression de Goffman, sur la modalisation ou transformation du cadre ordinaire de l'expérience, c'est-à-dire des situations fictives ou non littérales sans qu'elles soient éducatives de façon consciente ou intentionnelle. Il s'agit de faire semblant (quand l'enfant « apprend » à mettre des ventouses, technique de soin usuelle dans la communauté, sur le corps de sa mère dans une activité fictive), ou bien de scènes de moquerie où l'enfant est mené en bateau en relation avec l'usage du langage. Dans ces deux cas, la situation réfère au quotidien, mais ne s'y inscrit qu'indirectement à travers un déplacement dans le faire-semblant, le fictif, le second degré (celui de l'humour ou du jeu).

On peut voir là une « pédagogie informelle » qui s'appuie sur le fictif, la distance au réel, mais dont l'objectif éducatif n'est pas nécessairement conscient ou explicite. On peut se moquer vraiment de l'enfant, mais ce faisant lui montrer ce qu'il ne connaît pas ou ne comprend pas. Le quotidien apparaît comme un espace d'apprentissage avec ses dispositifs, ses techniques et ses retraits partiels de l'action. Ainsi, dans le cours de la vie quotidienne, on est amené à construire des moments où l'on formalise un peu d'apprentissage (correction du langage, relations de parenté, utilisation d'un outil), mais qui ne sont pas séparés de la vie sociale ordinaire.

Gilles Brougère

Ce qui va de soi pour les autres ne va pas de soi pour moi, car le résultat de l'apprentissage occulte la construction de la vie quotidienne et la donne comme évidence naturelle. Il me faut saisir ces allant-de-soi, apprendre, mais sans doute d'une façon différente. Les modalités d'apprentissage dans mon milieu d'origine avaient la facilité de la socialisation : apprentissage invisible et sans douleur. Je me construis comme être social dans un cadre quotidien spécifique que je ne perçois pas comme tel. J'apprends à manger, sans avoir le sentiment d'apprendre à manger d'une façon culturellement et socialement construite. Ce faisant je produis une norme, ou participe à sa production, à partir de laquelle les autres façons vont paraître au mieux étranges, bizarres, originales, au pire insupportables, contre nature, inadmissibles.

Quand je me trouve confronté à une nouvelle vie quotidienne, la situation est différente. L'apprentissage devient intentionnel, explicite et parfois difficile quand il s'agit d'occulter une partie de mon répertoire de pratiques pour acquérir des façons de faire (et les savoirs et les valeurs qui vont avec) en porte-à-faux par rapport à celles qui me constituent.

Des apprentissages réflexifs peuvent apparaître dans la confrontation à d'autres quotidiens, dans ce choc culturel.

Mais ce statut d'étranger me permet de percevoir une autre vie quotidienne et de devenir ethnographe du quotidien, d'en saisir la dimension culturelle, la relativité. Des apprentissages réflexifs peuvent apparaître dans la confrontation à ces autres quotidiens, dans ce choc culturel.

Événement et vie quotidienne

Le quotidien semble d'abord s'opposer au singulier, à l'événement, à ce qui ne se répète pas. Faut-il alors considérer que l'événement n'appartient pas au quotidien ? La réalité est plus complexe. L'événement est le non-quotidien qui surgit dans le quotidien, qui vient le perturber, mais qui fait l'objet d'un travail de re-mise en quotidien. Sans compter que ce qui vient rompre mon quotidien n'est pas aussi extraordinaire que cela. Prenons l'exemple d'une jambe cassée[4], événement pas si singulier que cela, mais qui rompt mon quotidien, d'abord en me confrontant au monde spécialisé et non quotidien pour moi de l'hôpital et de la médecine, puis en bouleversant mes habitudes. Mais ces changements ont comme fonction d'absorber l'événement dans mon quotidien : je produis un nouveau quotidien compatible avec une jambe dans le plâtre. Ce processus à la fois de rupture et d'insertion dans le quotidien est porteur d'apprentissages sur le corps et les soins, sur moi et ma façon de gérer un accident, sur les autres et la façon dont ils redéfinissent leur relation avec moi, sur la société et la place accordée aux personnes à mobilité réduite. Il s'agit tout à la fois de savoirs, d'expériences, de sentiments qui sont liés à un quotidien perturbé, redéfini par l'événement et qui perdureront peut-être une fois l'événement passé.

Le quotidien, ce tissu de la vie sociale, est constamment soumis à des accrocs qui impliquent de le retisser.

Le quotidien, ce tissu de la vie sociale, est constamment soumis à des accrocs qui impliquent de le retisser. Cette tension entre destruction et reproduction du quotidien est sans doute une source d'apprentissage, que l'on trouve dans de nombreuses situations qui sont illustrées par différents chapitres de cet ouvrage.

La vie quotidienne comme lieu d'apprentissages multiples

Le quotidien est apprentissage, le lieu de l'apprentissage des pratiques et savoirs du quotidien, la confrontation pour certains avec d'autres quotidiens, le lieu de surgissement d'événements qui conduisent à reconstruire le quotidien, mais qui offrent la possibilité d'apprentissages fortuits (au sens fort du terme, au sens où l'événement est défini par le fait d'être inattendu).

La vie quotidienne est aussi la rencontre avec des activités spécialisées qui traversent le quotidien. Ainsi, le travail fait partie de mon quotidien (nécessité vitale, répétition, pesanteur souvent évoquée) et s'organise au quotidien à travers des routines. Si la notion de quotidien n'épuise pas le monde du travail, celui-ci en est bien une dimension. Cela est vrai de l'école, des loisirs ou des vacances (voir le chapitre 9 de Gilles Brougère dans cet ouvrage).

Mais le quotidien possède ses fenêtres sur l'extérieur : quoi de plus quotidien que la télévision (avec ses programmes au jour le jour) qui pourtant permet d'accéder à des informations, des savoirs éloignés pour partie du quotidien.

Se pencher sur la vie quotidienne, c'est se confronter à la partie immergée de l'iceberg de l'apprentissage[5]. Les apprentissages sont nombreux mais souvent invisibles du fait de leur évidence : « Y a rien à dire, on est dedans. »[6] Si l'on ne peut dire que tous les apprentissages informels trouvent leur origine dans la vie quotidienne puisque toute pratique sociale peut en générer (voir ce qu'en dit A. Pain dans l'encadré « J'ai lu » de ce chapitre), la vie quotidienne – largement construite hors des logiques éducatives et scolaires explicites – est un lieu de nombreux apprentissages. D'abord ceux liés à la vie quotidienne, ses répétitions et ses changements, ses événements, mais sans doute d'autres enracinés dans celle-ci et aux effets plus généraux. Que tirerions-nous de l'école sans le contact quotidien dès la naissance avec une ou plusieurs langues ? Comment pourrions-nous développer des activités spécialisées sans maîtriser les bases des interactions humaines, ces « rites d'interaction », pour reprendre le terme de Goffman, appris dans le cours quotidien de la vie ? Comme R. C. Henze nous le montre (voir l'encadré « J'ai lu » dans ce chapitre), la vie quotidienne est faite de multiples occasions d'apprendre. Et de façon symétrique apprendre est une activité de la vie quotidienne et non pas une activité qui ne pourrait trouver place qu'en rompant avec celle-ci[7].

Se pencher sur la vie quotidienne, c'est se confronter à la partie immergée de l'iceberg de l'apprentissage.

NOTES

1. Je m'appuie sur deux ouvrages qui analysent le quotidien, l'un plutôt sociologique, C. Javeau, *La société au jour le jour – Écrits sur la vie quotidienne*, Bruxelles, Ante Post, 2003 ; l'autre plutôt philosophique, B. Bégout, *La découverte du quotidien*, Paris, Allia, 2005.
2. B. Rogoff *et al.*, « Développement des répertoires culturels et participation des enfants aux pratiques quotidiennes », *in* G. Brougère et M. Vandenbroeck (dirs), *Repenser l'éducation des jeunes enfants*, Bruxelles, Peter Lang, 2007.
3. M. de Certeau, *L'invention du quotidien, I. Arts de faire*, Paris, Gallimard, 2002.
4. J. A. Lawrence, A. E. Dodds, L. Valsiner, « The many faces of everyday life : Some challenges to the psychology of cultural pratice », *Culture & Psychology*, 2004, vol. 10 (4), p. 455-476.
5. G. Brougère, H. Bézille, « De l'usage de la notion d'informel dans le champ de l'éducation », *Revue française de pédagogie*, 2007, n° 158.
6. Cette expression est une réponse d'un paludier au chercheur qui l'interroge, dans G. Delbos & P. Jorion, *La transmission des savoirs*, Paris, MSH, 1984.
7. Jean Lave a particulièrement mis en valeur cette vision quotidienne de l'apprentissage, en particulier dans *The Politics of Learning in Everyday Life*, séminaire ICOS de l'université du Michigan, 1999, consultable sur http://www.si.umich.edu/ICOS/Presentations/041699/

Chapitre 2
Un exemple d'apprentissage de la vie quotidienne : des apprentissages domestiques au Maroc

Hakima Mounir

Avant, pendant et après les différentes formes de socialisation dites secondaires, qui s'effectuent généralement dans des institutions clairement reconnues comme telles, des formes de socialisation s'exercent dans l'espace domestique et servent de bases, de soutiens mais aussi parfois de critiques des autres formes de socialisation. Ce sont ces formes domestiques qui seront au centre de ce chapitre, centré sur une analyse des apprentissages domestiques dont les filles sont l'objet dans les pays du Maghreb. Cette analyse abordera secondairement la place des garçons dans cette affaire. Elle tente aussi de montrer que les formes de socialisation analysées ici ne vont pas sans contradictions, les filles étant à la fois l'objet d'une forte tendance à les soumettre aux modèles traditionnels et de tendances plus minoritaires et plus secrètes à les instruire dans l'art de contrer le pouvoir masculin.

Commençons par une définition et une description de la sphère domestique maghrébine, beaucoup plus étendue dans son espace et par la variété et le contenu de ses activités que la française. Une enquête que nous avons menée entre 2002 et 2004, concernant un échantillon de 80 femmes, la moitié au foyer, l'autre moitié effectuant un travail salarié, la moitié vivant au Maroc, l'autre ayant émigré en France[1], démontre que cette étendue se rétrécit dans l'immigration, sans toutefois disparaître totalement. La sphère domestique maghrébine s'étend au-delà de la seule maison, pour comporter une partie de la sphère publique (rues, voisinage, famille élargie proche, mais aussi lieux publics-privés féminins comme les bains, le lavoir à la campagne, etc.).

Elle comprend des activités artisanales et privées (faire le pain, tisser la laine, fabriquer des vêtements) qui sont en France depuis longtemps industrialisées et externalisées. Elle ne comprend donc pas seulement le « ménage » au sens restreint du terme, et, de ce fait, la socialisation très différenciée des filles et des garçons fait des premières des détentrices de savoirs et de savoir-faire très complexes, alors qu'elle en exclut totalement les garçons. Au Maroc comme dans l'immigration, cet apprentissage est valorisé et peut être considéré comme un capital important que le mari prend en compte dans une relation maritale. On dit d'une fille qu'elle est *Hadga*, intelligente, ce qui signifie qu'elle sait bien entretenir et gérer la maison, assurer et s'occuper des affaires domestiques. On peut parler d'une forme de capital que les mères négocient en le mettant en avant en vue du mariage. Certaines femmes que j'ai interviewées considèrent cela comme une sorte de « capital ménager » qui, à leurs yeux, a autant de valeur que ce que Bourdieu désigne par « capital scolaire ». On peut y différencier plusieurs domaines : l'initiation domestique et ménagère, comme l'entretien du linge, l'entretien du sol, ou celui de la batterie de cuisine. Comment astiquer les ustensiles de cuisine, les ranger et les ordonner efficacement ? Ensuite, plus délicate, la préparation des repas représente d'une part une « promotion » de la fille dans l'échelle des valeurs ménagères et est d'autre part un enjeu avec son père/le mari de sa mère, qui ne voit pas toujours d'un bon œil que ce ne soit pas son épouse qui fasse à manger. Ces différents gestes se font par l'initiation quotidienne sous le regard attentif de la mère et parfois de la grand-mère.

La socialisation très différenciée des filles et des garçons fait des premières des détentrices de savoirs et de savoir-faire très complexes.

Entre filles et garçons, puis femmes et hommes, s'instaure un système de très forte dépendance mutuelle, dans lequel, quand certaines conditions sont réunies, les femmes n'ont pas toujours seulement le rôle soumis qu'on leur attribue souvent. Il est remarquable de voir par exemple qu'en dehors de toute référence à des mouvements féministes, certaines femmes n'hésitent pas à revendiquer comme un « travail » ce qu'elles font à la maison[2]. Mais ces apprentissages comprennent aussi l'apprentissage des différentes manières d'embobiner les maris, forme de socialisation à la résistance domestique.

« *Faire le ménage est un art* »

Cette formule est empruntée à Aïcha, une femme au foyer marocaine de 55 ans. Pour elle, il ne suffit pas d'avoir un balai, un seau et une serpillière pour faire le ménage, il faut aussi avoir des « techniques », des gestes et des qualités d'organisation. C'est pourquoi, selon elle, « il faut apprendre à nos filles très tôt à bien tenir leur maison ». Elle m'a décrit un cours de ménage au domicile comme suit : « Il faut faire le tour de la maison, observer les pièces, enregistrer dans la tête les choses à faire, les meubles à dépoussiérer, les draps à changer, ouvrir les fenêtres, préparer les différents ustensiles utiles pour le ménage, commencer par les chambres, le salon, la salle de bains et toilette et finir par la cuisine. Il faut être rapide et efficace, ne pas traîner dans les pièces, car il faut ensuite penser à faire la cuisine, préparer le repas. Beaucoup pensent que le ménage ne s'apprend pas, mais je peux vous assurer [prenant un ton de voix appuyé pour me convaincre] que c'est un *véritable travail* qui demande un savoir-faire et beaucoup d'expérience. »

On peut faire ici un parallèle avec la nouvelle formation professionnelle pour les femmes de ménage transformées en « techniciennes de surface », dispensée en particulier aux femmes immigrées et qui consiste à apprendre à faire le ménage à l'aide des machines de nettoyage. Cette formation exige des savoirs différents du « ménage traditionnel », on peut néanmoins soutenir l'idée que les savoirs-faire mobilisés dans ce dernier sont plus complexes car plus variés que les premiers. Mais seuls ceux-ci sont officiellement reconnus comme qualification, car seuls transmis dans une formation officielle, institutionnalisée et diplômante.

Seuls sont officiellement reconnus comme qualification les savoirs transmis dans une formation officielle, institutionnalisée et diplômante.

L'initiation culinaire

L'apprentissage culinaire se fait en parallèle à d'autres, mais débute généralement un peu plus tard. Les mères commencent par associer leurs filles à la préparation des repas :

à les faire éplucher les légumes, à mettre la table, à débarrasser ensuite. Là aussi les mères veillent à ce que leurs filles apprennent à ne pas gaspiller les légumes en épluchant (ce qui renforce leur qualité de « bonnes ménagères »).

À leur tour, les garçons peuvent être pris en charge par le père ou le grand frère s'il exerce un métier d'artisan (commerçant, boulanger, mécanicien, cordonnier). Il n'est pas rare de voir des petits garçons au sein des boutiques servant d'aides aux adultes qui s'initient ainsi peu à peu au métier du père. Mais cette socialisation n'est pas autant structurée, organisée, généralisée, persistante et suivie que celle des filles. Cette distinction est liée sans doute aux enjeux : pour une femme-mère, il est très utile et même indispensable d'accomplir cette première socialisation dès le plus jeune âge, car le jeu en vaut la chandelle. Aucune autre instance ne peut accomplir cet apprentissage féminin et domestique ô combien nécessaire dans les sociétés maghrébines.

À ce stade aussi, les mères et les grands-mères initient leurs filles à faire les courses, notamment au marché, à faire le « bon choix » parmi les légumes, les fruits, les herbes (le persil, la coriandre et la menthe consommés en grande quantité tous les jours) et à apprendre les techniques et les gestes pour savoir s'ils sont frais, mûrs. Des gestes comme le fait de toucher, sentir, tâter, écouter, etc. sont nécessaires pour faire le bon achat. Les mères apprennent à leurs filles aussi des techniques commerciales : comment marchander, comment déployer les multiples astuces pour arriver à convaincre le vendeur de faire baisser son prix. Certaines femmes n'hésitent pas à dire par exemple que la couleur de l'aubergine n'est pas assez foncée, que le légume n'est pas luisant, etc., pour obtenir un bon prix. Sur les marchés, on assiste constamment à des scènes de ce type, qui provoquent chez les marchands-hommes des répliques du genre « Tu veux ma mort ! Tu vas me faire pleurer ! ».

D'autres femmes utilisent leurs charmes, un langage codé, des regards languissants même à travers un voile pour séduire le marchand. Et leurs filles y assistent. Par cet apprentissage, les jeunes filles apprennent à faire de bons achats et à faire des économies, à « faire de peu beaucoup »[3], ce qui est l'une des qualités de la bonne épouse : avec un petit budget, acheter des produits alimentaires frais et réussir surtout à tenir l'équilibre du budget familial. Mais cet apprentissage est complexe, il comporte sa part cachée : d'une part, les

Cet apprentissage est complexe, il comporte sa part cachée.

mères mettent en scène devant leurs filles le fait qu'elles peuvent exercer un certain pouvoir sur les hommes-commerçants ; de l'autre, une partie des économies qu'elles réalisent ainsi sert à accumuler petit à petit un « trésor de guerre », de l'argent patiemment mis de côté, « en cas de coup dur » (désaccord grave avec le mari, répudiation, divorce).

Par l'assimilation de ces petits gestes, ces tactiques prémunissent les petites filles en les préparant à affronter le monde extérieur, qui est au Maroc un monde à dominante masculine. Elles apprennent ainsi des formes de débrouillardise du quotidien, à rester debout et même à gagner dans un monde où pourtant elles ne dominent pas. Et l'on voit bien ensuite en France que les jeunes filles issues de l'immigration maghrébine s'en sortent souvent largement mieux que leurs frères. Une partie de ces savoirs, issus de longs apprentissages domestiques peu reconnus, est d'ailleurs investie en France par ces filles dans le domaine de la vente (on trouve beaucoup de filles maghrébines dans les formations en CAP ou BTS vente et marketing, dans les boutiques de vêtements, les centres commerciaux).

Quand ces premiers gestes sont intériorisés, les filles sont autorisées à être associées à la préparation des repas familiaux et aussi à la préparation du pain. Voici comment se déroule une séance d'initiation à la fabrication du pain : quand il s'agit de la première fois, la mère va mettre la quantité de farine, le sel, la levure, l'eau et l'huile d'olive (un secret de fabrication pour que le pain reste frais), ensuite la fille va mixer l'ensemble des ingrédients, rendre homogène la pâte en la pétrissant longtemps. Il arrive parfois que la pâte colle, la mère intervient en ajoutant un peu de farine et la fille poursuit l'opération de pétrissage jusqu'à ce que la pâte devienne tendre et malléable. Ensuite la mère coupe la pâte en quatre ou cinq parts qu'elle transformera en boules et laissera reposer une heure ou plus selon la température au sein de la maison. Et ce sont souvent les mères qui s'occupent de la cuisson du pain. Quand ces différentes étapes sont acquises, la mère passe le relais à sa fille qui peut initier à son tour sa petite sœur ou une cousine. L'apprentissage de la confection du pain facilite l'accès à la préparation du gâteau qui se fait souvent dans une atmosphère féminine festive à l'occasion des fêtes (mariage, fête de ramadan, circoncision, etc.).

Quand les différentes étapes sont acquises, la mère passe le relais à sa fille qui peut initier à son tour sa petite sœur.

Cet apprentissage se fait souvent par initiation « gestuelle, oculaire et verbale » et par imitation des gestes de la mère.

Celle-ci veille sur le dosage de l'huile d'olive, du sel, des épices, elle suit le temps de la cuisson, etc. Ce temps d'apprentissage est souvent long et jalonné d'incidents (comme l'oubli de sel, un repas trop poivré, etc.) qui donnent lieu à des « corrections » plus ou moins sévères. Cela dépend aussi du nombre de filles à « encadrer » et de la relation des mères à leurs filles, dans laquelle on peut observer plusieurs variantes. Il y a ainsi des mères qui délèguent, sont peu exigeantes, gentilles et compréhensives, et des mères dominantes, autoritaires, toujours cassantes dans leurs remarques. Le père joue ici un rôle non négligeable, et c'est aussi vis-à-vis de lui que la mère agit en corrigeant ses filles. En effet, certains pères refusent que leurs épouses confient la confection des repas aux filles, considérant que ces dernières n'ont pas l'expérience culinaire nécessaire : « Ce n'est pas un jeu d'enfant », disent-ils, comme en témoignent certaines femmes. Ils refusent ainsi que leur femme se décharge d'une tâche qu'il leur semble due à eux sur ses filles, en même temps qu'ils dénient à leurs filles les compétences nécessaires en matière de cuisine (et dans d'autres domaines).

Apprendre par « corps »

Puis il y a les apprentissages liés au corps : comment se mouvoir dans l'espace public et au sein de la maison, où il y a des codes à observer et des principes à respecter. Cet apprentissage devient de plus en plus soutenu au fur et à mesure que la fille avance en âge, et les premières règles seront l'occasion d'une nouvelle étape dans ces apprentissages, dans le registre religieux et sexuel, ou les deux à la fois. Du point de vue de l'initiation religieuse, elle fera son premier jeûne de ramadan, et apprendra aussi quelques formules religieuses par imitation de la mère ou de la grand-mère, qui lui permettront de prier. Elle apprend aussi au fur et à mesure quelle doit être la division sociale des rôles, établie par la religion, entre les hommes et les femmes, les maris et les mères. Dans le domaine de la sexualité, il y aura les leçons répétées concernant l'honneur, la virginité et les interdits liés à la sexualité qui seront l'objet d'un rappel constant aux filles.

Il y a aussi les apprentissages liés au corps : comment se mouvoir dans l'espace public et au sein de la maison.

Les filles doivent adopter un comportement fait de réserve, de retenue, de décence dans leur démarche. Elles doivent marcher sans courir, sans faire trop de bruit. Elles ne doivent pas hausser la voix, ne pas trop bavarder, et les mères insistent sur le fait que leurs filles doivent rester discrètes : « Ce qui se dit entre femmes doit être tenu caché aux hommes. » Elles doivent baisser les yeux en s'adressant aux hommes. Ce qui est bien sûr une marque de soumission à l'égard des hommes, mais cette soumission a sa face cachée : elle crée aussi un monde de femmes, un monde *dont les hommes-pères-maris sont délibérément exclus*, en ce sens que c'est aussi un monde dans lequel il y a un « eux » et un « nous » si séparés que « le mensonge à l'égard des hommes n'est pas vraiment un mensonge ». Le monde secret des femmes est aussi un monde dans lequel elles mènent leur vie secrète, et il est très fréquent qu'elles y cachent des vérités très importantes à leurs maris qu'elles laissent dans l'ignorance (par exemple au Maroc : que l'une des filles prépare son départ pour l'Europe ou a un petit ami).

Cette éducation du corps peut impliquer les gestes du quotidien les plus intimes.

Cette éducation du corps peut impliquer les gestes du quotidien les plus intimes comme l'indique cette petite anecdote : une femme algérienne m'avait raconté que sa belle-fille (sa bru) était mal élevée car en urinant elle faisait du bruit, et mon interlocutrice l'imitait en faisant « tsss, tsss tsss ». Selon elle, il fallait apprendre très tôt aux petites filles de bien faire attention en urinant silencieusement. C'est un signe de la « bonne éducation ». Cette anecdote aussi contient sa face cachée : les femmes peuvent dire entre elles, à propos d'autres, ou à propos des hommes, des choses extrêmement crues, qu'on jugerait, aux normes de certaines éducations françaises des couches moyennes et supérieures, vulgaires. Entre femmes, parler des parties intimes du corps n'est pas un tabou, et, même si c'est fait méchamment, le fait d'en parler est aussi une manière de mieux s'approprier cette dimension de soi, de se familiariser avec.

Mais le corps sera aussi l'objet de soins, car il est au centre d'une séduction qui, bien que tacite, discrète et secrète (et entre femmes), n'en est pas moins explicite, car les filles apprennent comment le parer, comment l'orner (avec le khôl pour les yeux, le henné, l'épilation de certaines parties intimes du corps, etc.). On a ainsi un contraste complexe entre une grande austérité et de nombreux interdits d'un côté et de l'autre l'apprentissage de l'usage sexuel du corps, qui, bien que destiné à être sous l'autorité des maris, n'en comporte pas moins des formes d'apprentissage de la sensualité, de la séduction, de la sexualité comme moyen pour obtenir certaines choses.

En ce qui concerne la sexualité, on peut réellement parler d'un apprentissage « voilé ».

En ce qui concerne la sexualité, on peut réellement parler d'un apprentissage « voilé », d'un apprentissage qui prend des allures très trompeuses, biaisées, voire hypocrites, comme, par exemple, le fait de dire que l'épilation du sexe est faite pour des raisons d'hygiène. Et, le plus souvent, la mère ne dira pas explicitement à sa fille comment faire en matière de sexualité. D'ailleurs l'usage courant prétend que la femme ne doit rien faire, qu'elle doit rester passive. La sexualité à l'initiative des femmes est subversive de l'ordre social patriarcal. Mais à travers le soin porté au corps, le vêtement traditionnel, certaines formes plus ou moins transparentes de caftan et autres, le rituel du hammam et la préparation discrète mais explicite des femmes-mères pour les rapports sexuels, préparation à laquelle leurs filles assistent (et même participent, en lavant leur mère, en lui frottant le dos, les cuisses), la sexualité est non seulement explicitement présente, mais les filles apprennent à la manier. À travers l'initiation à la danse, mais aussi à travers les tabous liés à la dangerosité de la sexualité comme élément subversif de l'ordre social, elles apprennent qu'il s'agit d'une sorte d'arme secrète. Très jeunes, elles apprennent à utiliser leur corps, la sexualité dans divers domaines : dans le couple, dans le travail[4]... Il ressort de l'enquête sur les pouvoirs domestiques des femmes qu'elles utilisent la sexualité pour obtenir des privilèges du mari. Soit elles mettent en œuvre des manœuvres de séduction du mari (ce qui est plutôt rare), ou ne se refusent jamais, pour obtenir des avantages. Les commentaires entre femmes à propos de celles d'entre elles qui sont toujours souriantes, bien habillées, ont un nouveau bijou, vont dans ce sens : « Ils doivent bien s'entendre » (sous-entendu, « au lit »). Soit, ce qui est plus fréquent, elles se refusent au contraire, surtout dans les cas où le mari ne remplit pas son rôle de père et d'époux « comme il le doit » d'après les préceptes de la religion. Le rappel de ces préceptes avec lesquels la femme peut exercer une sorte de chantage public (y compris en y impliquant sa belle-famille ou les voisins) constitue une véritable arme entre ses mains.

On a déjà signalé par le biais d'une anecdote que les femmes pouvaient être très crues quand elles parlent du corps. On suggère maintenant que la charge sexuelle du corps est traitée comme une chose si explosive que tout est fait à la fois pour la masquer, la garder secrète, mais un secret entre femmes, et la rendre plus dangereuse encore par un tel traitement. Et dans certains contes, transmis de génération en génération (de femmes à femmes, de mères à filles), on retrouve cette crudité de certains propos concernant les parties intimes du corps, comme dans le conte *Lalla Aïcha et le fils du sultan*, qui montre en quoi la femme peut être supérieure à l'homme et contient un passage où la femme rase la barbe (signe de virilité) du sultan endormi, le maquille en femme et lui met un « concombre dans le derrière »[5]. Par le biais de ce genre de contes qui ridiculisent les hommes, les femmes construisent, dans leur monde à elles, le contrepoids symbolique à la supériorité des premiers.

Par le biais des contes, les femmes construisent, dans leur monde à elles, le contrepoids symbolique à la supériorité des hommes.

Le résultat est que d'un côté les filles se soumettent et se conforment aux exigences du modèle de la famille : rester vierge, ne pas mettre en cause l'honneur paternel/familial. Et, de l'autre, elles mettent souvent en place des stratégies pour avoir des relations sexuelles qui échappent à tout contrôle familial et social, et ce même au Maroc (dans l'immigration, ces stratégies se multiplient encore).

« La politique de la vitrine »

On ne peut pas comprendre les rapports entre les hommes réels et les femmes réelles au Maghreb ou dans l'immigration si l'on ne tient pas compte du rapport secret entre les stéréotypes et les rôles officiels d'un côté, et leur face cachée de l'autre. L'une de ces faces cachées est que là où dominent les modèles traditionnels l'homme peut très bien être réduit à une très grande dépendance à l'égard de sa femme. Cette dernière peut « trôner » telle une reine qui fait travailler pour elle non seulement son mari, mais aussi ses enfants : les filles à la maison, les garçons en dehors, qui lui remettent son salaire. L'important est néanmoins que l'honneur reste sauf, ce qui s'appelle au Maroc la « politique de la vitrine ».

Or l'évolution économique au Maroc et, dans l'immigration, le changement de l'environnement général en France peuvent entraîner des bouleversements radicaux dans ces rôles traditionnels, et mettre les hommes et les femmes dans un très net décalage par rapport aux traditions : quand les pères sont au chômage, les garçons en échec scolaire, alors que les filles réussissent à l'école et ont un travail salarié qui fait que ce sont elles qui rapportent de l'argent à la maison.

On pourrait en conclure que, quand les conditions politiques, juridiques et économiques de la domination masculine traditionnelle se dérobent, celle-ci s'avère être un colosse aux pieds d'argile. Nous avons ainsi voulu montrer, par une analyse fine des ambivalences des apprentissages domestiques, qu'il ne faut pas se fier seulement aux apparences de cette domination.

NOTES

1. H. Mounir, *Les pouvoirs domestiques entre dissimulation et affirmation. Une comparaison entre des femmes marocaines « d'ici et de là-bas »*, thèse de doctorat, Université Paris XII, 2007.

2. Elles rejoignent ainsi, sans le savoir, certaines thèses de C. Delphy dans « Travail ménager ou travail domestique », *in* A. Michel (dir.), *Les femmes dans la société marchande*, Paris, PUF, 1977.

3. M. Perrot, *Histoire des femmes en Occident*, volume IV, Paris, Plon, 1991.

4. A. El Aswany, *L'immeuble Yacoubian*, Paris, Babel, 2004.

5. A. Dialmy, *Féminisme, islamisme et soufisme*, Paris, Publisud, 1997.

Chapitre 3
L'éducation tout au long de la ville

Alain Vulbeau

« [...] l'inattendu. Et à cet égard
la ville est une couveuse. »
Nicolas Bouvier, *L'usage du monde*

La locution « éducation tout au long de la vie » exprime deux idées principales, l'une en rapport avec le temps et l'autre avec l'espace. L'éducation s'inscrit dans un processus temporel continu : on n'a jamais fini d'apprendre parce qu'on a toujours besoin d'actualiser ses connaissances pour rester opérationnel dans un monde en mutations. Au plan spatial, les lieux de formation sont multiples selon les âges et les moments de la vie, depuis les espaces situés et institutionnalisés des équipements scolaires jusqu'aux divers sites des formations de tout genre, en passant par les lieux informels. Mais au-delà de ces idées élémentaires, deux points fondamentaux sous-tendent la locution : l'école n'est plus le lieu éducatif central et l'éducation formelle n'est plus la seule forme et la seule source éducative. On peut même parler d'un renversement de paradigme qui met le sujet apprenant au centre de sa formation, sujet qui fait flèche de tout bois, en constituant ses compétences sur la longue durée à partir d'apprentissages formels, non formels et informels[1].

L'école n'est plus le lieu éducatif central et l'éducation formelle n'est plus la seule forme et la seule source éducative.

Ce bref rappel d'un point désormais bien connu permet de passer à une phase de réflexion ultérieure que souhaiterait résumer l'expression « éducation tout au long de la ville ». Il s'agit de s'intéresser à la ville dans ses liens avec les phénomènes et les processus éducatifs et de placer au centre de la problématique la cité, comprise aussi bien comme espace physique et matériel, avec ses places, rues et monuments, que comme espace symbolique et politique, avec ses institutions, ses acteurs et ses rites. L'objectif de ce chapitre est d'identifier et de décrire la part de l'informel dans l'éducation urbaine, tout en restant attentif à un processus d'« entrelacement » du formel et de l'informel[2]. En effet, il existe un intérêt heuristique à analyser les liens entre, d'une part, des situations académiquement construites en programmes, prises en charge par des personnels formés et payés pour cela, où le couple éducateur/éduqué est lié par l'intention et la conscience d'apprendre et, d'autre part, l'apport éducatif de situations imprévues où les contenus et les intentions ne sont pas explicites. Plus précisément, on peut penser que ce lien se manifeste par des transitions qui permettent de penser les passages du formel à l'informel. On développera ce point avec les processus qui transforment certaines sociabilités juvéniles en pratiques formatives relevant d'apprentissages non formels ou quasi formels. On verra comment la dimension spatiale permet de repérer ces transitions et d'en suivre les dynamiques.

Avant de développer le thème de la ville comme support et moteur de l'éducation, il faut envisager les arguments qui vont à l'encontre de cette thèse. Il y a d'abord l'idée que ce n'est pas la ville qui est éducative mais le milieu naturel. Ainsi, l'expression familière « école buissonnière » suggère que c'est le long des chemins de campagne qu'une forme d'éducation informelle est possible. En ville, l'école buissonnière s'inscrit dans une rupture éducative qualifiée par le terme contemporain de décrochage scolaire. Plus fondamentalement, la ville est souvent perçue comme un espace antiéducatif à cause de la prégnance de la question sécuritaire. Selon le sens commun, l'enfant dans la ville est soit en danger, soit dangereux. D'une part, l'écolier est menacé par un milieu urbain hostile, notamment du fait de son gigantisme et de la circulation automobile. L'école est alors un espace éducatif autant qu'un sanctuaire. D'autre part, les adolescents et les jeunes, livrés à eux-mêmes, peuvent représenter

Selon le sens commun, l'enfant dans la ville est soit en danger, soit dangereux.

un danger dans une ville qui se mue en une sorte d'école du crime (violence, drogue, prostitution, etc.). Dans cette hypothèse, l'école, toujours espace éducatif, se double d'un espace moral. Pour la thèse de la ville criminogène, l'espace urbain, souvent rabattu sur la seule rue, est incompatible avec une vision éducative « scolarocentrée », attachée à une idéologie protectrice et normative.

Deux configurations nous permettront d'illustrer l'éducation tout au long de la ville. L'une est relativement formalisée avec le dispositif des villes éducatrices. L'autre renvoie autant à des initiatives qu'à un mode d'analyse et d'interprétation appelé « ville apprenante ».

La ville éducatrice

La notion de ville éducatrice, ancrée sur l'idée d'éducation tout au long de la vie, illustre bien l'idée d'éducation urbaine. La ville éducatrice propose un nouveau paradigme fondé sur cinq principes forts[3]. La coéducation associe des intervenants différents aux plans de la formation, des statuts, des compétences, des espaces d'action et des contenus de savoir. Le projet éducatif repose sur une logique et une dynamique de territoire : c'est la politique locale qui s'efforce de mettre en réseau les multiples lieux ressources et en synergie les différents acteurs de l'éducation. La ville est considérée comme cadre de l'expérience éducative, non seulement dans ses espaces formels et non formels, mais aussi dans des lieux interstitiels et non statutaires où la socialisation et les sociabilités composent les contenus d'une éducation informelle. La ville éducatrice se nourrit d'une vision alternative de l'enfant qui en fait le sujet de ses apprentissages, le porteur de savoirs et de compétences, l'éducateur potentiel de ses pairs et aînés. Enfin, même si cette forme éducative n'est pas scolarocentrée, elle intègre néanmoins l'école dans une perspective de développement, que ce soit par l'amélioration de la qualité des locaux ou par celle des conditions de vie de l'enfant qui devient ainsi un élève plus performant.

La ville éducatrice se nourrit d'une vision alternative de l'enfant qui en fait le sujet de ses apprentissages.

Nous allons dans un premier temps en exposer les principes de base, à partir d'un cas spécifique, le modèle barcelonais, puis en repérer les dispositifs en relation avec l'espace urbain, dans une approche comparée entre la capitale catalane et quelques villes françaises et étrangères.

Barcelone, ville initiatrice de cette éducation urbaine depuis plusieurs décennies, a composé son projet éducatif territorial sur trois thématiques. La première concerne la mobilité école-ville. Ce qui est d'abord en jeu c'est la production d'une nouvelle culture de rue où la sécurité est conçue comme un objet éducatif. La configuration de ce nouvel objet repose sur une circulation plus sûre, sur la promotion de comportements civiques et sur la reconnaissance de la rue comme espace de socialisation. La logique de circulation a en effet occulté (voire détruit) les potentiels de l'espace piétonnier comme lieu de rencontres, de contacts et de coprésences. La seconde s'intéresse à la réussite scolaire et à l'accès à l'emploi. Le lien école-emploi est concrétisé par un « Plan Jeunes » articulant coordination et mise en commun des ressources de différents lieux éducatifs ainsi que la constitution d'un réseau de centres d'orientation, d'un service de tutorat et d'un espace d'accueil pour les 16/18 ans. Enfin, la troisième thématique porte sur la connaissance de la ville qui passe par les points suivants : la compréhension des différentes échelles de l'infra-urbain au supra-urbain, la reconnaissance de l'expérience urbaine induite par les parcours individuels et collectifs, la connaissance des codes de la ville à travers les usages de ses différentes communautés. Au total, il s'agit de développer les liens de l'école et de la ville en étendant les espaces éducatifs, en rendant la ville plus sûre et en faisant des différents groupes d'intervenants et d'usagers, enfants et jeunes compris, de véritables acteurs urbains.

Le modèle barcelonais a initié une dynamique mondiale dont les quelques données suivantes permettent de mesurer l'ampleur. Dès 1990 à Barcelone, une soixantaine de villes participent au premier congrès des villes éducatrices et se constituent en un réseau dont la charte affirme que « toute la ville est une source d'éducation. Elle éduque à travers ses institutions éducatrices traditionnelles, ses projets culturels, mais aussi à travers sa planification urbaine, ses politiques environnementales, ses moyens de communication, son tissu productif et ses entreprises, etc. »[4]. Ces congrès sont désormais bisannuels (2006 à Lyon et 2008 à São Paulo). En 1994, c'est la création de l'Association internationale des villes éducatrices (AIVE) qui développe le mouvement en l'associant explicitement à des valeurs comme « l'égalité, la participation citoyenne, l'éducation à la paix et au développement durable ». On peut retenir la participation des villes suivantes

Dès 1990 à Barcelone, une soixantaine de villes participent au premier congrès des villes éducatrices.

aux instances exécutives de cette association : Adélaïde, Barcelone, Gênes, Lisbonne, Lyon, Rennes, Rosario, Tampere et Turin. Depuis 1998, il existe un Réseau français des villes éducatrices (RFVE) à l'initiative de la ville de Rennes qui regroupe actuellement une cinquantaine de villes.

Les réalisations des villes éducatrices sont nombreuses et variées, et l'on présentera ici quelques exemples en relation directe avec la prise en compte du contexte urbain. Si l'on considère la ville dans son sens matériel, on peut relever des opérations qui visent à sécuriser les parcours piétonniers des enfants jusqu'à l'école, soit en les regroupant et en organisant l'accompagnement des déplacements collectifs pédestres (*Pédibus* à Dijon, *Tous à Patte* à Dunkerque), soit en aménageant progressivement les parcours à partir de diagnostics précis (*Réseau des chemins scolaires* à Barcelone). Le repérage des points urbains problématiques peut donner lieu à des études et à des propositions d'aménagement effectuées par des étudiants en architecture, comme à Budapest. Ces transformations peuvent concerner l'école comme en témoigne la création de « Jardins d'école » dans des cours de récréation à Barcelone. Enfin, signalons, toujours dans la capitale catalane, le dispositif *Voyages dans la ville* qui concerne les jeunes de 14/15 ans. De petits groupes vont explorer différents secteurs de la métropole, puis produisent des petits livres pour rendre compte de leurs expériences urbaines sous la forme de récits et d'analyses.

La dimension symbolique et politique de l'espace public est également prise en compte. Ainsi, à Adélaïde (Australie), le dispositif *Young Ambassadors* permet à des jeunes de faire visiter la ville aux migrants, dans une perspective d'accueil et de dialogue interculturel. La participation des jeunes est une orientation fréquente de la problématique des villes éducatrices : le Parlement Jeunes de Barcelone permet un apprentissage de l'argumentation raisonnée en vue de prises de décision collectives. Le dispositif *Young Voices* d'Adélaïde articule expression des jeunes et formation à la gestion locale. Ces initiatives de participation peuvent déboucher sur des changements dans l'offre de loisirs comme c'est le cas avec la *Nuit des Quatre Jeudis* à Rennes, opération d'accueil et d'ouverture tardive d'équipements de loisirs et d'espaces festifs. Ce dispositif, à partir des conflits d'usage entre riverains, jeunes et police, prend en compte un droit à la fête, cadré en des espaces-temps négociés.

La participation des jeunes est une orientation fréquente de la problématique des villes éducatrices.

La ville apprenante

L'éducation tout au long de la ville ne se résume pas au seul réseau des villes éducatrices, et il est nécessaire de s'ouvrir au concept encore récent de « ville apprenante »[5]. Ainsi, on pourra s'intéresser aux aspects innovants des sociabilités et aux liens entre les pratiques et les formes de développement économique, technologique, social et culturel, ainsi qu'à leur intégration plus ou moins explicite par les institutions locales. L'apport du concept de ville apprenante va permettre de décrire un processus de transmission de savoirs qui part des usages urbains ordinaires pour acquérir leur reconnaissance de savoirs urbains. Avant d'identifier plus précisément les registres de ces usages et de ces savoirs, il est nécessaire de décrire la configuration sociale de la ville apprenante dont Montréal fournit un exemple significatif[6].

DU CÔTÉ DE LA RECHERCHE

Les Pass'passeurs de la ville

On assiste, dans le cadre des différents modes d'expression que regroupe la culture hip-hop (musique, graphisme et danse), à la mise en place de situations de transmission intragénérationnelle qui s'appuient sur une reconnaissance tacite par leurs pairs de ceux qui ont les compétences pour transmettre des savoirs et des savoirs-faire particuliers. En effet, écrire et interpréter un rap, scratcher sur des platines, exécuter des figures de street-dance… : tous ces exercices de style sont constitués d'un ensemble de techniques propres aux différents modes d'expression hip-hop qui prennent place dans des cadres et des lieux de transmission plus ou moins formels. Des ateliers d'écriture ou des cours de danses hip-hop vont ainsi pouvoir être organisés dans les locaux d'une Maison de quartier, tandis que l'apprentissage de la musique assistée par ordinateur (MAO) se fera dans des studios prévus à cet effet. Or dans ce même temps, dans le cadre d'espaces publics que l'on s'approprie (un hall, le parvis d'une gare, un parking…), on va pouvoir assister à des séances d'entraînement de danseurs où les plus aguerris transmettent leur savoir-faire aux débutants, où des rappeurs s'affrontent en scandant des textes quel que soit leur niveau d'aisance, sachant que l'émulation créée par cet échange participe à la formation des novices qui apprennent ainsi sur le tas l'art de la rime. Dans le cadre d'une recherche liée à ma pratique personnelle et professionnelle dans l'univers des danses hip-hop, j'ai choisi de traiter la transmission en m'appuyant de manière symbolique sur une technique des danses hip-hop appelée « passe-passes ». Les « *passe-passes* » *(footwork)* sont un ensemble de pas qui constitue les pas de base (*foot-rock*) du *breakdancing.* La maîtrise de cette technique des « *passe-passes* » correspond ainsi pour un danseur au premier niveau de son expertise qui doit ensuite aller crescendo pour faire de lui une référence dans son domaine. Ces « *passe-passes* » me sont apparus comme des mouvements qui symbolisaient, plus que d'autres techniques, l'idée de déplacement et de mobilité qui caractérise les danseurs mais aussi plus largement les

La ville apprenante suppose d'abord la reconnaissance du principe de réciprocité, dont la conséquence pourrait s'exprimer de la façon suivante : ce ne sont plus les éducateurs qui éduquent mais les éduqués. Ce qui implique un cadre démocratique et participatif qui permet d'envisager l'égalité formelle des acteurs. À la croisée de la démocratie et de la prise en compte du territoire, c'est aussi le concept de développement local qui prévaut. Dans cette perspective, il est entendu que le développement se fait par une dynamique ascendante (*bottom up*) où ce sont les habitants d'un territoire, les usagers d'un service ou d'un équipement qui interviennent auprès des institutions, par un processus de pilotage par l'aval. Le seul fait d'être urbain renvoie à une expérience existentielle, à des compétences de déplacement et de rassemblement, à la connaissance de frontières, de seuils et d'innombrables collectifs. Autrement dit, les usages

acteurs du hip-hop dans leur rapport à la ville. J'ai nommé ces nouvelles figures urbaines « les pass'passeurs ». Au-delà d'une simple dimension visible du mouvement, le pass'passeur agit également au niveau symbolique autour de cette idée de mobilité. En effet, il fait le lien entre les différents espaces qu'il investit mais aussi entre les différentes dimensions de la vie sociale dans lesquelles il évolue. En passant de la rue à la scène, du cercle des *battles* aux planches des théâtres, il devient une passerelle entre deux espaces jusqu'ici distincts. À l'image des passe-passes, le passage d'un espace à un autre n'est jamais définitif, il s'agit d'un mouvement de va-et-vient qui pourrait être perpétuel. Ce qui signifie dans les faits qu'en entrant dans l'espace des salles de spectacle traditionnelles le pass'passeur arrive avec un ensemble de savoirs et de savoirs-faire tirés de son expérience de danseur et de ses expérimentations de la ville. Ces manières de faire parfois particulières, il les réinvestit dans cet espace qu'il s'approprie le temps d'un spectacle, d'une résidence de création ou d'un cours. Ensuite, il retourne dans la ville, dans son quartier, dans la rue, dans le cercle, avec cette fois une nouvelle expérience tirée de sa rencontre avec tel lieu, tel directeur de théâtre, tel public… Or le pass'passeur va se servir de cette expérience dans sa manière de transmettre son art : sa pédagogie, mais aussi au niveau des savoirs mobilisés dans le cadre de la transmission : les contenus pédagogiques. On oscille ainsi constamment entre le formel et l'informel, un constat qui explique qu'au regard de tout ce qui vient d'être dit, la question de la formation des formateurs en danses hip-hop cristallise les tensions entre les institutions qui souhaitent mettre en place des dispositifs d'enseignement et les danseurs qui enseignent sans encadrement formel depuis déjà plusieurs années. Une situation qui renvoie alors à la place que l'on peut accorder aux savoirs et aux savoirs-faire des pass'passeurs sans les figer sur place.

Dieynébou Fofana

de l'espace débouchent sur des compétences urbaines, les apprentissages implicites et informels se fondent sur des savoirs que la ville apprenante prend en compte de façon réflexive et dans une perspective de transmission élargie. Dans ce contexte, la ville de référence est une métropole en mutation économique et sociale marquée par de nouvelles caractéristiques comme la dédensification et la multicentralité, ce qui amène à parler du concept de ville émergente dans une perspective de développement durable.

Les usages de l'espace débouchent sur des compétences urbaines.

La ville comme « milieu d'apprenance » selon la formule de Carré peut être centrée sur le potentiel socio-économique régional. Dans ce cas, il s'agit de reconquérir des espaces industriels en friche et de les convertir à de nouvelles activités en élaborant des « démarches apprenantes »[7] (Nghiem, 2006). À Brest, par exemple, l'articulation de la démocratie participative et des nouvelles technologies s'est concrétisée par une série d'initiatives : mise en place de *Points d'accès publics à Internet* (PAPI) dans les équipements de quartier ; accompagnement de projets de quartier fondés sur les relations intergénérationnelles ou la lutte contre l'isolement de certaines populations ; production d'outils interactifs permettant aux associations d'animer des sites collaboratifs comme *WIKI-Brest* ou *PSAUME*, etc. À ce jour, deux cents responsables et animateurs gèrent ces outils à l'usage de vingt mille visiteurs annuels.

Outre les exemples de Montréal et de Brest, on peut parler d'une dynamique mondiale des villes apprenantes qui concerne des villes comme Londres avec son quartier pionnier de Bedzed et, en France, des sites qui se développent à Saint-Étienne, Loos-en-Gohelle, Roubaix, Sénart, Metz, etc. À chaque fois, il s'agit de convertir des espaces délaissés et appauvris en de nouveaux quartiers fondés sur l'alliance de la participation sociale, de la mixité fonctionnelle, des nouvelles technologies et du développement durable. Sans être aussi formalisé et ancien que le mouvement des villes éducatrices, on peut constater que le réseau des villes apprenantes qui regroupe une cinquantaine de communes est en émergence.

Cependant, à ces initiatives d'ordre socio-économique, on pourrait ajouter une perspective renvoyant plus particulièrement aux enfants et aux jeunes, en usant du terme « ville apprenante » plus en tant que concept qu'en tant que dispositif. En effet, ces derniers participent de plein droit au processus de la ville apprenante, à partir de sociabilités qui leur sont propres et qui ont très souvent pour lieu de départ les espaces publics. On peut prendre les exemples significatifs des sports de rue[8] et des pratiques du hip-hop.

Les sports de rue sont souvent constitués de pratiques qui se sont échappées des stades ou des gymnases pour des raisons diverses (financières, relationnelles, horaires, etc.). Il en va ainsi du foot et du basket dont les joueurs refusent la discipline des clubs sportifs. D'autres pratiques comme le skate-board ou le roller ne correspondent pas à une contestation de l'offre sportive locale mais à une véritable émergence de sociabilités fondées sur la glisse et un rapport ludique à l'espace urbain. Dans les deux cas, des autorités locales ont adopté le point de vue de la ville apprenante avec des conséquences parfois contrastées. Une des réponses a été de créer, dans la France des années 1990, des terrains de sports de proximité dotés de particularités (espaces extérieurs, superficies spécifiques, aménagements superposés, grilles ou filets de clôture, etc.). Une seconde réponse a été de réintroduire les sports de rue dans les équipements sportifs avec de nouvelles règles plus souples, inspirées des pratiques de rue, comme par exemple le foot de salle. Pour le skate-board et le roller, très souvent interdits (ou fortement contrariés) dans l'espace urbain, des municipalités ont créé des équipements spécifiques (skate-park), diversement appréciés par les publics juvéniles concernés. À côté de quelques réussites, on peut noter de nombreux échecs ou semi-échecs de ces équipements de plein air qui se voulaient innovants. D'abord, il a pu exister des incompatibilités culturelles intragénérationnelles : les adeptes du roller et du skate participent de « tribus » distinctes qui n'ont pas forcément de compatibilités. Ensuite, les aménagements ont été installés en périphérie comme des équipements sportifs ordinaires, privilégiant la motricité cadrée plutôt que les mobilités ouvertes.

On peut noter de nombreux échecs ou semi-échecs de ces équipements de plein air qui se voulaient innovants.

Le hip-hop est un ensemble culturel qui regroupe des pratiques expressives liées au graphisme (tag, graff), à la danse (break), à la musique (rap, djing), ou encore à la poésie (slam). Sans entrer dans le détail de ces différentes formes culturelles, on peut noter que le point de départ de ces expressions est lié à l'espace urbain. Ces activités ont pris naissance dans la rue, les parkings, les terrains vagues et ce que l'on appelle les « délaissés urbains », à la fois pour des raisons financières, des raisons d'incompatibilité avec les formes culturelles institutionnalisées, mais aussi parce que la symbolique du hip-hop se nourrit de l'imaginaire de la métropole avec ses rythmes, ses conflits et ses mobilités. De plus, il faut savoir que, même reconnu et éventuellement institutionnalisé, le hip-hop maintient une partie de ses activités et de son énergie créatrice dans les espaces publics. Les pouvoirs locaux et les espaces socioculturels, interpellés par le hip-hop depuis une quinzaine d'années, ont cru qu'il suffisait de constituer ces pratiques en activités, ateliers et spectacles, sur le mode des activités socioculturelles traditionnelles des équipements culturels. Si parfois ce type d'accueil a pu être compatible avec les stratégies des jeunes concernés, il a souvent montré ses limites lorsqu'il se voulait pure instrumentalisation (voir l'encadré « Du côté de la recherche » dans ce chapitre).

Les sociabilités des jeunes sont à la base de leur rapport à la ville.

À ce stade encore précaire de développement social et de reconnaissance politique, nous proposons d'ébaucher trois constats qui nous semblent constitutifs des savoirs de base auxquels la ville apprenante pourrait se former. Premier constat, les jeunes urbains sont une ressource pour la ville, à la fois parce qu'ils en vivent les problèmes, en diagnostiquent les causes et les effets et proposent des pistes de solutions voire les expérimentent de leur propre chef. Second constat, les sociabilités des jeunes sont à la base de leur rapport à la ville et les principaux problèmes sont liés à des pratiques d'appropriation d'espaces. Cette appropriation, qui parfois vise l'exclusivité générationnelle, parfois se fonde sur le détournement d'usage, doit être comprise comme une compétence urbaine, génératrice de savoirs. On peut interpréter l'appropriation d'espaces à plusieurs niveaux : c'est un jugement de fait sur la valeur du lieu approprié qui présente des qualités diverses (centralité, multimodalité, attractivité, etc.) ; c'est un diagnostic sur la pertinence de la politique locale de jeunesse ; enfin, c'est un révélateur des conflits d'usage entre les diverses générations de la ville. Troisième et dernier constat, il est important de souligner que ces questions d'appropriation apparaissent dans les espaces publics et peuvent être traitées dans l'espace public, c'est-à-dire passer de l'espace physique des coprésences à celui, symbolique et politique, de l'élaboration du bien commun. Les jeunes urbains peuvent participer ès qualités à la fabrication plurielle de la ville[9] et contribuer avec d'autres catégories à la coproduction d'une « urbanité flexible » selon l'expression d'Augustin.

La problématique de la ville et de l'éducation informelle n'a pas été évoquée ici sous tous ses aspects et, pour mémoire, il aurait fallu parler, au plan international, des enfants de la rue et, au plan local, des dispositifs « Ville pour École » ou « classes de ville ». Cependant, avec les notions mondialisées de ville éducatrice et de ville apprenante, nous avons pu donner une consistance au concept d'éducation tout au long de la ville, en nous fondant sur trois constats. D'abord il y a des liens entre l'expérience des espaces publics et la production de savoirs informels. Ensuite les institutions locales peuvent intégrer ces savoirs urbains à un projet de développement territorial. Enfin, bien que décentrée par la présence d'autres espaces éducatifs et de savoirs non académiques, l'école garde toute sa place dans ces dispositifs.

NOTES

1. P. Carré, *L'apprenance. Vers un nouveau rapport au savoir*, Paris, Dunod, 2005.
2. G. Brougère, « Les jeux du formel et de l'informel », *Revue française de pédagogie*, 2007, n° 160, p. 5-12.
3. A. Vilarrasa, B. Bier, J.-C. Richez (dirs), « Villes éducatrices. L'expérience du projet de Barcelone », *Cahiers de l'action*, 2007, n° 17.
4. *Ibid.*
5. K. Larsen, « Villes apprenantes, la nouvelle recette du développement régional », *L'Observateur de l'OCDE*, octobre 1999.
6. P. Bélanger, B. Paetsch, « La ville apprenante : un projet en émergence à Montréal », *Diversité*, 2006, n° 145, p. 63-70.
7. T. Nghiem, « Brest, une ville apprenante », *Les Annales de la recherche urbaine*, 2006, n° 101, p. 135-137.
8. J.-P. Augustin, « Les jeunes entre équipements et espaces publics », *Agora*, 2001, n° 24, p. 9-17.
9. C. de Saint-Pierre, *La fabrication plurielle de la ville. Décideurs et citadins à Cergy-Pontoise. 1990-2000*, Paris, Créaphis, 2002.

Chapitre 4
L'expérience du migrant : l'apprentissage comme rupture subjective[1]

Philippe de Leener

L'immigration est une traversée. D'abord souvent celle de la mer dont on connaît l'intensité des drames qui s'y jouent lorsque les passeurs sont clandestins, ensuite celle de mondes inconnus pour aboutir sur une terre inconnue. Là aussi, cette traversée symbolique mobilise ses passeurs, des hommes et des femmes, mais également des institutions qui aident les immigrés à franchir l'épaisseur des mystères et des quiproquos qui tapissent le quotidien de ceux qui arrivent. L'arrivée de migrants ne manque pas d'exercer une influence sur la société d'accueil. L'immigration n'est jamais à sens unique, il s'agit plutôt de « co-inclusion »[2]. En effet, le schéma de l'assimilation progressive de l'immigrant perdant les repères de son pays d'origine, se fondant dans la société d'accueil, n'est pas la règle, par exemple, pour les populations d'origine ouest-africaine chez lesquelles il s'avère que les liens peuvent perdurer longtemps et parfois même s'intensifier.

L'expérience vécue par les populations immigrantes soulève d'emblée des questions : qu'apprennent-elles et comment arrivent-elles à se faire une place dans la société d'accueil ? Apprennent-elles d'une autre manière ? Autrement dit, leurs schémas, modes et stratégies d'apprentissage sont-ils affectés ? L'apprentissage est au cœur de l'expérience d'immigration. Souvent, il commence par l'acquisition d'une langue nouvelle, première étape de toute trajectoire d'intégration. Un grand nombre d'associations et d'institutions y investissent leurs efforts. Il est vrai que de nombreux immigrants peu alphabétisés se retrouvent immédiatement en difficulté lorsqu'ils arrivent en Europe, tandis que leurs enfants doivent affronter un univers scolaire qui n'est pas étayé à domicile. Par ailleurs, les instances publiques ou privées qui travaillent de près avec les immigrés visent aussi le développement de compétences telles que la réflexion critique, l'apprentissage coopératif ou le développement d'attitudes (démocratie, civisme, tolérance...). L'immigrant est appelé à apprendre de multiples façons. Toutefois, son itinéraire d'apprenant peut être sensiblement déterminé par la perspective dans laquelle se cale son intégration : agit-il sur un mode normativiste (se fondre dans les normes de la société hôte), constructiviste (co-élaborer avec la société hôte de nouvelles normes) ou conflictualiste (nier, rejeter les normes des hôtes) ?

Dans ce texte, nous n'adopterons pas le point de vue de l'apprentissage proprement dit, nous ne répondrons pas à la question de savoir *comment* les immigrants apprennent, ni ce qu'ils apprennent, n'apprennent pas ou refusent d'apprendre. Nous lèverons plutôt un coin du voile sur le *monde intérieur* qui habite le plus souvent le nouvel arrivant. Nous nous demanderons plutôt *d'où ils partent* dans leur parcours d'apprentissage. L'investigation de ce point de départ est régulièrement négligée, l'accent étant d'abord placé sur ce que les immigrants devraient apprendre, mais moins sur ce qu'ils savent déjà, plus rarement encore sur les préconceptions fondatrices de leurs connaissances actuelles. Or, bien des efforts de formation ou d'appui à l'intégration seraient considérablement soutenus si ce point de départ était pris en considération, comme le rappelle le remarquable ouvrage de Mappa[3].

Deux éléments constituent l'univers mental au départ duquel les immigrants sont appelés à apprendre : le rapport à soi et aux règles.

Pour en parler, nous limiterons notre propos au cas des immigrants originaires de l'Afrique au sud du Sahara arrivant dans une société nord-européenne qu'ils ne connaissent pas. Nous ne mettrons en perspective que deux éléments constituant l'univers mental au départ duquel les immigrants sont appelés à apprendre : le rapport à soi et aux règles. Ces deux angles d'attaque sont parmi les plus fondamentaux pour comprendre la problématique de l'immigration telle qu'elle est vécue de l'intérieur par l'immigrant. Quel que puisse être son objet, apprendre quand on provient d'un autre monde et quand on vit intérieurement dans un autre univers revient à se reconstruire et dès lors à se forger une nouvelle *identité narrative*, un nouveau récit qu'on se raconte à soi-même mais qu'on destine cependant à autrui dans le but de se situer dans le monde. Plus que pour toute autre catégorie sociale, apprendre quelque chose de neuf exige subrepticement de l'immigrant qu'il se fasse quelqu'un d'autre, éventuellement même quelqu'un d'étranger à lui-même. Désapprendre, condition *sine qua non* de tout apprentissage, signifie ainsi préalablement devenir une autre personne vis-à-vis de soi-même.

Du « Nous, je » au « Moi, je »

L'immigrant qui arrive d'Afrique franchit une frontière qui n'est pas seulement celle que personnalisent les douaniers et les formalités. Il franchit aussi celle qui marque le passage d'un univers où l'on existe le plus souvent comme partie prenante d'un grand « Nous » à un monde où l'on est avant tout identifié comme un individu destiné à penser et à parler d'un point de vue propre à soi, c'est-à-dire un monde constitué par des instances assimilables à des « Moi, je ». Cette découverte à laquelle aucun immigrant ne peut échapper – et qui le prend régulièrement au dépourvu – bouleverse les fondements de sa subjectivité. Pour comprendre l'ampleur du choc, voici quelques éclairages sur ce monde que nous qualifierons de « Nous, je » pour souligner que lorsque le sujet dit « je », il faut entendre « nous ».

L'immigrant qui arrive d'Afrique franchit une frontière qui n'est pas seulement celle que personnalisent les douaniers.

Il y a une vingtaine d'années, le Kényan Joseph Nyasani, le Congolais Ntumba Tshiamalenga et le Ghanéen Kwamé Gyekye avaient analysé la problématique du sujet dans des termes qui délimitent les contours d'une société du « Nous, je ». Ils affirmaient ainsi la primauté du « Nous » en Afrique alors qu'en Occident ce serait le primat du « Moi ». Cette position est ici illustrée de manière concrète par Joseph Nyasani[4] : *« Quand une partie du corps est malade, le corps entier est affecté. Quand un membre de la famille ou du clan est honoré ou gagne, c'est le groupe tout entier qui se réjouit et partage la gloire… »*

À partir des travaux de Gyekye, Joseph Nyasani soulève plusieurs questions pour comprendre la subjectivation en Afrique : *« Qu'est-ce qui fait que l'Africain cherche refuge dans les autres ou, plutôt, qu'il s'abandonne au destin de sa communauté ? Pourquoi chaque individu africain croit-il qu'il n'existe que grâce au fait que les autres existent ? Pourquoi la communauté est-elle première et supérieure à l'individu ?* » Il tente de répondre en adoptant trois angles de vue. Tout d'abord, il évoque le monde mythique dans lequel, selon lui, l'Africain vivrait au quotidien, un monde peuplé de forces et d'esprits invisibles. Cette réalité qui imprègne la vie quotidienne des immigrés longtemps après leur intégration surgit parfois au grand jour à l'occasion de crises familiales sous la forme de désordre psychiatriques complexes[5]. Ensuite, il souligne que les mobiles des actions entreprises par l'individu, et même ses omissions, ne lui appartiennent jamais vraiment en propre, tout au plus au moment où ils émergent. Mais, sitôt énoncés, invariablement leur réalisation n'est envisageable que si elle répond strictement aux normes dictées par la communauté. Enfin, il met en avant le poids du regard d'autrui, ce qu'il appelle la « *conscience publique* », de sorte que le sujet réalisant un acte se demandera toujours, avant tout : « *Qu'est-ce que les gens diront après que j'ai posé tel ou tel acte ?* » Par contre, le même individu se demandera difficilement : « *Qu'est-ce que je me dirai à moi-même après avoir fait telle ou telle chose ?* »

En Afrique de l'Ouest, les mobiles des actions entreprises par l'individu ne lui appartiennent jamais vraiment en propre.

Lorsque l'immigrant s'installe en Europe du Nord, il se retrouve dans un monde qui ne relève plus du « Nous, je ». Les personnes qu'il croise vivent dans le registre du « Moi, je ». Prendre toute la mesure de cette différence est le premier apprentissage qu'il devra alors réaliser. Ici il faut comprendre à quel point cette découverte peut être difficile. Dès son arrivée, l'immigrant est mis sous pression d'adapter son registre subjectif. On s'adressera partout à lui non plus comme au membre d'une famille, mais comme à un individu dans un univers fait d'entités ou d'autorités abstraites (des administrations, des entreprises) qui ne fonctionnent justement pas comme des familles.

À nouveau monde, nouvelle intériorité

Apprendre et comprendre que les autres sont vraiment autres ne suffit pas. Le parcours de l'immigrant le pousse plus loin sur la voie d'un autre apprentissage, celui d'un fonctionnement subjectif différent. Pour en esquisser la profondeur, intéressons-nous à la réflexivité qui est au fondement des « Moi, je ». Se prendre soi-même comme objet de sa propre réflexion, soi-même non plus en tant que partie d'un grand « Nous » mais comme une instance dotée d'une autonomie propre détachée de la volonté des autres, est une démarche profondément exotique pour l'immigrant africain nouvellement arrivé. Elle est d'autant plus déroutante que la question de son identité, qui est immédiatement mise en jeu dans l'exercice réflexif, ne s'est sans doute jamais posée pour lui : il est le fils de…, il vient de tel village…, ses parents sont ceux-là…, il appartient à telle génération ou telle classe d'âge… De là où il vient, ces éléments lui suffisent pour prendre sereinement sa place dans le monde. Mais ici, là où il arrive, de tels éléments peuvent ne rien vouloir dire. On exigera de lui qu'il se définisse en mobilisant des critères abstraits, des qualités, des préférences, des opinions, des projets, des sentiments… toutes sortes d'éléments qui, dans le monde des « Moi, je », contribuent à configurer l'identité d'une personne en la positionnant dans une arène sociale qui n'est plus clanique. Il est donc poussé à prendre position d'un point de vue qui lui est propre. Son avis n'est plus celui qui est brassé par ses frères ou ses parents mais celui qu'il est invité à défendre lui-même sur la base d'arguments qui relèvent de la Raison, qui par essence dérivent de raisons extérieures à toutes attaches familiales. Travail mental qui est au fondement de l'activité réflexive et en même temps configure l'identité d'un « Moi, je ».

Apprendre et comprendre que les autres sont vraiment autres ne suffit pas.

La réflexivité ne s'applique pas au seul registre identitaire, elle engage aussi ses propres comportements et son activité. Elle ouvre alors la voie sur un autre passage, particulièrement difficile à franchir pour l'immigrant, celui qui mène du monde de la peur, ou de la honte, au monde de la culpabilité, et donc à celui de la responsabilité propre. Dans le monde du « Nous, je », la pression du clan ou du groupe de référence est constitutive de la vie quotidienne. En cas de tension, elle prend une forme particulière, celle de la peur d'être exclu. Cette peur-là est si profondément inscrite que tout ce qui met en danger le lien fondamental à la famille est aussitôt réprimé. Dans le monde du « Nous, je », la peur généralement se dédouble : elle se nourrit de la crainte d'être exclu avec la crainte d'un dérèglement plus profond qui affecterait cette fois l'univers familial dans son ensemble.

Dans le monde du « Moi, je », il en va tout autrement : la peur du rejet y est supplantée par le sentiment que sa responsabilité est engagée. La faute n'engendre plus la peur de l'exclusion, et par voie de conséquence celle de son annihilation sociale, elle déclenche un sentiment de culpabilité qui n'engage que soi-même en tant que sujet compris comme une entité propre. Dans le monde du « Moi, je », lorsqu'il se sent responsable, le sujet s'adresse avant tout, et parfois seulement, à lui-même, une interpellation qui empruntera volontiers le relief d'expressions banales telles que *« Qu'est-ce que j'ai fait là ? »* ou *« Comment ai-je pu faire ça ? »*. Dans une situation similaire, les délibérations intérieures de l'immigrant prendront le plus souvent une autre allure. Les formules seront vraisemblablement élaborées à la troisième personne de telle manière qu'au lieu de *« Qu'est-ce que j'ai fait là ? »*, on entendra plutôt *« Qui m'a fait ça ? »* ou alors *« Qui <u>nous</u> a fait ça ? »*. Le « nous » évacue le « moi » dans la structure des adresses intérieures d'autant plus systématiquement que la tension est forte.

De nombreux immigrés, en particulier ceux de la première génération, ne parviennent jamais à emprunter un tel parcours, ce qui souligne la difficulté réelle de l'obstacle. Beau-

REGARD D'ACTEUR

PATRICIA DELORD, PSYCHANALYSTE AU SEIN DE L'ASSOCIATION FRANCE, TERRE D'ASILE

Pouvez-vous me dire qui sont les personnes que vous rencontrez lors de ces rendez-vous ?

PATRICIA DELORD : Les personnes enfants et adultes qui résident dans ce centre sont en attente du statut de réfugiés politiques. Ce sont donc des personnes de tous niveaux scolaires qui se sont senties obligées de partir à la fois objectivement en raison d'idées qu'elles défendent ou à cause des violences qu'elles risquent, mais aussi subjectivement parce qu'elles ne pouvaient plus se sentir bien là-bas. Leurs difficultés à vivre sont donc très importantes.

Lors de vos entretiens, quels sont les apprentissages que vous pouvez repérer ?

P. D. : Dans ma position, je repère plutôt ce qui fait obstacle aux apprentissages. Ces personnes ont généralement l'expérience de l'exil et de difficultés importantes car elles viennent de pays non démocratiques où la liberté d'expression n'est pas reconnue. Parler n'est donc pas évident.

Pouvez-vous repérer comment se fait l'apprentissage de la langue ?

P. D. : L'enseignant de français remarque que les cours ne leur permettent pas d'apprendre la langue. Moi, j'ai le souvenir d'une jeune femme qui m'expliquait qu'elle n'arrivait pas à apprendre à cause des « problèmes ». Problème, c'est un mot universel qui sert dès que ça ne va pas. Ce qui est appris dans le cours n'est pas retenu même avec un équipement technique, un dictionnaire, des livres. Pour que ça marche, il faut d'abord qu'ils discutent entre eux, entre nationalités avec les autres personnes du centre. Quand ils parlent avec les autres, arméniens, congolais, sri lankais, tchétchènes… ils utilisent le français comme une langue médiatrice, et

coup aussi vivent dans une sorte d'entre-deux-mondes, tirant sur l'un ou l'autre registre selon les situations.

Nouveau rapport aux règles, nouveau rapport à soi

S'intégrer signifie aussi, très concrètement, adopter un nouveau répertoire de règles. Qu'en est-il pour l'immigrant ? Une fois encore, le contraste est brutal entre les deux mondes. Pour mieux souligner la rupture, nous nous référerons à une recherche en cours aux frontières du Liberia et de la Guinée, dans la région de Guéckédou de culture kissi[6]. Un des points qui a été approfondi concernait précisément le rapport aux règles ou aux lois. Le diagnostic général était le suivant : en zone kissi, les règles ou les lois ne sont pas appliquées parce qu'elles ne sont pas intériorisées ; elles resteraient étrangères à la conscience des personnes, elles séjourneraient en quelque sorte en dehors de soi. Or, les règles qui ne pénètrent pas

cela facilite beaucoup l'apprentissage. Ils font une sorte de macédoine de langues d'où ils tirent des mots connus et petit à petit se débrouillent. Quand ces échanges sont mis en route, les cours sont très utiles parce qu'ils viennent compléter ces apprentissages et interagissent avec eux.

Y a-t-il d'autres lieux où ils apprennent entre immigrants ?
P. D. : Bien sûr, dans la vie quotidienne. Ils repèrent par exemple dans la ville des personnes de la même culture d'origine qu'eux qui leur apprennent comment se débrouiller. Elles leur donnent des astuces. Un petit garçon m'a expliqué qu'en arrivant à Roissy où son passeur l'a abandonné, il a cherché un Noir, comme lui, à qui il a demandé de le conduire dans « *le quartier des Noirs* ». Ce monsieur noir l'a emmené chez des amis, et ces amis l'ont conduit auprès d'autres personnes et petit à petit, il est arrivé ici.

D'autres apprentissages se font de cette manière ?
P. D. : Du côté des jeunes, les apprentissages se font dans la rue avec des adultes. Des apprentissages dont ils pourraient aussi se passer : l'expérience de la prostitution, comment trouver un travail pour payer une étape du trajet, car ils ne viennent pas tous en Europe par des vols directs. Ils font l'expérience du trajet, apprennent de nouveaux codes, de nouvelles manières de se comporter, etc.

Ces transmissions d'expériences concernent-elles seulement les questions d'ordre pratique liées aux difficultés à surmonter ?
P. D. : Non, ce sont des apprentissages très complexes et fondamentaux. L'apprentissage de l'exil suppose d'apprendre à perdre et de faire l'inventaire des pertes pour apprendre d'autres codes. Ce n'est pas seulement la perte d'un pays dont il s'agit, c'est aussi celle des repères spatiaux, des codes culturels, linguistiques, de liens, d'odeurs, de couleurs… Avec moi, par exemple, ils apprennent un autre rapport au temps. J'ai une dame qui parle « *du temps des Blancs* » quand je lui donne un rendez-vous. Là, j'apprends moi aussi, j'apprends à me décaler par rapport à mes références culturelles et ce que j'ai appris dans mes études, par exemple sur le sens des rendez-vous manqués.

Propos recueillis par Anne-Lise Ulmann

la conscience des sujets ne peuvent irriguer la société à laquelle ces sujets donnent vie.

Cette perspective vaut autant pour ce qui est des textes ou des lois qui n'appartiennent pas à la culture kissi que pour les lois coutumières. Prenons une de ces règles coutumières, en l'occurrence une règle banale, celle qui veut qu'une femme ne pile pas ses aliments après la tombée de la nuit. En région kissi cette règle s'impose avec force aux femmes. L'interdit est fort, mais les raisons n'en sont pas connues de la plupart des femmes. Face à cet interdit, une femme dira simplement : *« Ma fille, l'autre jour, m'a demandé pourquoi. De nos jours, les enfants demandent souvent pourquoi. Bon, je n'avais pas de réponse. Je n'ai rien dit. Depuis ma naissance, on m'a toujours dit ça, mais je n'ai pas de réponse. Je n'ai jamais demandé pourquoi. »* Les interdits, comme les lois ou les règles de manière générale, ne sont pas l'objet de discussions quotidiennes. Or, une loi ou une règle pénètre d'autant plus intimement dans la conscience des sujets qu'elle fait régulièrement l'objet de discussions. Quand les gens parlent entre eux des règles ou des lois, ils finissent par y penser aussi quand ils sont seuls, c'est-à-dire qu'ils en parlent aussi dans leur for intérieur.

Une règle pénètre d'autant plus intimement dans la conscience des sujets qu'elle fait régulièrement l'objet de discussions.

L'explication des lois permet de comprendre pourquoi elles finissent par faire partie de soi-même. Mais elle ne garantit nullement à elle seule l'*intériorisation*. Il y a intériorisation d'une loi ou d'une règle quand le sujet s'oblige lui-même à faire ce que la loi dit qu'il doit faire ou quand il s'interdit lui-même de faire ce que la loi interdit. L'intériorisation marque la reprise en soi d'une contrainte qui était initialement extérieure.

Ce détour par la culture kissi prise pour exemple illustre une réalité propre aux sociétés du « Nous, je ». Si on prend au sérieux cette réalité, on appréhende mieux la difficulté face à laquelle l'immigrant est placé lorsqu'il débarque dans des sociétés régulées formellement. On découvre surtout la profondeur de l'apprentissage qu'il est amené à entreprendre. Il apparaît sans mal qu'un apprentissage de cette nature ne relève pas de la simple connaissance. Le problème n'est pas de faire connaître les droits et les devoirs comme diverses associations de soutien aux immigrés s'attachent à le faire. Il s'agit d'une transformation radicale de la subjectivité. Quand un sujet originaire d'un monde du « Nous, je » s'installe dans un monde du « Moi, je », il est appelé implicitement à réaliser un travail qui consiste à détacher les règles du corps social, fondamentalement immanentes, pour les placer au-dessus de lui, des siens et des circonstances. Ces règles acquièrent alors un statut transcendant au sens où ni leur recours ni leur application ne dépendent plus du relief des situations ou de la configuration singulière des relations sociales. Ainsi, l'apprentissage de la régulation dans un contexte occidental passe par une double découverte : d'abord celle d'une différence fondamentale dans la nature même des choses, ensuite celle d'une nouvelle rationalité qui a pour effet de transformer en même temps son rapport à soi et son rapport aux autres. Car respecter une règle parce qu'on y croit, et surtout parce qu'on le veut, oblige à se parler en soi et à soi-même dans des termes radicalement nouveaux qui évacuent toute référence au grand « Nous » et qui placent le sujet face à des arguments, c'est-à-dire finalement en prise directe avec des immatérialités.

Les voies d'un apprentissage inaccessible pour beaucoup

Nous touchons ici le cœur même du processus d'intégration, qui prend vraiment la forme d'un apprentissage retentissant. Alors qu'auparavant les liens à autrui toujours très concrets, voire immédiats sinon même physiques, cadenassaient solidement le rapport au monde, voilà qu'à présent ces liens se voient supplantés par *des liens avec des choses*. Des choses bien étranges puisqu'il s'agit de *choses immatérielles* qui ne peuvent pas prendre d'autres formes que celles que permettent les mots avec lesquels on se parle, des mots qui résonnent en soi sans même aucune nécessité d'en sortir, c'est-à-dire des mots que l'on se destine à soi-même pour agir précisément sur soi-même, des mots qui conduisent à se prendre soi-même comme un tiers. Ainsi, l'apprentissage introduit en soi pour les installer définitivement des êtres étranges – des étrangers au sens littéral – qui ne sont autres que les arguments que le sujet apprenant reprend pour lui-même en pleine conscience. S'intégrer revient ainsi, subtilement, à faire pénétrer en soi – ou plus exactement à faire sortir de l'intérieur de soi pour ensuite la retourner vers soi – l'étrangeté radicale de l'être à soi-même. Une expérience extrême pour beaucoup d'immigrants. Une expérience que peu réussissent à mener à son terme.

S'intégrer revient ainsi, subtilement, à faire pénétrer en soi l'étrangeté radicale de l'être à soi-même.

Notons bien ici les diverses étapes à franchir qu'exige un tel apprentissage. Une première étape, cruciale, correspond à la découverte que les autres autour de soi ne vivent pas dans le même registre de subjectivité, qu'ils sont différents *par nature*, découverte déconcertante, car elle hypothèque subrepticement la possibilité de se relier émotionnellement à ces autres. Une deuxième étape consiste à comprendre ce qu'une telle différence implique en termes d'organisation de la vie sociale et de fonctionnement des institutions. En pratique, cela revient à décrypter le monde autour de soi à la lumière de cette découverte, à le voir à travers des lunettes désormais déformantes. Nombre d'immigrants ne franchiront jamais ces deux premiers pas qui se présentent à eux comme une muraille désespérante. Ceux qui réussissent malgré tout ne sont pas pour autant au bout de leurs peines. Une troisième étape les pousse à élaborer en eux une sorte de dédoublement, à vrai dire un clivage, comme si deux registres de réactivité désormais coexistaient : avec les miens, je continue à me comporter comme depuis toujours, mais avec les autres je me fonds dans l'image que je me fais d'eux. Ces deux répertoires de normes pour agir cohabitent sans mal dans la conscience des sujets s'ils s'appliquent à des terrains sociaux soigneusement démarqués. Par contre, sitôt que les frontières s'estompent, les immigrants sont pris dans les mailles d'une double contrainte. Les deux répertoires étant par nature incompatibles, ils ne peuvent échapper au sentiment que, quoi qu'ils fassent, ils font à la fois bien et mal, ils sont à la fois bons et mauvais. Il faut admettre que rares sont les immigrants qui approchent cette quatrième étape, celle de l'acteur réflexif, propriétaire de son agir, qui de surcroît intériorise les règles après en avoir délibéré avec lui-même.

Une première étape de l'intégration correspond à la découverte que les autres ne vivent pas dans le même registre de subjectivité.

De l'issue de ce parcours dépend pour une large part la capacité à s'intégrer. Un apprentissage complexe car dépourvu de références existentielles dans le pays d'origine. Le défi de cet apprentissage est infiniment plus complexe que tout ce que les programmes de formation envisagent habituellement. La plupart des efforts de formation font l'impasse sur ce parcours. Il ne s'agit plus d'apprendre des procédures, d'acquérir des connaissances nouvelles ni même d'inscrire en soi des capacités nouvelles, il s'agit d'une véritable refonte de la subjectivité et, par voie de conséquence, de l'élaboration d'un nouveau sentiment de soi en même temps que d'un nouveau concept de soi. Il s'agit de devenir autrement soi-même, mais en phase avec un univers radicalement autre où le rapport aux règles et à l'action exige une refonte brutale de son univers mental. Devenir autrement soi-même, non seulement pour soi, mais aussi pour les siens, ceux dans les yeux de qui l'immigrant risque d'introduire un doute : est-il encore vraiment des nôtres ?

NOTES

1. Nous remercions le psychologue et artiste congolais Pie Tshibanda, ainsi que l'historienne Sophia Mappa, directrice du Forum de Delphes, avec qui nous menons des recherches de terrain en Afrique de l'Ouest.

2. R. Kuzwela Mulanda, *Processus d'intégration des immigrés en Europe. Complexités et défis*, Éditions Terroirs, collection « Défriches », 2007, p. 15.

3. S. Mappa (dir.), *Le savoir occidental au défi des cultures africaines. Former pour changer ?*, Paris, Karthala, 2005.

4. J. Nyasani, *The Ontological Significance of 'I' and 'We' in African Philosophy*, http://home.concepts-ict.nl/~kimmerle/frameText8.html, consulté le 7/10/08.

5. T. Nathan, *Nous ne sommes pas seuls au monde. Les enjeux de l'ethnopsychiatrie*, Paris, Les Empêcheurs de penser en rond & Le Seuil, 2001.

6. P. de Leener, *Conflits, gouvernance locale, changement*, Conakry (Guinée) : République de Guinée, Ministère des Affaires étrangères, Eschborn (Allemagne) : SARPC/GTZ et Ottignies (Belgique) : Enda Inter-Mondes, 2008.

Deuxième partie

Apprendre dans les marges de l'univers scolaire

Chapitre 5
La cour de récréation : lieu de socialisation et de culture enfantines

Julie Delalande

La récréation est souvent perçue comme un moment de pause et de surveillance par les enseignants qui y voient pour leurs élèves une manière de re-créer les forces nécessaires au travail en classe. De leur côté, les parents sont informés des difficultés rencontrées par leur enfant dans la cour, mais moins souvent des plaisirs qu'il y vit. Autrement dit, les adultes sont plus sensibles aux dimensions négatives de la récréation, médiatisée également sous cet unique angle, et oublient ou ignorent souvent les apports positifs que les enfants en retirent. Plus encore, les parents n'envisagent pas ce temps entre pairs comme un moment d'apprentissage, sauf à y apprendre à se défendre des agressions verbales et physiques. Les enseignants ont souvent une vision un peu plus large du rôle de la récréation puisqu'ils y assistent chaque jour et y voient, comme la classe, un moment où leurs élèves apprennent à vivre ensemble.

Nous voudrions détailler ce que cette expression suppose, à l'aide des travaux de chercheurs qui, peu nombreux, investissent la cour d'école comme lieu d'étude[1]. Nous dévoilerons quelques activités enfantines de la récréation, principalement à l'école maternelle et élémentaire, afin de montrer qu'il s'agit d'un moment d'apprentissage informel fondamental, tant des rapports sociaux (se faire une place dans un groupe, se faire des amis, des amoureux et des ennemis, se débrouiller des bagarres…) que d'une culture enfantine (transmission des jeux, de leurs règles, de l'univers de fiction dans lequel il plonge les enfants…). Comment ces apprentissages se conjuguent-ils avec ceux que les enfants reçoivent des adultes ?

Une utilisation restreinte du concept d'apprentissage

Le concept d'apprentissage est très peu utilisé pour évoquer ce que les enfants s'enseignent entre eux. Ce sont les notions de socialisation entre pairs et de transmission culturelle qui sont d'usage dans les travaux des scientifiques. Le terme d'apprentissage est accaparé pour désigner ce que les adultes inculquent aux enfants et de manière plus restrictive encore ce que les enseignants apprennent aux élèves, loin d'une conception élargie de ce terme, dans laquelle tout échange peut amener à un apprentissage, qu'il soit horizontal, entre enfants, ou vertical, d'adultes à enfants. Nous sommes encore plus loin d'accepter l'idée qu'un enfant puisse apprendre quelque chose à un adulte. Depuis les philosophes des Lumières s'est imposée l'idée d'un homme perfectible s'il reçoit une éducation spécifique. Elle suppose de sortir les enfants de la société où ils faisaient traditionnellement leurs apprentissages, mêlés aux adultes dans la communauté villageoise, pour les enfermer dans des structures spécialisées, les écoles. Les enfants ne sont plus alors des hommes en miniature, participant à la vie collective à la hauteur de leurs moindres force physique et capacité de compréhension, ils deviennent des écoliers dont le travail est d'apprendre, comme le montre Philippe Ariès dans *L'enfant et la vie familiale sous l'Ancien Régime* (Le Seuil, 1960).

Le concept d'apprentissage est très peu utilisé pour évoquer ce que les enfants s'enseignent entre eux.

Pourtant, des chercheurs travaillent à déconstruire cette conception étroite du concept, notamment en ajoutant à l'idée d'apprentissage dit formel un apprentissage informel, désignant tous les à-côtés de cet enseignement officiel[2]. Cette notion permet notamment d'accepter l'apprentissage le plus improbable que nous évoquions, celui de l'enfant vers l'adulte, par exemple en observant l'utilisation de l'informatique, des consoles de jeux, téléphones portables et autres objets de la technologie moderne, pour lesquels il est courant d'entendre dire par des adultes que les enfants se débrouillent mieux qu'eux et qu'ils leur apprennent parfois à s'en servir[3]. Quant à la cour, elle est souvent suspectée d'accueillir des relations entre enfants qui, plutôt que d'être vues comme enrichissantes, déconstruisent ce que les adultes transmettent aux enfants.

Une socialisation enfantine concurrente ou complémentaire ?

Les interactions entre enfants sont l'objet de peu de travaux[4], car c'est la relation d'éducation avec l'adulte qui intéresse davantage les sociologues, ethnologues et pédagogues, et l'enfant comme être en développement qui est l'attention des psychologues. Les chercheurs ne s'intéressent que depuis peu à l'entre-enfants, notamment à l'intérieur du champ de la sociologie de l'enfance encore jeune, que l'on peut découvrir dans l'ouvrage dirigé par Régine Sirota en 2006 sous le titre *Éléments pour une sociologie de l'enfance* (PUR). Cette sociologie permet de concevoir une socialisation horizontale, et donc un apprentissage social entre enfants : les enfants *se* socialisent et ils apprennent aussi ensemble à réguler leurs relations, à se soumettre entre eux à des normes sociales. Si ce regard sur l'enfance a mis du temps à s'installer, c'est notamment parce que la sociologie française a hérité de la pensée d'Émile Durkheim, en cohérence avec un contexte social, selon laquelle, comme il l'a écrit dans le *Nouveau dictionnaire de pédagogie* de F. Buisson (1911), les enfants « ne sont pas encore mûrs pour la vie sociale ». En 1922, le sociologue explique que les enfants nécessitent une « socialisation méthodique » comparable à une « suggestion hypnotique » (*Éducation et sociologie*, 1966).

Quelques années plus tard, des scientifiques défendent finalement une représentation des enfants capables d'apprendre ensemble. L'anthropologue Marcel Mauss, neveu d'Émile Durkheim, soutient lors d'une conférence en 1937 qu'il existe une « éducation des enfants par les enfants eux-mêmes » et dit que « les enfants jouant ensemble forment un milieu qui a sa morale, ses règles du jeu, sa force » (*Gradhiva*, 1996). Arnold Van Gennep, premier ethnologue français, tient des propos voisins puisqu'il écrit dans son *Manuel de folklore français contemporain* (Picard, 1943) que « l'éducation de

Marcel Mauss soutient qu'il existe une « éducation des enfants par les enfants eux-mêmes ».

l'enfant, son instruction verbale et agie, se fait surtout par les autres enfants ». L'enfant doit se soumettre à un « code d'honneur », fondé sur un véritable « folklore juridique ». L'auteur signale d'ailleurs le roman toujours célèbre de Louis Pergaud, *La guerre des boutons* (Mercure de France, 1912), comme un portrait remarquable de la société enfantine. Enfin, dans le contexte de l'école qui nous intéresse, Roger Cousinet, pionnier du mouvement de l'éducation nouvelle et élève de Durkheim, publie en 1950 un « essai de sociologie

J'ai lu

GENDER PLAY, GIRLS AND BOYS IN SCHOOL

par Barrie Thorne, Buckingham, Open University Press, 1993.

La cour de récréation est un des lieux où l'on apprend à être fille ou garçon, et plus encore où est exacerbée, mise en scène, rendue visible ou caricaturée cette différence. Cela semble dû à deux facteurs, la division en classes d'âge homogènes et la dimension d'espace public où l'arme de la moquerie (*teasing*) limite les relations et confusions entre les sexes. En revanche la présence de l'adulte atténue la différence de genre en particulier à l'intérieur de la salle de classe.

Mais apprendre c'est ici tout autant construire. L'ouvrage de Barrie Thorne, pionnière d'une sociologie de l'enfant, montre que les catégories de sexe ne sont pas imposées à l'enfant, qu'il/elle ne les apprend pas de façon passive, mais de façon active, qu'il/elle les construit tout autant qu'il/elle les apprend. Filles et garçons sont constamment en interaction (tout au moins dans les écoles élémentaires qui constituent le terrain de ce travail ethnographique) et produisent la différence ou, pour reprendre l'expression de Barrie Thorne, la frontière.

Au travers des jeux et activités de la cour, les enfants travaillent la frontière (*borderwork*) dans leurs interactions, produisent une différence en partie locale, arbitraire. Tel est le cas de la chasse aux garçons par les filles qui définit les rôles ludiques par rapport au genre, mais aussi des jeux de contamination où, rappel étonnant de vieilles traditions, seules les filles peuvent contaminer les garçons. Enfin, autre jeu, mais qui n'est pas toujours perçu comme tel par les filles, l'invasion et la destruction par les garçons du terrain de jeux des filles, confirmant l'idée que les garçons sont bêtes.

Les différences sont réifiées, reconstruites dans la cour pour générer deux camps séparés par une frontière, objet de multiples traversées (*crossing border*). Traverser cette frontière est dangereux, mais plus facile pour une fille (devenant garçon manqué) que pour un garçon. Du côté des garçons, des traversées peuvent se faire sans risque, quand il s'agit d'expérimenter un jeu de fille ou quand un garçon au statut de leader lié à une masculinité sportive sans faille peut se faire autre sans toucher à son image. Plus rarement, le garçon qui participe constamment aux jeux des filles le fait au prix d'une perte de son image masculine.

Gilles Brougère

enfantine » intitulé *La vie sociale des enfants* dans lequel il montre comment les enfants « se forment mutuellement » et pourraient « vivre le présent » si le maître n'avait pour ambition d'empêcher toute vie sociale enfantine, tout juste tolérée dans les rares moments libres de récréation.

Les chercheurs contemporains décrivent une socialisation horizontale qui complète l'apprentissage reçu des adultes et s'appuie sur celui-ci pour s'organiser[5]. Permettant de sortir d'une vision dichotomique entre deux univers très différenciés et étanches, les auteurs dévoilent les liens existant entre les apprentissages de la cour de récréation et ceux que les enfants font ailleurs. Dès l'école maternelle, les élèves découvrent dans la cour la nécessité, pour se faire des amis, d'être poli, serviable, vaillant, fidèle, prêteur, affectueux... Ils apprennent comment entrer dans une *bande*, comment se protéger des attaquants ; ils font l'expérience des relations compliquées avec ceux de l'autre sexe, des histoires d'amour[6].

Les enfants testent entre eux l'utilité de codes sociaux qu'ils ont appris des adultes.

Par rapport à ce qu'ils découvrent au contact des adultes, ces apprentissages ont un caractère tout à fait particulier qui fait leur importance : ils se font dans une égalité de statut, entre enfants, et non dans une relation d'autorité et avec une intention éducative. Ainsi, être poli pour répondre à l'attente de ses parents ou pour se faire accepter d'un groupe de pairs constitue deux enjeux distincts. En quelque sorte, les enfants testent entre eux l'utilité de codes sociaux qu'ils ont appris des adultes.

La bande, *les bagarres et l'amour*

L'école maternelle est une phase fondamentale pour ces apprentissages récréatifs. C'est au cours des jeux partagés que les jeunes élèves instaurent des règles sociales fondées sur les valeurs qu'ils défendent et exigent des membres du groupe. En effet, dès la moyenne section, les enfants parlent de *bandes*, dirigées par des *chefs* qui gèrent les relations et organisent les jeux. Le sociologue Daniel Gayet évoque une « éducation par les pairs » et rappelle les travaux d'Hubert Montagner qui, dès 1978 dans *L'enfant et la communication*, décrivait les aptitudes sociales d'enfants de trois ans et leurs relations hiérarchiques. Si les *leaders* sont une force créatrice et organisatrice, ils sont aussi des protecteurs face aux agresseurs. La peur d'être attaqué est une des raisons d'être des bandes.

À l'école élémentaire, comme l'observe Patrick Rayou[7], les bandes perdent peu à peu leur raison d'être. Elles sont conservées par les élèves de CP pour se protéger des grands, puis elles sont ensuite progressivement abandonnées. Dans nos propres enquêtes, c'est aussi l'envie d'échapper à l'autorité du *leader* et de gérer les relations de manière plus démocratique qui est apparue pour expliquer des échanges fondés sur l'esprit d'équipe.

L'analyse des bagarres révèle que la cour n'est pas un espace où seule règne la loi du plus fort. Comme l'écrit P. Rayou, les enfants « s'accordent sur des règles qui permettent au moins de limiter les conflits » (p. 73). Loin d'être anarchique, la bagarre est régie par une morale qui amène par exemple petits et grands (du CP au CM2) à s'accorder sur le fait qu'on ne frappe pas un enfant qui est déjà au sol, et même qu'il est peu à l'honneur d'un grand de taper un petit qui l'aurait *traité* (insulté). La bagarre gratuite n'est pas valorisée et c'est pour répondre à une attaque physique, à une insulte ou à une provocation que l'on s'engage dans l'affrontement.

Loin d'être anarchique, la bagarre est régie par une morale.

En amitié, les relations conflictuelles ont aussi leur place. Comme l'explique le sociologue américain William Corsaro[8], elles sont une manière de tester l'amitié et elles permettent de construire un ordre social. Nos propres recherches comme celles de P. Rayou confirment cette analyse, montrant comment la rupture provisoire, révélée par un *j' te cause plus*, amène à discuter des valeurs fortes et des règles reconnues par le groupe et dont le non-respect est un motif d'exclusion. Tricher, médire, ne pas faire preuve de solidarité font partie des comportements les plus sanctionnés.

La cour est encore le lieu de la rencontre délicate entre filles et garçons (voir l'encadré « J'ai lu » dans ce chapitre) qui, loin de n'être que la conséquence d'une différence naturelle, est fonction d'une construction sociale et culturelle. Les enfants reprennent à leur compte la différenciation des genres et s'appuient sur celle-ci pour fonder leurs affinités et plus fondamentalement leur identité. Ainsi, de même qu'à chaque âge les enfants associent un comportement et un ensemble de jeux qu'il convient d'adopter, à chaque sexe correspondent également des comportements et des jeux spécifiques. Mais, comme le souligne William Corsaro

(p. 173), si les auteurs qui travaillent sur cette question insistent sur les occupations qui opposent les enfants des deux sexes et leurs affrontements, certains, dont Thorne, veillent à ne pas se focaliser sur les stéréotypes qui les séparent en analysant leurs moments d'échange. Parmi ceux-ci, les jeux partagés tels que celui de « papa et maman » à l'école maternelle ou les jeux d'attrape et d'attaque qui perdurent à l'école élémentaire révèlent l'attrait pour ceux de l'autre sexe. Ces rencontres permettent la naissance de relations amoureuses dès l'école maternelle, sans pour autant que les enfants dépassent leurs propres discours stéréotypés selon lesquels *les garçons sont méchants* et *les filles sont bêtes*. À l'âge de quatre ou cinq ans, la rencontre se fait souvent collectivement : les copines sont amoureuses ensemble d'un même garçon et cet attrait renforce leur amitié par la complicité qu'il engendre. Après l'âge de sept ou huit ans, l'attrait amoureux s'individualise et chaque enfant doit assumer davantage son attirance. Les amours demeurent pourtant une histoire qui engage le groupe, par les déclarations qui se font souvent par l'intermédiaire d'un copain, ou encore par la concurrence entre ami(e)s pour un(e) même prétendant(e). D'un âge à l'autre, les histoires d'amour sont toujours l'objet d'apprentissages pour savoir ce qu'il convient de penser et de faire avec ceux de l'autre sexe.

Peut-on finalement conclure que la socialisation entre enfants à l'école n'entre pas en concurrence avec celle acquise au contact des adultes, mais apparaît au contraire complémentaire ? Les analyses de P. Rayou montrent aujourd'hui une forte adhésion des élèves de l'école primaire française au monde scolaire et une forme de « divinisation » des adultes dont ils cherchent le soutien (p. 46). Pour autant, l'auteur explique que les enfants ne sont pas dans une simple reproduction du modèle social imposé par les adultes, comme une conception ancienne de la socialisation l'avait laissé croire. Ils développent « leurs points de vue et leurs pratiques dans des circonstances qui ont, pour eux et leurs pairs, un sens bien spécifique » (p. 67). Ils adhèrent aux valeurs de l'école tant qu'elles répondent à leurs convictions d'un ordre légitime entre grands et petits et concourent en ce sens à leur donner les moyens de grandir. Les sociologues de l'enfance, parmi lesquels Corsaro, Rayou et nous-même, cassent l'image commune d'un enfant immature à socialiser et mettent en valeur des compétences enfantines qui supposent

Les enfants adhèrent aux valeurs de l'école tant qu'elles répondent à leurs convictions d'un ordre légitime entre grands et petits.

une maturité. Ils se montrent ainsi capables de faire de la cour une « micro-société », et même une « cité, si l'on veut bien entendre par là un espace partagé de légitimité pour agir et se produire soi-même comme sujet social » (Rayou, p. 6).

En cela, l'expérience sociale des enfants dans les cours de récréation constitue bien un apprentissage précieux qui participe, autant que leurs interactions avec les adultes et par des apports complémentaires, à les construire en tant qu'acteurs de notre société. Si on les interroge sur le sujet, ils sont d'ailleurs capables d'identifier les apprentissages sociaux qu'ils font dans la cour, comme en témoigne l'entretien que nous avons mené avec Joséphine (voir l'encadré « Regard d'acteur » dans ce chapitre) et comme le révèlent aussi les propos d'enfants de onze et douze ans relatés dans l'ouvrage de Cléopâtre Montandon, *L'éducation du point de vue des enfants* (1997). Ils apprennent « comment interagir avec autrui : à respecter l'autre, à avoir du tact, à oser communiquer, à partager... ». « Les copains contribuent largement à la construction de la personnalité » (p. 151-152), ils s'identifient les uns aux autres, s'observent, s'imitent.

REGARD D'ACTEUR

Joséphine, 10 ans, classe de CM2

Est-ce que t'apprends des choses dans la cour ?
Joséphine : Bah en fait j'apprends que entre copines, on apprend à être ensemble, à mieux se connaître, à pouvoir discuter, on apprend surtout ça parce qu'on est toujours avec ses copines et pis voilà.

Tu penses à quel genre de chose ?
J. : Bah quand on joue ensemble ou quand on se balade et qu'on parle souvent de ce qu'on a fait dans la journée et tout. Souvent quand on est très copines on dit des secrets qu'il faudrait éviter de répéter et tout alors voilà... On est vraiment copines.

Oui, on apprend qu'on répète pas les secrets... d'accord. Et au niveau des jeux ?
J. : Alors on apprend que les garçons, c'est des vrais tricheurs.

Ah oui, c'est vrai ?
J. : En fait on fait un « trap-trap », c'est les filles attrapent les gars ou les gars attrapent les filles. Et la plupart du temps, c'est toujours nous qui commençons à les attraper. Dès qu'on les a tous attrapés et qu'on les a mis à la prison eh ben il faut qu'on les rattrape. Sinon ils piquent une crise, c'est la baston. Il y en a certains qui sont pas très sympas parce qu'ils poussent, ils jouent à la bagarre, ils tirent sur les écharpes ou des trucs dans le genre, c'est ce qu'on apprend quand on joue.

Et est-ce que tu sais comment tu as appris ce jeu par exemple ?
J. : En fait ça débutait par un loup, on avait inventé un peu « le loup multiplié », c'est en fait, dès qu'on touche quelqu'un on est ensemble et au fur et à mesure d'avoir fait ça, on a dit : « Bah pourquoi on ferait pas des équipes : les gars et les filles », et pis, c'est là qu'on a commencé à jouer comme ça.

La transmission d'une culture enfantine

À côté de ces apprentissages sociaux, la cour est aussi le lieu d'un enrichissement culturel spécifique, par l'acquisition de ce que les linguistes francophones et certains ethnologues anglophones appellent un folklore enfantin, alors que d'autres ethnologues et sociologues préfèrent le terme de culture enfantine. Ils étendent sa signification non seulement à des savoirs et des pratiques transmis entre pairs, mais aussi souvent à un type de sociabilité et à des valeurs reconnues par un groupe (Corsaro). Je la définis comme l'ensemble des connaissances, des savoirs, des compétences et des comportements qu'un enfant doit acquérir et maîtriser pour faire partie du groupe de pairs.

La cour est aussi le lieu d'un enrichissement culturel spécifique, le folklore enfantin.

Les jeux et autres pratiques enfantines ont d'abord intéressé les folkloristes du XIXe siècle, soucieux de décrire des traditions en train de disparaître dans une société qui s'industrialisait[9]. En 1931, l'inspecteur de l'enseignement primaire Jean Baucomont a lancé un appel à contribution aux instituteurs pour une « enquête-concours sur le folklore enfantin », et a récolté dix cartons de cahiers rédigés par les maîtres et

Personne ne vous l'a appris en fait, c'est vous qui l'avez inventé ?
J. : Bah oui.
[…]

D'accord. Et tu me disais que Léa n'est plus ta copine maintenant ?
J. : Oui. Parce que c'est toujours elle la commandeuse, on doit toujours suivre : « Toi tu fais ça, toi tu vas là-bas », au bout d'un moment moi j'en avais marre, très marre, c'est une CM2 en plus et c'est parce qu'on était ensemble depuis la maternelle et elle commandait tout le temps.

Et est-ce que t'as l'impression, avec cette histoire par exemple, que t'as appris quelque chose sur la manière d'être avec…
J. : Bah, en fait qu'on était tous différents. Par exemple celle qui commande eh ben c'est comme ça qu'elle vit et puis peut-être que c'est pareil chez elle, ses parents, peut-être que sa mère commande plus ou son père, c'est pour ça que chacun est différent.

Tu me disais : « On apprend à être ensemble », ça veut dire quoi ?
J. : Bah, c'est important quand même parce que si on aurait pas ça, on serait tout seul, on pourrait pas vivre tout seul.

Est-ce qu'on apprend à se faire une copine ?
J. : Bah non parce que ça dépend des caractères ; si quelqu'un préfère quelque chose d'autre alors ça s'apprend pas, c'est… faut inventer un peu.

Et est-ce qu'on apprend à se débrouiller de ceux qui nous embêtent ?
J. : Oui parce qu'il y a un gars très brusque qui était dans notre classe, il s'appelle Davy et bah personne ne l'aime à part les garçons bien sûr, c'est lui qui donne des coups de pied et tout et moi, quand il essaie de me faire ça eh ben, je me défends.

Comment tu te défends ? Par la parole, par les gestes ?
J. : Alors, des fois quand ça m'énerve vraiment beaucoup, beaucoup, je tape. Sinon je parle : « T'as pas à me faire ça » ou sinon je le dis au maître.

Et ça t'apprend…
J. : À mieux me débrouiller.

jamais publiés. Les ethnologues se sont à leur tour intéressés à ce savoir ainsi qu'Iona et Peter Opie dans leur célèbre *Children's Games in Street and Playground* (1969) et même à la partie de leur folklore la moins acceptée des adultes comme Claude Gaignebet avec *Le folklore obscène des enfants* en 1974 et Patrick Boumard avec *Les gros mots des enfants* en 1979. Des pédagogues et enseignants écrivent aujourd'hui sur les occupations des écoliers dans la cour, pour les faire connaître aux collègues et faire naître leur intérêt.

Pour les chercheurs contemporains, l'ensemble de ces travaux est d'un précieux recours pour constater la pérennité et l'évolution des pratiques qu'ils observent et leur présence audelà d'un territoire. Ils étudient la manière dont se transmettent les éléments de cette culture et notamment les jeux qui occupent une première place dans les cours d'école primaire. S'ils s'apprennent par observation et imitation des aînés et par immersion dans un même espace, ils supposent une pratique pour en acquérir la technique et en assimiler les règles. Comme les enfants jouent d'abord entre élèves d'une même classe, ils acquièrent leurs savoirs en grande partie avec les pairs du même âge, par une participation guidée entre un expert et un novice ou par une discussion des règles.

Les enfants acquièrent leurs savoirs par une participation guidée entre un expert et un novice ou par une discussion des règles.

Plaisir et engagement : les clés de l'apprentissage

Chaque jeu conduit à développer des compétences différentes. À l'école maternelle, les jeux d'imagination occupent la première place. Les activités autour du sable ou de la terre consistent souvent à fabriquer du *sable doux* ou de la *terre douce* comme les nomment les enfants, purifiés de leurs cailloux, éléments de base pour des histoires fictives où les enfants investissent les rôles de papa, maman ou de bébé et préparent des gâteaux ou autres mets. Les joueurs développent une habileté technique, des facultés imaginatives pour le scénario de l'histoire, et bien sûr des compétences sociales pour entrer dans un groupe de joueurs, le faire durer malgré les envies contradictoires de chacun et les enfants extérieurs venus perturber le jeu. Comme dans beaucoup de jeux, ce qui motive les enfants à dépasser leur égocentrisme, à accepter les contraintes et les échecs, c'est le plaisir apporté par la participation au jeu collectif. Ainsi, tout jeu qui fonctionne constitue une situation d'engagement des enfants dans l'action, favorable et même nécessaire à l'apprentissage. On comprend que l'école ait voulu se saisir de cette forme d'activité qui comporte un élément essentiel à l'apprentissage : la motivation.

Tout jeu qui fonctionne constitue une situation d'engagement des enfants dans l'action, favorable et même nécessaire à l'apprentissage.

À l'école élémentaire, les jeux de règles et de compétition autour des billes et des ballons viennent s'ajouter aux jeux d'imagination. À la corde à sauter comme à l'élastique, la performance physique s'accompagne d'un plaisir à dire les formulettes quasi magiques. Ce plaisir verbal se retrouve dans les tape-mains où deux enfants face à face exécutent des jeux de mains accompagnés d'une comptine. On y travaille sa concentration pour réussir à accélérer le geste et la diction au fur et à mesure du jeu. Le plouf-plouf est encore une pratique à formulettes énigmatiques comme *Am Stram Gram*, mais suppose aussi la maîtrise des stratégies pour changer l'issue du processus : en ajoutant un mot à la fin de la formulette ou en décomposant plus ou moins les mots en syllabes, on élimine le copain que l'on veut épargner et l'on désigne comme « chat » celui que l'on aime moins.

On peut s'étonner de l'ancienneté de ces pratiques que la modernité n'a pas ternies et de leur existence attestée aussi bien en France qu'en Grande-Bretagne, aux États-Unis et en Espagne, et certainement présentes dans d'autres pays. Contrairement à un discours qui voudrait que la culture enfantine soit détruite par un monde marchand et informatique qui envahit l'univers enfantin, l'observation des cours de récréation montre la force d'une transmission orale qui enrichit les élèves d'autant de savoirs, de techniques, de plaisir, de motivation qui ne sont pas ceux de la classe. Sans ces moments récréatifs, on ne sait si ces jeux se transmettraient ailleurs, tant les moments semblables à ceux-ci sont rares, alors qu'ils étaient nombreux dans une société traditionnelle où les enfants passaient beaucoup de temps ensemble hors de l'école, dans le village, à l'abri des regards des adultes. Pour autant, la culture enfantine n'est pas autonome. Même dans les jeux évoqués et analysés par les chercheurs de l'ouvrage *Sociétés et cultures enfantines*, le monde marchand relance l'engouement des enfants par la sortie de nouvelles cordes à sauter ou de nouvelles billes. D'un âge à l'autre et au fur et à mesure que se transforme la culture de pairs, le rôle de celle-ci est toujours aussi nécessaire à l'acquisition de savoirs et de compétences constitutifs d'une identité d'âge et d'une intégration dans un groupe de pairs[10].

Les enfants ne doivent pas être considérés dans leur seule relation de dépendance à l'autorité et au savoir des adultes, mais aussi dans leur participation active à la vie sociale et culturelle, au sens anthropologique. Par leurs pratiques dans les cours d'école, ils contribuent eux-mêmes à leurs apprentissages et développent leur métier d'élève au-delà des compétences nécessaires à l'instruction scolaire. Toute tentative d'éducation devrait prendre en compte l'expérience qu'ils y font et considérer avec attention les deux moteurs d'apprentissage fortement présents dans la cour : l'engagement dans la situation et l'*affordance* de celle-ci, c'est-à-dire les opportunités qu'elle offre (voir pour ces notions le chapitre 21 de G. Brougère dans cet ouvrage). Au lieu d'opposer les apprentissages informels de la cour et ceux, formels, de la classe, les recherches laissent penser que les compétences développées par les premiers sont utilisées par les enfants pour réussir dans les seconds[11]. Réussir en classe suppose en effet, chaque enseignant le sait, d'être intégré dans le groupe de pairs puisque la motivation première pour aller à l'école est souvent qu'on y retrouve ses copains. Mais audelà de cette intégration qui suppose d'acquérir des compétences sociales indéniables, l'ensemble des apprentissages qui s'y acquiert ne peut qu'inciter les enseignants à prendre en compte l'enfant au-delà de l'élève.

NOTES

1. Nous avons détaillé les savoirs des enfants qui méritent d'être transmis de leur point de vue et comment se fait leur apprentissage dans J. Delalande, « Culture enfantine et règles de vie, jeux et enjeux de la cour de récréation », *Terrain*, Enfant et apprentissage, 2003, n° 40, p. 99-114.
2. G. Brougère et H. Bézille, « De l'usage de la notion d'informel dans le champ de l'éducation », *Revue française de pédagogie*, 2007, n° 158, p. 117-160.
3. L'enfant, le jeune et le monde audiovisuel, *Informations sociales*, 2003, n° 111.
4. Comme l'écrit G. Barbichon dans l'introduction de l'ouvrage coordonné par D. Saadi-Mokrane, *Sociétés et cultures enfantines*, Lille, Université Charles de Gaulle, 2000.
5. D. Gayet, *L'élève, côté cour, côté classe*, Paris, INRP, 2003 ; D. Gayet, « L'éducation et les pairs », *in* J. Beillerot et N. Mosconi (dirs), *Traité des sciences et des pratiques de l'éducation*, Paris, Dunod, 2006.
6. J. Delalande, *La cour de récréation, contribution à une anthropologie de l'enfance*, Rennes, PUR, 2001.
7. P. Rayou, *La grande école. Approche sociologique des compétences enfantines*, Paris, PUF, 1999, p. 71.
8. W. Corsaro, *The Sociology of Childhood*, Pine Forge Press, Thousand Oaks, 1997, p. 212.
9. Comme E. Rolland (dans *Rimes et jeux de l'enfance*, Paris, Maisonneuve, 1883) et Arnold Van Gennep.
10. D. Pasquier, *Cultures lycéennes*, Paris, Autrement, 2005.
11. A. Vasquez et I. Martinez, « Interactions élève-élève : un aspect non perçu de la socialisation », *Enfance*, 1990, n° 3, p. 285-301.

Chapitre 6
Les séjours à l'étranger : apprendre malgré l'institution scolaire ?

Lucette Colin

Les séjours à l'étranger font désormais partie de ces routines institutionnelles qui prennent place dans le parcours scolaire français. Même s'ils ne sont pas encore véritablement généralisés à tous les cursus et encore moins requis, ils semblent aller de soi comme un ingrédient complémentaire indispensable à l'apprentissage linguistique dispensé au sein de la classe. Les familles en sont en tout cas convaincues, si l'on en croit le marché florissant des séjours linguistiques, qui satisfait aussi à des exigences de vacances studieuses. Que ce soit l'école ou les organismes privés, les bienfaits de ces séjours en matière d'apprentissage tournent toujours autour de quelques arguments clés : ils sont d'abord perçus à la base comme un moyen privilégié d'apprentissage linguistique par le bain linguistique qu'ils occasionnent. Ils permettent aussi une découverte d'un pays, de sa culture et de ses habitants, découverte qui motiverait secondairement en même temps qu'elle favoriserait l'apprentissage, par l'obligation d'entrer dans des pratiques communicatives. L'école de la démocratisation en proposant ce type d'activité ouvre donc ces séjours à un public qui n'y avait pas accès ou ne peut y avoir accès.

Des compétences langagières à une perspective de communication

Les examens donnent bien peu d'informations sur l'usage que font les étudiants de la langue qu'ils ont apprise pendant de longues années.

S'introduisent par là même des valeurs qui restent néanmoins quelque peu marginales dans le système scolaire. Si les examens, les concours cherchent légitimement à évaluer des connaissances théoriques et des compétences langagières, s'ils consacrent *in fine* l'état final d'un apprentissage linguistique, ils donnent, comme le souligne Marion Perrefort, bien peu d'informations sur l'usage que font les étudiants de la langue qu'ils ont apprise pendant de longues années. « Que savons-nous sur leur comportement langagier en situation de contact avec des natifs, des stratégies communicatives auxquelles ils ont recours, des obstacles auxquels ils sont confrontés ? »[1]

Répondre à cette question implique de glisser subrepticement de la compétence linguistique évaluée par l'institution scolaire à une perspective de communication qui se jouerait dans ses coulisses. Cette perspective de communication et d'échange nécessaire au sujet dans une confrontation à une altérité linguistique représentée et portée par un autre souligne les limites de la seule compétence linguistique. Des compétences spécifiques sont convoquées auxquelles seraient justement censés contribuer les séjours à l'étranger. Parce que l'activité communicationnelle est un acte social, la compétence communicationnelle, rappelle Martine Abdallah-Pretceille[2], repose sur la capacité des interlocuteurs à repérer le culturel et sa diversité dans les échanges langagiers, culturel qui ne se réduit pas à une reformulation modernisée de l'approche civilisationnelle (nomenclature de faits, de dates, de monuments, d'œuvres littéraires et artistiques…). La politique linguistique du Conseil de l'Europe montre dans son évolution les exigences qui imposent un complément indispensable à l'éducation formelle et qui recentrent le potentiel formateur des séjours à l'étranger : rapprochement de l'apprentissage des langues et de la vie quotidienne, inscription de l'apprentissage dans une perspective de communication, capacité de dialoguer avec des personnes qui ont d'autres identités culturelles, capacité de reconnaître les différences et de gérer les interactions culturelles, développement de la citoyenneté européenne, savoir apprendre à apprendre permettant d'asseoir le développement du plurilinguisme… Cette compétence plurilingue indissociable alors d'une compétence pluriculturelle ne correspond pas à une juxtaposition de compétences distinctes, mais à « une compétence complexe, voire composite, dans laquelle l'utilisateur peut puiser »[3]. La création d'un portfolio des langues vient alors compléter les traditionnels certificats scolaires ; il permet à toute personne qui apprend ou a appris une langue – que ce soit à l'école ou en dehors – de fournir une biographie langagière en consignant ses connaissances linguistiques et ses expériences culturelles, ce qui peut l'inciter, comme il est précisé, à réfléchir sur son apprentissage.

La compétence communicationnelle repose sur la capacité à repérer le culturel et sa diversité dans les échanges langagiers.

Un zeste de soupçon : le symptôme « À nous les petites Anglaises ! »

Tout le monde se souvient de ce film où deux jeunes adolescents, après leur échec retentissant au bac, sont envoyés par leurs parents pour un séjour linguistique dans le sud de l'Angleterre. Après le désespoir d'être privés de leurs vacances habituelles à Saint-Tropez, les deux jeunes se consolent bien vite, motivés par les conquêtes féminines qui rythmeront leurs apprentissages. Dans *L'auberge espagnole*, certaines critiques ont bien pointé que Cédric Klapisch se contente de nous débiter les mésaventures d'un jeune dont le seul problème est de sortir totalement de l'adolescence, Erasmus lui servant à régler des problèmes vis-à-vis de sa famille, de son identité, de sa vie sexuelle et de sa copine qu'il laisse à Paris.

Les dispositifs au sein de l'école ne sont pas plus protégés de ce qui apparaît au premier abord comme des déviations du programme fixé, si l'on en croit les plaintes concernant les comportements éclectiques des élèves dans les situations d'échanges. « C'était tout simplement pour eux un bon moment de vacances ! » : cette analyse d'une équipe enseignante encadrant un échange d'une classe de 5e que nous avions observé nous semble résumer un certain malaise.

Somme toute, ces séjours à l'étranger permettraient aux jeunes, tout en satisfaisant apparemment à des exigences formelles, de fuguer hors du carcan symbolique de l'institution, institution scolaire à laquelle il nous faut ajouter l'institution familiale. Ils pourraient faire un usage non scolaire, non

Les séjours à l'étranger permettraient aux jeunes de fuguer hors du carcan symbolique de l'institution.

cultivé de ces séjours, jetant par là même le doute sur leurs motivations et surtout sur les apprentissages qui s'y jouent.

Certaines conceptions et formes des séjours peuvent être interrogées sur leurs limites. Véronique Pugibet[4] fait remarquer que de nombreux séjours reproduisent le schéma classique de l'école avec des cours le matin, dispensés au mieux par un enseignant spécialisé en langues étrangères et/ou avec un natif, et des loisirs l'après-midi où les jeunes restent entre eux. Elle interroge l'intérêt de séjourner à l'étranger dans ce contexte en sachant qu'au mieux les jeunes ne feront que passer dans les familles le soir, s'ils ne sont pas tout simplement hébergés entre eux dans un château confortable. En ce qui concerne les séjours scolaires, elle souligne que bien souvent ceux-ci sont proches des séjours touristiques classiques où il s'agit de visiter ce qui est digne, culturellement parlant, de l'être. On retrouve là *in fine* le traditionnel voyage de fin d'année. Les séjours internationaux dits éducatifs ne peuvent échapper à cette interrogation de fabriquer « des compétences de consommateur-touriste » selon l'expression de Byram. Ce désir, de consommation, de loisirs, de détente, même s'il produit un grand malaise chez les porteurs de ces projets, n'est pas un handicap, du moins au départ ; il correspond à une forme sociale connue et il n'est pas aberrant que les jeunes partent avec des repères d'expériences coutumières, d'autant plus que les programmes scolaires concoctés ouvrent cette brèche. Il s'agit néanmoins de ne pas se laisser berner par les « cartes postales » d'expériences internationales qui produisent l'illusion d'un cosmopolitisme authentique. Il nous semble aussi que ce zeste de soupçon reproduit la même coupure qui existe entre la représentation du voyageur et celle du touriste lambda. Il est cependant à noter que ce fonctionnement est impossible à maintenir dans des séjours de longue durée.

À cela, il faudrait ajouter le regard formaté, médiatisé (sans même parler des *a priori*, des stéréotypes, voire des préjugés), qui ne disparaît pas par enchantement et qui nécessite d'inscrire les apprentissages sur le long terme. La déception, quant aux résultats escomptés, vient souvent des représentations prégnantes comme celle, si répandue, de prêter *a priori* des effets bénéfiques, immédiats et totalement idéalisés à la rencontre des cultures (le contact avec l'autre suffirait à éradiquer les préjugés, à créer un apprentissage interculturel). Et ce, en déniant la charge de conflictualité et d'instabilité qu'elle produit chez les sujets, en scotomisant ce que l'histoire et le politique nous enseignent en matière de violences collectives, nationales ou internationales.

Si découverte d'un capital culturel il y a, et encore cela reste à voir, ce type d'expérience est parasité par des enjeux psychologiques inhérents effectivement à un moment spécifique d'autonomie temporaire. Nous retrouvons le symptôme des *Petites Anglaises*. Nous avons été ainsi témoin d'une jeune investissant avec ses camarades notre bibliothèque sur Berlin pour rendre le devoir demandé. La note fut excellente, à la mesure des capacités rédactionnelles de ce petit groupe de bons élèves ayant compris qu'un « regard lecturé »[5] et convenu était non seulement plus adapté aux exigences scolaires, mais aussi plus facile à élaborer chez soi. Ce qui avait permis de vivre sur place un autre Berlin, mais ce vécu ne pouvait pas prendre place au sein de l'école, laissant au groupe des pairs ou aux familles le soin ou non de donner sens à des passages à l'acte transgressifs de ces jeunes de bonne famille non sans importance psychologique : de petits vols collectifs à l'expérience de la première griserie, etc.

La déception quant aux résultats escomptés vient souvent de l'attente d'effets bénéfiques, immédiats et totalement idéalisés de la rencontre des cultures.

Au-delà de toutes ces limites, le problème clé est que ces séjours conduisent à une désintégration de la forme scolaire au sens de Guy Vincent, autant dans la forme de l'apprendre que dans le contrôle ou la possibilité de contrôle des apprentissages qui y sont en jeu parce qu'on n'a plus affaire à des savoirs objectivés cohérents, systématisés. Cette altération de la forme scolaire ouvre en effet le champ de ce que l'on nomme communément le champ de l'éducation informelle où il manque une figure instituée de « maître » et de garant du savoir. Cela ne signifie pas qu'il n'y ait pas un autre et des autres dans ce processus où le quotidien comme cadre privilégié d'apprentissage prend une place considérable. Cette suspicion plus marquée par rapport aux enfants, aux jeunes qu'elle ne le serait par rapport à des adultes s'alimente d'une vision *in fine* coercitive de la formation initiale ou du moins de la nécessité que cette dernière s'effectue sous le contrôle de l'institution.

Le voyage à l'étranger : un potentiel formateur exponentiel

Tout en rappelant qu'aucun dispositif d'apprentissage même formel ne garantit la mobilisation d'un sujet apprenant, cette altération de la forme scolaire ne signifie pas l'éradication de formes d'apprentissage. La bijection langues-séjour s'élargit donc au profit d'une démarche plus globale de formation : le séjour à l'étranger est alors pensé pour asseoir ce qui peut être nommé selon les auteurs et les orientations : pédagogie interculturelle, pédagogie internationale, développement d'une compétence transculturelle, pédagogie des échanges[6], école du voyage, etc. La sortie de son monde, dans son potentiel formateur, se cristallise actuellement sous le vocable « mobilité » dont la valeur sociale, dans une société moderne marquée par les déplacements dans le divers et les confrontations au divers (pays, langues, religions, valeurs, ethnies, codes culturels, représentations, subcultures, évidences, goûts...), se trouve par là même renforcée.

Cette liberté prise par rapport à la forme scolaire n'est pas le chaos (et c'est ce qui différencie la *Bildung* de l'errance), parce que le Grand Tour ne consiste pas, comme le rappelle Antoine Berman[7], à aller n'importe où, mais là où on peut se former, s'éduquer et progresser vers soi-même et qui relève de « l'épreuve de l'étranger ». Ce passage de frontières linguistiques, géographiques, culturelles, symboliques, que propose un séjour à l'étranger et qui engage des opérations relevant d'une confrontation du sujet à une altérité exponentielle[8] nous rappelle le sens ancien de la pédagogie dans la *paideia*. Comme le rappelle Michel Serres dans *Le tiers-instruit*, « aucun apprentissage n'évite le voyage. Sous la conduite d'un guide, l'éducation pousse à l'extérieur. Pars : sors. Sors du ventre de ta mère, du berceau, de l'ombre portée par la maison du père et des paysages juvéniles. [...] Le voyage des enfants, voilà le sens nu du mot grec pédagogie. Apprendre lance l'errance. [...] Partir. Sortir. Se laisser un jour séduire. Devenir plusieurs, braver l'extérieur, bifurquer ailleurs. Voici les trois premières étrangetés, les trois variétés d'altérité, les trois premières façons de s'exposer. Car il n'y a pas d'apprentissage sans exposition, souvent dangereuse, à l'autre » (1992, p. 28). Les proverbes populaires nous le disent depuis longtemps et dans toutes les langues : aux « voyages qui forment la jeunesse » font écho « Celui qui ne voyage pas ne connaît pas la valeur des hommes » (proverbe maure), « Le voyage est un retour vers l'essentiel » (proverbe tibétain), ou encore le « Si tu n'as pas étudié, voyage » qui situe même

La confrontation du sujet à une altérité exponentielle nous rappelle le sens ancien de la pédagogie dans la *paideia*.

le voyage comme venant compenser l'échec dans la formation initiale, etc.

C'est parce que les échanges internationaux posent directement, de manière évidente, la question de l'étranger qu'ils peuvent être investis dans un potentiel formateur, et c'est une condition qui entre en contradiction avec certains dispositifs qui paradoxalement garantissent les sujets de cette expérience. La question de l'étranger, nous rappelle Jacques Derrida, est autant une question venue de l'étranger qu'une question adressée à l'étranger. « Comme si l'étranger était d'abord *celui qui* pose la première question ou *celui à qui* on adresse la première question. Comme si l'étranger était l'être-en-question [...]. Mais aussi celui qui, posant la première question, me met en question. »[9] Cette expérience de l'altérité est donc corrélative d'une expérience de décentrement de soi à soi. La sortie « de son monde » qui engage le sujet dans d'autres circuits, d'autres formes sociales et culturelles situe autant l'étranger dans l'autre que l'étranger en soi.

L'expérience du quotidien revêt ici toute son importance dans sa répétition, dans sa familiarité, dans son insignifiance même.

C'est en cela que l'expérience du quotidien revêt ici toute son importance dans le sens où le quotidien, dans sa répétition, dans sa familiarité, dans son insignifiance même, représente une sorte d'évidence, d'allant-de-soi jamais questionné et jamais explicité. Pourtant, comme le souligne Bruce Bégout, la familiarité constitutive du monde de la vie est débordée sans cesse par de l'extra-quotidien (voir le chapitre 1 de G. Brougère dans cet ouvrage). La répression des éléments extra-quotidiens passe par l'extinction de l'étrange et de l'inconnu : « Il prétend ignorer ce qu'il veut faire ignorer. »[10] Cette découverte du quotidien que provoque la traversée des frontières, c'est dans un premier temps la découverte d'un quotidien étrange ou avec des éléments d'étrangeté par rapport au quotidien familier. La familiarité pour l'autre de ce quotidien qui est pour moi étrange dérange le rapport familier que j'entretiens à mes schèmes habituels de vie et qui perdent alors le caractère d'un ordre sûr, ordinaire, non questionnable. Cette découverte met en scène une « inquiétante étrangeté » du familier. En cherchant son sens, elle provoque une sensibilité à l'altérité rarement autant mobilisée lorsque je reste chez moi protégé par des frontières. On peut alors comprendre l'importance du quotidien mise en avant dans les programmes internationaux en matière de formation du fait que ce décentrement met en jeu un processus d'acculturation-contre-acculturation qui permet aux

Le décentrement du voyage interroge un tant soit peu l'ethnocentrisme et le socio-centrisme du regard de chacun.

sujets d'éprouver et d'expérimenter dialectiquement un sentiment d'ouverture-fermeture aux autres, d'exclusion-inclusion, de mobilité-immobilité, de découverte de la différence et d'identité, de repli et de mimétisme, d'idéalisation et de rejet. Ce décentrement interroge aussi un tant soit peu l'ethnocentrisme et le sociocentrisme du regard de chacun.

Au niveau des processus psychologiques, ce décentrement offre une possibilité de mobilité identificatoire qui engage la construction de soi. Cela s'exprime souvent banalement par une mise en avant d'un changement personnel : une impression d'avoir mûri, de n'être plus le même. Elle correspond à une mobilité de la représentation de soi/de l'autre ; elle est production de soi et ouvre de nouveaux projets. Ce changement personnel s'appuie sur des phénomènes de désidentification liés à une conscientisation de certaines identifications qui peuvent alors se détacher de soi, et être remises éventuellement en cause. À partir de là, l'expérience n'est plus une parenthèse, mais s'intègre et prend place dans l'histoire personnelle. Cette « mobilité » nous semble essentielle, mais elle est la plus problématique ; le processus de changement, comme le montrent les travaux psychanalytiques, devant se conjuguer obligatoirement avec la permanence. La mobilité ne doit donc pas être entendue comme un mouvement linéaire progressif ; il y a des moments de stagnation, de régression, de fixation, de retour qui impliqueraient un suivi à plus long terme pour mesurer véritablement les effets positifs de tels programmes chez les participants. Cette approche nous oblige à penser l'apprentissage comme autant de désapprentissages dans le sens du « Meurs et deviens » de Goethe.

Une reconnaissance pour le moins ambiguë de ces apprentissages

En paraphrasant Dewey, on pourrait dire que l'école fournit une situation expérientielle source d'apprentissage, mais que la direction donnée à l'apprentissage ne peut prendre en compte l'expérience même. Si vacances il y a, c'est parce que l'institution scolaire ne reconnaît ni ne valorise les apprentissages qui s'y jouent et les rejette même hors de son monde. Ainsi, ces collégiens revenant de quinze jours émotionnellement éprouvants sont accueillis au sein du collège

EN PRATIQUE : LE PROGRAMME VOLTAIRE : IMMERSION DE LONGUE DURÉE ET APPRENTISSAGES

La spécificité du programme Voltaire est de proposer à des jeunes Français et Allemands de 15-16 ans un séjour à l'étranger de longue durée qui inclut un échange. Le jeune Français part d'abord en Allemagne où il va être accueilli durant son année de seconde, de février à juillet, dans la famille de son partenaire (partenaire désigné par l'OFAJ à partir d'un examen des candidatures qui suit le circuit préalable du lycée et du rectorat). Il intègre le lycée de son partenaire. À partir du mois d'août, et jusqu'en janvier (année de 1re), c'est le retour en France en compagnie du partenaire allemand qui, à son tour, va être reçu par la famille française et être intégré dans le lycée français du partenaire.

La longue durée donne tout son sens à l'expérience de l'immersion qui se joue dans le quotidien ordinaire contrairement à des séjours courts où les modalités d'hospitalité sont toujours quelque peu extraordinaires. La conscientisation de la durée va de pair avec une gamme de ressentis, et d'expériences, qui varient selon les moments au cours du séjour et qui donnent un sentiment de caps franchis, de difficultés dépassées, d'une évolution des moments vécus. Cela touche la perception des situations, les modalités d'adaptation aux autres et à l'environnement : deux familles, deux lycées, un correspondant – qui ne correspond pas toujours à son idéal –, des amis anciens restés au pays et des nouveaux rencontrés. Dans ce processus d'immersion, les jeunes sont confrontés à une perte des appuis habituels que sont la famille, les amis, l'environnement, les objets du quotidien, mais aussi plus fondamentalement à certains outils dont ils prennent alors conscience : langue, habitudes, allant-de-soi qui permettent d'agir et d'interagir, modes de communication et de socialisation. D'où cette fragilité dont ils témoignent massivement et qui est ressentie d'autant plus fortement que la temporalité implique une nécessaire adaptation. Cette fragilité se conjugue dialectiquement avec un sentiment d'accélération de la maturité du fait que cette expérience est aussi un espace-temps d'autonomie exceptionnelle qui était au fondement de leur mobilisation. De là des capacités d'observation et d'analyse, de tolérance, de gestion des relations, une capacité à se mouvoir et à agir dans des milieux non familiers, une sensibilité interculturelle aiguisée, une découverte de soi. Tous les jeunes sont sensibles aux apprentissages opérés durant ce séjour, que l'expérience ait été ou non vécue positivement : « J'ai parlé de saturation, saturation de l'apprentissage... C'est comme si on était en cours du moment où on se lève jusqu'au moment où on se couche », résume ainsi un jeune Voltaire. Si les apprentissages liés à la transformation de soi et du rapport à l'autre sont les plus valorisés par les jeunes, il nous faut aussi citer les progrès linguistiques, l'engagement dans des activités qui dépendent non seulement du nouveau milieu de socialisation, mais aussi du temps libre que découvrent les jeunes Français et qui a une place d'autant plus importante dans ce moment dit de l'adolescence. Ce dispositif qui nous semble remplir une fonction initiatique d'entrée dans la vie adulte met assurément en jeu un espace d'apprentissage complexe, qui échappe à toute programmation en amont et à tout contrôle des institutions éducatives que sont la famille et l'école.

par une remise au pas (« c'est fini les vacances ») et sont confrontés à un contrôle de connaissances surprise sur une leçon ayant été faite pendant leur absence. Leur expérience ne trouve pas sa place. De même, l'évaluation positive d'une expérience liée au programme Voltaire (voir l'encadré « En pratique » dans ce chapitre) semble se réduire aux progrès attestés en langue allemande (amélioration des notes) et par la capacité malgré les six mois d'absence de maintenir son

Si vacances il y a, c'est parce que l'institution scolaire ne reconnaît ni ne valorise les apprentissages qui s'y jouent.

niveau de performance dans les autres matières. Cela reste une parenthèse dans le monde « école », puisque cette capacité de réajustement rapide implique un travail soutenu mais surtout d'avoir gardé contact avec le programme scolaire, d'avoir emporté avec soi l'institution scolaire française, quitte à ne pas répondre à l'exigence d'immersion totale qui est en même temps demandée. Ceci est d'autant plus mal ressenti par les acteurs que le retour dans le quotidien ne se fait pas sans réajustement psychologique parfois complexe.

Cette tradition des voyages d'éducation réservés à la bourgeoisie européenne, au-delà de la découverte *in situ* des sources de la Culture, ne peut pas en effet être dissociée d'un rite initiatique d'entrée dans la vie adulte. Et c'est d'ailleurs ce qui mobilise les jeunes s'engageant dans le programme Voltaire. Les « bonnes » motivations (apprentissage de la langue allemande, souhait de travailler plus tard dans l'international, etc.) ne sont pas suffisantes pour partir de chez soi durant six mois. En effet, ces jeunes, bons élèves et qui ne posent pas de problèmes au sein de leur famille, mettent en avant une envie de partir, « de changer de cadre », « une envie de changer », « de connaître autre chose » : « une autre culture, d'autres gens, créer des liens », « une autre famille ». Le « côté aventure » arrive à point nommé dans ce temps de l'adolescence et répond à une demande qui mobilise plus qu'elle ne motive et qui prend véritablement sens dans l'après-coup.

Apprendre malgré, voire contre l'institution scolaire

Si des acteurs du système éducatif sont sensibles à ce type de motivations, la polarisation sur le programme scolaire et le souci de protéger la scolarité du jeune semblent prédominer. Les bienfaits psychologiques ou en matière éducative d'une telle expérience ne sauraient être que la cerise sur le gâteau lorsqu'ils ne sont pas tout bonnement dénoncés. Le proviseur d'un lycée international nous précisait par exemple qu'il décourageait les jeunes qui désiraient par le biais du programme Voltaire fuir le cocon familial.

Le problème est que les jeunes ne se situent pas dans de telles antinomies ; fuir le cocon familial ne signifie en aucune sorte que le jeune par exemple n'investisse pas également et de manière forte la langue allemande.

En fait, les apprentissages convoqués par le voyage mettent en scène un sujet apprenant qui procure un certain malaise au sein de l'institution scolaire parce qu'il est en porte-à-faux avec le sujet idéal construit comme devant se débarrasser de ses oripeaux affectifs, de sa vie personnelle à la porte de sa classe, pour ne pas venir parasiter le circuit cognitif. Or c'est la vie elle-même construite comme une expérience d'apprentissage dans son quotidien qui est ici au centre du dispositif et qui viendra même perturber le rapport à la langue étrangère. Marion Perrefort montre les difficultés qui surgissent dans le retour en cours de langue où les élèves sont reconfrontés à une variété unique et homogène de la langue étrangère et à la nécessité d'une réadaptation aux exigences de l'enseignement et de l'apprentissage scolaire : « La situation d'échange confronte l'élève à une interaction et à des enjeux réels. La langue qui était jusque-là étrangère comme tous ceux qui étaient censés la parler est désormais langue du partenaire, langue à soi et objet d'investissement. » L'assurance communicative qu'ils ont acquise et pour laquelle ils aspirent à la reconnaissance (non sans une certaine insolence parfois) a du mal à trouver sa place[11]. Le quotidien extraordinaire réinstitue un rapport à la langue, à l'équivoque des mots qui convoque non seulement le sens mais la jouissance. Au-delà d'une langue de la communication, c'est une langue des affects que les sujets découvrent, la *lalangue* des psychanalystes, et qui implique effectivement que les mots étrangers envahissent le texte des rêves.

C'est la vie elle-même construite comme une expérience d'apprentissage dans son quotidien qui est ici au centre du dispositif.

Telle sera donc notre conclusion, si on veut bien entendre ici institution comme un dispositif, comme une forme qui doit se dissoudre pour laisser place à une zone d'autonomie temporaire où le sujet puisse cheminer. Il y a donc un paradoxe à considérer qu'un projet scolaire qui conduit à une construction et à une mise en œuvre de connaissances et de compétences se dissocie *in fine* du lieu scolaire. Cela interpelle d'ailleurs l'incapacité de l'institution à prendre en compte d'autres apprentissages en son sein qui sont au cœur de la mobilisation psychique et que l'on peut entendre comme des résidus qui cherchent leur forme de reconnaissance.

NOTES

1. M. Perrefort, *J'aimerais aimer parler allemand*, Paris, Anthropos, 2001, p. 1.
2. M. Abdallah-Pretceille, *L'éducation interculturelle*, Paris, PUF, 1999, p. 92.
3. « De la diversité linguistique à l'éducation plurilingue », in *Guide pour l'élaboration des politiques linguistiques éducatives en Europe*, Conseil de l'Europe, www.coe.int/lang/fr, 2008.
4. V. Pugibet, *Se former à l'altérité par le voyage dès l'école*, Paris, L'Harmattan, 2004.
5. J. Chesneaux, *L'art du voyage*, Paris, Bayard, 1999, p. 230.
6. L'OFAJ a particulièrement travaillé dans des dispositifs de recherche-action sur cette question. Cf. les ouvrages publiés sur ces recherches chez Anthropos (France) : L. Colin et B. Müller, dirs (1996), F. Guist-Desprairies et B. Müller, dirs (1997), P. Dibie et C. Wulf, dirs (1998), R. Hess et C. Wulf, dirs (1999), R. Hess et G. Weigand, dirs (2006) et les textes de travail de l'OFAJ.
7. A. Berman, *L'épreuve de l'étranger : culture et traduction dans l'Allemagne romantique : Herder, Goethe, Schlegel, Novalis, Humboldt, Schleiermacher, Hölderlin*, Paris, Gallimard, 1984.
8. L. Colin, « Passer les frontières : une éducation tout au long de la vie », *in* L. Colin et J.-L. Le Grand (dirs), *L'éducation tout au long de la vie*, Paris, Anthropos-Economica, 2008, p. 61.
9. J. Derrida, A. Durfoumantelle, *De l'hospitalité*, Paris, Calmann-Lévy, 1997, p. 11.
10. B. Bégout, *La découverte du quotidien*, Paris, Allia, 2005, p. 45.
11. « Changer en échangeant. Vivre dans la langue de l'autre », *in* Gilles Brougère, Lucette Colin, Hans Merkens, Hans Nicklas, Marion Perrefort, Volker Saupe, *L'immersion dans la culture et la langue de l'autre*, texte de travail n° 23, Paris-Berlin, OFAJ-DFJW, 2006, p. 205, p. 211.

Chapitre 7
Colonies de vacances et vie quotidienne

Jean Houssaye

Contrairement aux autres structures d'encadrement de la jeunesse (écoles, clubs, ludothèques, maisons des jeunes, centres de loisirs, centres sportifs, etc.), la colonie de vacances prend en charge les enfants sur l'ensemble du temps. Et c'est pourquoi elle ne peut échapper à la question de la vie quotidienne. On peut même dire que la vie quotidienne est alors précisément une question majeure, sinon même la question majeure de la colonie de vacances. Elle correspond en effet à un accueil collectif spécifique de mineurs que l'on va déplacer pour leur permettre de vivre ensemble leurs loisirs à temps plein durant une période restreinte et pendant les vacances. La caractéristique et la force de cette structure d'encadrement des enfants et des jeunes tiennent précisément à l'aspect entier de la vie en commun.

La vie quotidienne est la question majeure de la colonie de vacances.

Qu'attendent en effet les parents d'une colonie de vacances ? Que leurs enfants apprennent à devenir plus « autonomes ». Pour la plupart des familles, la colonie a ainsi un rôle éducatif important, car elle apporte un plus par rapport à la vie familiale et à la vie scolaire, et ce plus concerne d'abord l'apprentissage et l'expérience de la vie en collectivité. Les enfants, eux, apprécient avant tout, dans l'ordre, les copains, l'ambiance et les activités[1]. Autonomie, responsabilité, prise en charge… tels sont les bienfaits attendus des séjours. Par quoi cela passe-t-il ? Comment cela se repère-t-il ? Par la vie quotidienne précisément, pendant le séjour et après le séjour. Pour présenter cette vie quotidienne en colonie de vacances, nous allons distinguer, d'une part, l'apprentissage *de* la vie quotidienne et, d'autre part, l'apprentissage *par* la vie quotidienne, considérant que, si la colonie de vacances suppose bien que l'on fasse un certain apprentissage d'une forme de vie quotidienne, cet apprentissage a aussi comme but de faire apprendre. Et nous verrons, en parcourant rapidement l'histoire des colonies de vacances, que ce but a pris des formes très variées.

Apprendre la vie quotidienne

La vie quotidienne de la nature

Au point de départ, la vie quotidienne de la colonie de vacances s'articule avant tout autour de la nature.

Comme le dit celui qui est à l'origine des colonies de vacances en 1876, le pasteur suisse Bion, « un enfant mal nourri, habitant une demeure malsaine et par suite, faible et maladif, a besoin, pour se bien développer, d'une bonne nourriture et d'un air pur tout autant que d'instruction »[2]. Autrement dit, au point de départ, la vie quotidienne de la colonie de vacances s'articule avant tout autour de la nature. Il s'agit de fortifier les corps par l'air, le bain et le lait, conditions de la fortification des âmes par la joie, la liberté et l'activité. Bon air, hygiène, liberté, profit physique et moral, voilà les premiers principes de fonctionnement. Les enfants ayant le droit d'être heureux et de profiter de la nature, nature humaine et nature naturelle s'unissent pour vaincre l'injustice sociale qui prive les enfants pauvres de véritables vacances.

Initialement, la vie quotidienne de la colonie de vacances s'articule autour de la vie dans la nature. Ces enfants pauvres et maladifs des villes, de quoi ont-ils besoin avant tout ? D'un mois au bon air, au grand air, où ils pourront jouer, courir, où ils bénéficieront d'une nourriture saine et forte, d'une promenade quotidienne dans la nature. Lorsque, le 23 mars 1937, le premier projet de loi concernant la surveillance des colonies de vacances est présenté, il nous en donne la première définition officielle et il ne manque pas de se référer à la vie dans la nature : « Établissement fonctionnant temporairement, ne recevant pas d'enfants malades, mais des enfants ayant besoin d'un changement de climat et de quelques semaines de vie au grand air, sous surveillance appropriée. » Certes, un peu plus tard, on mettra bien en place des moments spécifiques centrés sur la santé des enfants, mais il faut considérer que, institution de sauvegarde de la santé de l'enfant, c'est l'ensemble de la vie dans le centre qui se doit de mettre en œuvre une vie physique satisfaisante dans la nature.

La vie quotidienne de l'internat

Pour autant, la nature devra, le plus souvent, s'effacer devant l'internat. Qu'il s'agisse des colonies scolaires laïques ou des colonies éducatives catholiques, la priorité dans la vie quotidienne va tourner autour d'une organisation stricte qui n'est qu'un décalque de l'internat. Prenons comme exemple cet emploi du temps des religieuses de la Croix dans leurs colonies en 1905 : 6 heures, lever ; 7 heures, déjeuner ; 7 heures 30, messe ; 8 heures, travail manuel et récréation ; 8 heures 30, cours d'instruction religieuse ; 9 heures 15, étude des prières et du catéchisme ; 10 heures, récréation ; 11 heures 45, dîner ; 12 heures, récréation et travail manuel ; 14 heures, promenade ; 18 heures 30, chapelet et prière du soir ; 19 heures, souper, récréation et coucher. La même année, la Caisse des Écoles du IXe arrondissement de Paris imposait l'emploi du temps suivant : 6 heures 15, lever, toilette, nettoyage des dortoirs ; 7 heures, bain, petit déjeuner, fin du ménage ; 9 heures, rédaction par chacun de son journal scolaire, chants, travail ; 11 heures, calme et liberté ; 12 heures, déjeuner ; 14 heures, travaux manuels ; 16 heures, promenade ; 18 heures, toilette ; 19 heures 30, dîner ; 20 heures 30, coucher. La rigidité et la composition de ces emplois du temps nous étonnent sans doute aujourd'hui, mais elles ne sont que l'application des fonctionnements de l'internat scolaire d'alors sur les vacances des enfants.

La rigidité et la composition des emplois du temps ne sont que l'application des fonctionnements de l'internat scolaire sur les vacances.

La vie quotidienne est structurée par l'organisation du temps. Mais elle l'est aussi par l'espace. Ainsi les centres éducatifs, qu'ils soient laïques ou confessionnels, décalquent l'école et l'internat, privilégiant les exigences de la discipline et de la surveillance : grands dortoirs, vastes réfectoires, cours de récréation géométriques, préaux pour les jours de pluie, etc. Les catholiques n'oublieront pas bien entendu la chapelle, cœur et fin du séjour. Quant aux installations sanitaires, de rudimentaires, elles tendront à s'améliorer sans jamais cependant devenir la préoccupation principale.

Le quadrillage scolaire du temps et de l'espace passera aussi par le quadrillage réglementaire. Avant 1914, l'absence de règlement règne ; tout dépend de la personnalité du directeur, et cela ira donc de la démocratie à la dictature. Les choses changent quand les praticiens de l'éducation collective (vicaires et instituteurs) vont assumer la charge ; la question du règlement devient primordiale, transposition de la classe (et du patronage). Des habitudes se prirent, ponctuant le déroulement temporel de façon infaillible. Même si l'on se lève encore à 6 heures du matin, la journée admet quelques variations. Après 1920, les règlements de type scolaire disparurent. Le plus difficile à éliminer, outre le silence au dortoir (qui eut la vie très longue), ce fut la promenade en rangs par deux ou trois, concrétion en quelque sorte de la vie quotidienne dans la nature et de la vie quotidienne de l'internat.

La vie quotidienne du savoir psychopédagogique

À partir des années 1950, la colonie se veut éducative.

À partir des années 1950, la référence se modifie radicalement dans les colonies de vacances et la vie quotidienne va s'en trouver profondément changée. Désormais la psychopédagogie fait la loi, issue du développement de la psychologie de l'enfant et de l'implantation de l'Éducation nouvelle. La colonie se veut éducative et son caractère éducatif tient à sept caractéristiques minimales : des installations adaptées ; une hygiène du corps, des lieux et des objets ; un ordre et une régularité dans le fonctionnement ; un programme abondant d'activités prévues par les moniteurs ; des méthodes pédagogiques fondées sur une formation psychologique ; des cadres de qualité et irréprochables ; une équipe de direction unie par la collaboration. Le tout étant régi par la connaissance et le respect des besoins de l'enfant qu'il s'agit d'accomplir à chaque moment.

C'est à la colonie que l'enfant va pouvoir satisfaire au mieux son besoin de loisir. Mais ce besoin de loisir ne trouve son sens que s'il s'articule lui-même à quatre besoins fondamentaux de tout enfant : le besoin d'amour (qui suppose tout autant le besoin d'affection que la nécessité de ne pas s'imposer), le besoin de sécurité (qui suppose une atmosphère calme), le besoin d'activité (qui s'identifie à la bonne santé et au bon équilibre) et le besoin d'ordre (qui résulte d'une nécessité intérieure pour l'enfant qui en tire satisfaction).

C'est cet esprit de loisir, entendu sous cet angle, qui doit maintenant transparaître dans la vie quotidienne (se laver, s'habiller, ranger, manger, dormir, etc.) et dans les activités qui rythment cette même vie. C'est sans doute à partir de ce

J'ai lu

UNE POLITIQUE DE L'ENFANCE, DU PATRONAGE AU CENTRE DE LOISIRS

par Francis Lebon, Paris, L'Harmattan, 2005.

Comment la socialisation par les loisirs a-t-elle été envisagée à travers une institution polymorphe représentée par trois termes successifs : patronages, centres aérés, centres de loisirs sans hébergement ? Voilà la question à laquelle l'auteur de ce livre tente de répondre. Il périodise l'histoire de ces institutions selon les inflexions des autres phénomènes (colonies de vacances, scoutisme, etc.), tout en affirmant l'interdépendance avec des dimensions sociales essentielles (la scolarisation, l'hygiénisme, le développement du sport, etc.).

Ce panorama socio-historique interroge l'univers des surveillants-moniteurs-animateurs chez qui les stratégies, à un moment donné, sont plus ou moins consciemment orientées et structurées par et en fonction de dispositifs et de discours, véritables pôles d'attraction et de répulsion fondant les « codes » disponibles à une époque déterminée. Ce qui permet de rendre compte de la façon dont des pratiques se sont progressivement définies avec l'émergence d'un champ d'activités professionnelles qui, par des loisirs organisés, prend l'enfant comme objet en dehors du temps scolaire.

L'auteur montre comment, en un peu plus d'un siècle, on passe d'un discours orthopédique sur l'enfance, fondé sur la régularité et la discipline (silence, immobilité et dépendance de l'enfant), à un discours puérocentrique (parole, mouvement, compétence et autonomie de l'enfant). La vie quotidienne s'en trouve considérablement modifiée. Elle se caractérise désormais par une mise en avant du dialogue, de la négociation, du primat de l'affection. On peut estimer que la personnalisation de l'enfant est devenue la manifestation d'une modification de l'équilibre entre les contraintes imposées par l'adulte aux enfants et celles qui résultent d'un autocontrôle constant et rigoureux de l'enfant sur lui-même et sous le contrôle de ses pairs.

Le champ de l'animation est ainsi amené, avec ses tentatives de construction d'un système culturel s'opposant aux valeurs du système scolaire, à tenter d'inventer, à la marge, de nouvelles façons de s'occuper des enfants. Ni enseignement ni tâche domestique, l'appartenance au champ de l'animation implique Jean Houssaye la nécessité de se distinguer des enseignants et des gardiennes d'enfants. La sécurité, l'épanouissement-développement, le plaisir et l'autonomie de l'enfant sont bien les valeurs cardinales des promoteurs des centres de loisirs. Mais évoquer à propos des centres de loisirs les marges du système scolaire, c'est aussi relever que l'institutionnalisation d'une singularité enfantine dans cette structure semble avant tout bornée par le système scolaire et légitimée par la psychologie et la pédagogie.

Jean Houssaye

moment, parce qu'on va accorder une attention particulière aux activités organisées pour les enfants, que l'on se met à dissocier nettement la vie quotidienne au sens strict et les activités proprement dites. On demandera au moniteur (puis à l'animateur) d'apporter un soin éducatif particulier, une attention quotidienne à la toilette, aux tâches matérielles et au repos. Se laver régulièrement relève d'une discipline physique et morale. Se couper les cheveux, se changer régulièrement, cela fait partie de l'art de vivre sainement. Faire son lit, c'est prendre soin de soi. Assumer les services collectifs, c'est prendre part à la responsabilité du groupe. Au moniteur de faire acquérir ces habitudes de vie, nouvelles pour bien des enfants. Éduquer, c'est conduire l'enfant vers ces saines habitudes qui concilient à la fois son bonheur et son bien, puisque l'on va dans le sens de ses… véritables besoins[3].

Éduquer, c'est conduire l'enfant vers ces saines habitudes qui concilient à la fois son bonheur et son bien.

La vie quotidienne des loisirs

Peu à peu cependant, on parle de moins en moins de loisir et de plus en plus de loisir*s*. La journée va se structurer autour de types d'activités (travaux manuels, jeux, veillées), qui vont d'ailleurs, à partir des années 1980, elles-mêmes devenir secondes quand les centres vont se définir par une activité dominante (voile, cirque, équitation, musique, découverte, etc.). Quoi qu'il en soit, les activités prennent le dessus dans la vie du centre de vacances et les enfants vont se voir reconnaître le droit de choisir entre ces activités proposées par les animateurs. La notion de rythme l'emporte. Or qui dit rythme dit différences. Les pratiques nouvelles s'imposent : lever individualisé, sieste libre, activités calmes et silencieuses, etc. L'originalité éducative de la colonie va désormais tenir en particulier au rythme de vie de l'enfant. Elle veut préparer les enfants à des comportements de loisirs intelligents, les initier à des formes de vie communautaire, au travail en équipe, à la découverte du monde. Tout cela de manière concrète et active, nous dit-on.

Cet assouplissement de la vie quotidienne s'observe tout particulièrement dans les journées types qui sont proposées au fur et à mesure. Commençons par le modèle type que les CEMEA (Centres d'entraînement aux méthodes d'éducation active) vont proposer dès 1954 dans leurs formations : entre 7 heures et 9 heures 30, lever, toilette, petit déjeuner échelonnés ; jusqu'à 10 heures, service des dortoirs et toilette des derniers levés ; 10 heures, ateliers de travaux manuels, chants, activités libres par groupes ; 11 heures, éducation physique, cure de santé, repos allongé, ou bain et jeux de plage ; 12 heures, petite toilette ; 12 heures 15, déjeuner ; 13 heures 15, activités silencieuses, sieste libre ; 15 heures, promenade, grand jeu, entreprises de travaux manuels, ou bain et plage ; 16 heures, goûter puis reprise des activités ; 18 heures, grande toilette ou douche ; 19 heures, dîner ; 20 heures, temps libre, activités libres, promenade, veillées, clubs ; entre 20 heures 30 et 21 heures 30, coucher échelonné. Ce modèle fait certes preuve de souplesse, mais il témoigne encore d'une part d'une séparation entre la vie quotidienne et les activités, d'autre part d'une volonté assez forte d'encadrement, même si ce dernier est diversifié. Prenons maintenant la journée type suggérée par le ministère de la Jeunesse et des Sports en 2000 : 8/9 heures, lever échelonné selon les tranches d'âge et petit déjeuner ; 9/10 heures, toilette et rangement des chambres ; 10/12 heures, activités diverses et rangement du matériel ; 12 heures 15/13 heures 15, lavage des mains et déjeuner ; 13 heures 15/14 heures 30, temps de repos (pour écrire son courrier, jouer aux cartes, écouter de la musique, téléphoner ; sieste pour les petits) ; 14 heures 30, début des activités de l'après-midi ; 18 heures, temps des douches ; 19 heures, forum (choix des activités du lendemain) ; 19 heures 30, repas ; 20 heures 30, veillée ; 22 heures 30, coucher. Cette fois, le découpage se fait plus souple et l'organisation permet davantage de latitude, ce qui laisse en fait davantage de place à une vie quotidienne de loisirs. Mais on peut encore aller plus loin, comme nous le proposons[4] : lever échelonné ; entre 8 heures et 10 heures, petit déjeuner échelonné, toilette, habillage ; jeux libres et/ou activités par groupe ; entre 12 heures 30 et 13 heures 45, déjeuner échelonné ; jeux libres et/ou activités par groupe ; vers 16 heures ou 17 heures, goûter ; jeux libres et/ou activités par groupe, douche par groupe ; autour de 19 heures, réunion par groupe enfants et animateurs ; entre 19 heures 15 et 20 heures 30, dîner échelonné ; jeux libres et/ou activités par groupe ; coucher échelonné. Comme on le voit, le temps est distendu et les repères temporels présents sont eux-mêmes très lâches. Ce qui permet à la vie quotidienne d'envahir l'ensemble des moments et de retrouver sa place essentielle et première dans le fonctionnement et la justification de la colonie de vacances.

En 2000, le découpage et l'organisation permettent davantage de latitude, ce qui laisse plus de place à une vie quotidienne de loisirs.

Apprendre par la vie quotidienne

Nous venons de voir que participer à une colonie de vacances suppose que chaque enfant ou chaque jeune apprenne la vie quotidienne spécifique à cette structure d'encadrement collectif. Qui plus est, la vie quotidienne que l'on apprend n'a pas du tout été la même selon les périodes et les types de centres de vacances. Mais ce n'est là qu'une face de la question. Nous voudrions maintenant examiner (plus rapidement puisque ce que nous avons déjà dit le permet) l'autre face : par la vie quotidienne, la colonie de vacances a voulu aussi faire apprendre. Quoi ? Là encore, les réponses ont évolué au fil du temps… Quelques-unes suffiront.

Apprendre l'école

Très rapidement, à l'origine des colonies de vacances, certains vont vouloir que la vie à la colonie de vacances trouve son sens dans un meilleur apprentissage de l'école. Ce sont des enfants des écoles des villes (les meilleurs parfois) que l'on va envoyer dans les écoles vides de la campagne pendant les vacances, encadrés par leurs maîtres et maîtresses d'école. Certes pour leur santé. Aussi en espérant que le séjour créerait, du fait du dévouement des enseignants,

DU CÔTÉ DE LA RECHERCHE

Le pouvoir aux enfants

Cette recherche se présente comme une recherche pédagogique, c'est-à-dire comme une analyse à partir d'une pratique[1]. L'auteur a dirigé pendant sept ans un centre de vacances au bout du Finistère, sur la base d'un projet pédagogique qui vise à donner le pouvoir de décision aux enfants. Il analyse les formes que prend alors la socialisation dans les différents groupes d'enfants qui se sont succédé sur le centre de 1996 à 2002. Que se passe-t-il quand on accorde aux enfants le pouvoir de décider de leurs activités et de la vie en commun ? Que se passe-t-il quand le centre privilégie les jeux libres plutôt que les activités ? Que se passe-t-il quand la question du vivre-ensemble et de ses modalités devient première dans un séjour de vacances collectives d'enfants ? Chaque séjour étant une expérience singulière, ce sont les caractéristiques de ces histoires qui sont données à voir et analysées à travers des moyens d'observation diversifiés (récits, sociogrammes, questionnaires). La recherche s'étale sur sept années, avec à chaque fois l'étude d'un aspect particulier de cette socialisation vu à travers le vécu de chaque séjour. Sont ainsi passés en revue les aspects suivants : comment faire d'un centre de vacances et d'un centre de loisirs un même centre ; le mélange des milieux sociaux ; les représentations des « bons » et des « mauvais » enfants en centre de vacances ; les relations entre les enfants et les animateurs dans les groupes ; la gestion des différences et des

plus que de bons rapports scolaires, une véritable affection entre les enfants et leurs maîtres. Mais surtout on attendait beaucoup de l'école de la nature. On voit ainsi les initiateurs des colonies scolaires introduire dès 1883 le journal scolaire où, durant une heure chaque matin, le colon devait consigner l'emploi détaillé de sa journée de la veille : le devoir de vacances était systématisé en colonie. Ce n'est pas tout, car les leçons de choses y étaient abondantes à travers les promenades : animaux de la ferme, jardinage, visites de carrières, moulin, canal, abattoirs, prison, fabriques, manœuvres militaires, rien n'échappait à la volonté encyclopédique naturelle. Si l'on escomptait des bienfaits pédagogiques touchant le corps, l'esprit et le cœur (meilleure santé, habitude de propreté, connaissance de la nature, socialisation plus forte), on voit bien que tous ces éléments devaient favoriser le développement intellectuel (au sens large du terme), ils en sont les moyens. D'ailleurs ce modèle scolaire a induit un style pédagogique plutôt disciplinaire. Les maîtres ont sans doute assoupli les principes disciplinaires, mais ils ne les ont pas transformés. Les règlements se sont rigidifiés. La mixité a été récusée, à l'image de l'école. Le nombre d'enfants a considérablement augmenté dans chaque colonie, décalque des écoles et des collèges. Bref, en colonie de vacances, on apprend alors avant tout l'école.

En colonie de vacances, on apprend alors avant tout l'école.

handicaps ; la vie des groupes ; la force du vécu dans la vie du centre. Les résultats de la recherche conduisent à mettre en avant le fait que le centre de vacances n'est pas d'abord un lieu d'activités, ni même un lieu d'organisation, c'est avant tout un lieu de relations. Et c'est pourquoi la vie quotidienne y est primordiale et recouvre l'ensemble du séjour. C'est précisément à cette condition, au respect de cette focalisation, que le centre de vacances se doit d'être un lieu spécifique et privilégié de socialisation des enfants. Dans cette recherche, la socialisation se donne à voir sous ses trois aspects : le centre de vacances est une occasion d'acculturation, d'imposition explicite ou implicite d'un mode de fonctionnement social légitimé ; le centre de vacances est une occasion de personnalisation, c'est-à-dire une occasion de vie où l'on respecte l'enfant, les enfants, leurs rythmes, leurs possibilités, tout en faisant l'expérience d'une vie sociale ; le centre de vacances est une occasion d'individualisation, car il permet à l'enfant de devenir un sujet-acteur qui participe à créer de nouvelles formes de socialisation par l'expression dans ses actes de son autonomie et de sa responsabilité. À condition cependant que cette socialisation en centre de vacances soit l'expérimentation en commun d'un véritable pouvoir de décision à exercer par les enfants.

1. J. Houssaye, *C'est beau comme une colo. La socialisation en centre de vacances*, Vigneux-sur-Seine, Matrice, 2005.

Apprendre la foi

À la fin du XXe siècle, les catholiques vont développer leurs colonies à partir de leurs patronages, pour faire pièce à l'éducation laïque de l'école obligatoire. À l'origine, la pédagogie était très libre : la vie quotidienne est souple, les horaires et le règlement sont réduits au minimum. C'est un esprit de famille chrétienne qui prévaut, marqué par le jeu, la joie et la prière. Mais l'évolution fut très rapide : l'aspect religieux en vint à prendre le dessus sans contestation. La vie quotidienne doit alors témoigner de l'esprit d'évangélisation et de prosélytisme, dont les maîtres mots se trouvent être : esprit de foi, piété sincère, obéissance exacte et respectueuse. Le style de vie en sera profondément affecté car tout devra mener à Dieu. La formation recherchée va se réduire à l'instruction religieuse et à l'éducation chrétienne et sociale. Religion et discipline deviennent les deux principes recteurs en bien des endroits. On ne s'étonnera pas en tout cas de ce que les activités, dans certains centres, se soient réduites, le matin, à une promenade suivie d'un travail manuel en silence et, l'après-midi, à une promenade précédée d'un travail intellectuel. L'essentiel est ailleurs, débouchant, nous dit-on, sur l'empressement des colons à vouloir faire les « corvées » traditionnelles (épluchage, balayage, nettoyage des cabinets) par plaisir de rendre service. Autrement dit, la vie quotidienne doit témoigner d'un esprit de foi. À la colonie, on est là pour apprendre la foi dont témoignent les qualités morales que la vie quotidienne permet d'incarner. D'autres, les laïcs en particulier, mettront certes Dieu de côté, mais ils garderont l'apprentissage de la morale comme finalité de la vie dans le centre.

La vie quotidienne doit témoigner d'un esprit de foi.

Apprendre l'enfance

Nous avons vu combien les propos sur les colonies de vacances changent à partir des années 1950. À la colo, peut-on dire, on apprend alors à devenir pleinement un enfant. Le loisir étant considéré comme le moyen de satisfaire les besoins les plus fondamentaux, la colonie va alors se présenter comme le véritable lieu de la pratique de l'Éducation nouvelle. La famille, l'école, la structure de proximité de loisirs pèchent par leurs insuffisances à faire vivre pleinement l'enfance dans l'enfant. C'est à la colonie que la vie de l'enfant peut s'accomplir pleinement dans tous ses besoins. La colonie va se justifier par elle-même et pour elle-même, articulée certes aux autres institutions, mais néanmoins non subordonnée. C'est parce que l'enfant s'appartient à lui-même, c'est parce que ses besoins sont premiers et prioritaires, c'est parce qu'il doit vivre pleinement son enfance, que la colonie endosse ce statut remarquable. La psychopédagogie va poser que l'enfant est d'abord un enfant, avant d'être l'enfant de sa famille, de sa nation, de sa religion, de son école, etc. La colonie va se poser comme son lieu. La vie quotidienne dans le centre est ainsi la réalisation en plénitude de l'enfance dans l'enfant. Mais toujours sous l'emprise de l'éducateur qui, lui, sait l'enfant parfois mieux que lui-même…

La vie quotidienne dans le centre de vacances est la réalisation en plénitude de l'enfance dans l'enfant.

Apprendre le pouvoir de choix

Dans la seconde moitié du XXe siècle, le centre de vacances va progressivement osciller entre deux forces : le pouvoir de décision de l'encadrement, le pouvoir de choix des enfants. La vie quotidienne au cours du séjour est marquée par cette tension, comme en témoignent des enquêtes menées dans les centres autour des années 1990[5]. Une première étude souligne que l'organisation de la vie quotidienne reste classique, sinon rigide. La moitié des centres autorise les enfants à jouer de manière spontanée ; mais, dans la moitié des centres aussi, les enfants continuent à se lever tous en même temps. Un tiers seulement des centres cumule ces trois libertés individuelles : lever échelonné, manger avec qui l'on veut, pouvoir retourner dans sa chambre pendant la journée. Rares sont les centres qui mettent en place un environnement suscitant l'activité spontanée. Dans les deux tiers des centres, les enfants n'ont pas voix au chapitre quant aux règles de la vie commune. Par contre, dans une majorité de cas, les réunions de l'équipe d'animation permettent de tenir compte des souhaits des enfants. De même, la plupart du temps, les enfants peuvent choisir librement entre les activités. Un peu après, une étude du ministère de la Jeunesse et des Sports sur l'organisation de la vie quotidienne se montrera moins optimiste. Trente-cinq pour cent des centres adoptent une organisation rigide et immuable (horaires fixes, pas de choix des activités). Cinquante pour cent mettent en place une organisation mixte intégrant au moins le lever échelonné et le choix d'une partie de leurs activités. Seuls les quinze pour cent qui restent acceptent d'aller un peu plus loin : lever, cou-

Ce qui se met en place, c'est l'apprentissage du pouvoir de choix dans les différentes dimensions de la vie en centre de vacances.

cher et repas échelonnés, choix des activités et possibilité de les abandonner. On peut donc en conclure que, pendant toute cette période, progressivement mais difficilement, ce qui se met en place, c'est l'apprentissage du pouvoir de choix dans les différentes dimensions de la vie en centre de vacances.

Apprendre la socialisation

Faut-il en rester là et considérer que tout est dit ? Non, parce que, nous semble-t-il, le centre de vacances permet aussi d'apprendre de manière particulière ce que l'on peut appeler la socialisation, qui touche tous les moments de la vie quotidienne. La socialisation ne se limite pas à intégrer l'individu à la vie sociale ; elle consiste aussi à le rendre libre dans ses pensées et dans ses actes ; elle lui permet enfin de se produire lui-même au lieu de s'engager uniquement dans la reproduction sociale. Où apprendre à devenir sujet-acteur d'une société avec d'autres ? Le centre de vacances peut être ce lieu et devient d'autant plus indispensable pour l'éducation que la société dépend de plus en plus, pour son avenir, de ces apprentissages sociaux qui ne peuvent se faire que dans l'interaction des structures et des acteurs. Encore faut-il que la structure favorise l'expérience des acteurs… Tandis que l'école privilégie l'acculturation et la famille la personnalisation, le centre de vacances, lui, a la possibilité de privilégier la capacité de décider avec d'autres au quotidien. Ce qui nous amène à poser (voir l'encadré « Du côté de la recherche » dans ce chapitre), d'une part, que les centres de vacances sont des lieux de développement significatifs de la socialisation des enfants et, d'autre part, que la socialisation y est favorisée par la mise en œuvre de dispositifs pédagogiques fondés sur la pratique du pouvoir de décision par les enfants. Ce qui revient à dire que c'est toute la structure de la vie quotidienne du centre qui permet d'apprendre cette socialisation spécifique.

NOTES

1. J. Houssaye, *Aujourd'hui les centres de vacances* Vigneux-sur-Seine, Matrice, 1991.
2. Pour l'histoire des colonies de vacances, nous renvoyons à J. Houssaye, *Le livre des colos. Histoire et évolution des centres de vacances pour enfants*, Paris, La Documentation française, 1989.
3. G. de Failly, « L'organisation pédagogique de la colonie de vacances », *in* R. Cousinet *et al*, *Leçons de pédagogie*, Paris, PUF, 1950.
4. J. Houssaye, *Et pourquoi que les colos elles sont pas comme ça ?*, Vigneux-sur-Seine, Matrice, 1995.
5. *Ibid.*, chap. 1.

Chapitre 8
Des jeunes entre école et travail

Ismaël Ghodbane

De nombreux chercheurs dans les domaines de l'éducation et de l'insertion s'attachent à comprendre les difficultés d'intégration socioprofessionnelle dans la société actuelle, les changements du monde du travail et de la sphère éducative entraînant insécurité de l'emploi et chômage des jeunes (voir l'encadré « Questions à » dans ce chapitre). Dans sa mission d'intégration à cette société complexe, l'éducation formelle semble parfois à la peine. Avec plus d'informalité dans les apprentissages, les relations et les cadres sociaux, d'autres espaces, par exemple des ateliers artistiques, semblent efficaces pour redonner à des jeunes peu en phase avec les institutions éducatives traditionnelles le goût d'apprendre et d'imaginer un futur. Parfois ils se prennent eux-mêmes en main sans forcément s'en rendre compte : en pensant simplement participer à des activités conjointes plaisantes, ils acquièrent des savoirs et savoir-faire et s'équipent pour préparer leur insertion. Mais il est également intéressant de comprendre en quoi certains dispositifs de transition école-emploi fonctionnent comme des points de suture sur cette blessure sociétale en permettant à ses membres de projeter une participation à la société. Les apprentissages informels, acquis dans un contexte sécurisé et non conventionnel, semblent constituer un fil rouge entre

Certains dispositifs de transition école-emploi fonctionnent comme des points de suture sur la blessure sociétale.

ces différentes expériences de vie. Plus que l'aspect quantitatif, nous avons choisi de mettre en lumière les aspects psychologiques et sociaux qui font de ces contextes et de ces moments d'apprentissage des occasions de changement et de développement pour ces jeunes.

Vers une théorisation des processus de transition

Au travers d'une analyse comparative de trois programmes mêlant métiers du spectacle, savoirs informels et insertion socioprofessionnelle en Europe, des chercheurs en sciences sociales ont tenté de mettre en évidence les aspects qui font de ces contextes et moments de transition des expériences positives, en donnant une place importante au concept d'« informalité »[1]. Si les résultats mettent en évidence les spécificités des dispositifs, notre but est ici d'en faire ressortir les processus psychosociaux sous-jacents.

Le jeune développant sa confiance en soi et la conscience de ses possibilités est guidé vers l'autonomie.

Le processus d'apprentissage n'est pas dissociable d'un versant identitaire ; les auteurs empruntent à Wenger[2] l'idée que ces deux aspects s'inscrivent dans une expérience négociée. Le jeune développant sa confiance en soi et la conscience de ses possibilités est guidé vers l'autonomie. Cela est rendu possible grâce au contexte relationnel dans lequel se déroulent ces apprentissages, loin de la compétition de l'éducation conventionnelle. Les relations entre enseignants et élèves sont informelles et les émotions n'y sont pas bannies. Elles se construisent sur un respect mutuel, sur une autorité négociée et acceptée. Cela favorise également l'apprentissage entre pairs, ainsi que l'acceptation des différences de genre. Le style de vie accompagnant les métiers du spectacle permet d'augmenter la motivation à l'apprentissage. L'apprenant devient membre d'une communauté de pratique, avec une culture commune, où il est permis de négocier le sens des projets collectifs. Cela est d'autant plus efficace que ce sont des activités artistiques et culturelles qui deviennent des vecteurs d'apprentissage. Ceux-ci peuvent être directs (techniques théâtrales, musicales, de danse…) et permettent de développer créativité et expression. Cependant les effets secondaires sur le jeune – accroissement de l'estime de soi, de la confiance en soi et envers les autres, de la motivation, sens d'accomplissement et de sécurité – sont peut-être plus importants que la formation à un métier proprement dite, ou que des statistiques de réussite. Même s'ils ne sont pas autosuffisants et si leur reconnaissance peut poser problème, ces apprentissages informels et leurs effets secondaires augmentent les chances d'une insertion professionnelle, même hors des métiers du spectacle, en procurant au jeune les outils pour faire face à une réalité complexe et incertaine. Le concept d'informalité ne s'applique pas seulement à la nature des apprentissages ; les auteurs l'élargissent aux relations enseignant/élève, au parcours formatif et à l'organisation même des structures. Ce type de contexte semble avoir un effet positif sur la transmission de savoirs : ces jeunes, en grande difficulté avant leur nouvelle expérience, se montrent motivés et prêts à l'apprentissage.

Les apprentissages informels et leurs effets secondaires augmentent les chances d'une insertion professionnelle.

La psychologie sociale tend à mettre en évidence les aspects favorisant le développement lors de phases de transition chez les individus. Comme le soulignent A.-N. Perret-Clermont et T. Zittoun[3], pour qu'une période de transition – comme celle de l'école à l'emploi – puisse être l'occasion d'un développement, il ne suffit pas que la personne acquière de nouvelles compétences. Elle doit également faire l'expérience de nouveaux rôles identitaires et s'impliquer dans de nouvelles relations interpersonnelles. Ceci doit lui permettre d'assumer la nouveauté et d'y trouver un sens. Les cadres dans lesquels se vivent des transitions susceptibles d'aboutir à un développement doivent avoir certaines caractéristiques : ils doivent être liés aux cadres sociaux dans lesquels ces transitions ont lieu, orientés vers l'extérieur, projetés sur l'après-transition, constituer un espace relationnel de qualité avec des ressources symboliques et la possibilité d'émergence de moments informels. La présence de soutiens psychosociaux divers est importante : « Les échanges avec les pairs et des proches sont importants tant pour le soutien émotionnel que pour le travail de co-élaboration de l'expérience et de significations, de co-résolution de tâches et d'échanges de savoirs. Les relations intergénérationnelles ont une place spécifique : au-delà du rôle des aînés dans la transmission de connaissances et la construction de compétences, ceux-ci peuvent transmettre des ressources symboliques ou liées à leur expérience du passage de la transition, ou encore offrir des modèles identificatoires ».

Les activités autour de la culture techno, occasions d'apprentissage

Des adolescents et jeunes adultes, au travers d'activités complètement informelles, sans encadrement pédagogique aucun, apprennent des savoirs et des savoir-faire qui leur permettront, dans certains cas et à certaines conditions, de faciliter leur insertion dans la société.

La recherche que nous avons conduite à l'université de Neuchâtel, « L'école de la nuit : un mix de savoirs », propose d'explorer le potentiel formatif et les processus d'intégration au sein d'activités musicales et culturelles des jeunes. La sphère choisie est celle des activités autour des musiques électroniques (dites « techno » de façon générique), et ce sur les territoires français et suisse. Si le but premier de ces activités réside bien sûr dans leur aspect festif, elles sont également porteuses d'apprentissages informels collatéraux.

QUESTIONS À

BERTRAND SCHWARTZ, DOCTEUR HONORIS CAUSA DES UNIVERSITÉS DE GENÈVE, MONTRÉAL, BOLOG
JEUNES EN DIFFICULTÉ, MEMBRE DU CONSEIL ÉCONOMIQUE ET SOCIAL

Votre expérience avec des publics en situation difficile me conduit à vous interroger sur les apprentissages que ces personnes font dans le cours de leurs errances.

BERTRAND SCHWARTZ : Sans doute font-elles de nombreux apprentissages, mais je ne peux pas en parler en général.

Quand vous parlez avec elles, vous ne repérez pas d'apprentissages ?

B. S. : En fait, je parle peu, et laisse parler pour écouter. Quand je fais un entretien, ce n'est pas que je n'ai pas d'intérêt pour ce que me dit la personne, que je n'ai rien à en apprendre : bien sûr que si. Mais mon but principal est que la personne « s'approprie » ce qu'elle dit, que sa parole la fasse réfléchir et avancer, qu'elle développe ainsi sa propre réflexion.

Vous avez toujours procédé ainsi ?

B. S. : Toujours plus ou moins, mais encore plus maintenant que je travaille avec des publics variés, élus locaux, partenaires institutionnels ou chômeurs. Ils me sollicitent comme expert détenant un savoir, mais moi, je ne me considère pas comme un expert, et je me refuse à parler. Surtout lorsque c'est un entretien de groupe, je tiens bon, et, généralement, il y a toujours quelqu'un qui se lance, rompt le silence et engage la discussion. Les échanges sont alors très riches ; chacun peut parler de ses difficultés et, collectivement, ils « inventent » ce qu'ils disent, en s'appropriant leurs paroles. Mon rôle est alors d'être attentif et présent.

Comment une telle posture est-elle perçue des personnes qui vous sollicitent en expert ?

B. S. : Cela peut décontenancer au début, mais les gens comprennent que quand je les écoute, ce n'est pas pour moi, mais pour eux. Ils se rendent comptent que, grâce à cette forme d'écoute, ils peuvent « s'approprier leur propre discours » et prendre conscience de ce qu'ils sont en train de dire ensemble. Et, dans la plupart des cas, ils sont très contents de ce

Les domaines dans lesquels les jeunes développent des compétences sont assez divers, bien qu'ils participent d'une même culture. Nous retrouvons la trace d'apprentissages dans le domaine informatique, les nouvelles technologies étant indissociables de la musique et de la culture techno, au niveau créatif et pour l'échange d'informations. Nombre de compétences techniques ont également été observées[4]. L'organisation d'une soirée légale engendre une multitude de savoirs administratifs à acquérir qui produisent une connaissance du système administratif. En lien avec cet aspect, le cadre juridique autour des fêtes techno étant changeant, il faut être à la page pour ne pas finir hors la loi ou pour connaître les risques dans le cas de soirées illégales. Des compétences dans le domaine commercial sont nécessaires pour que la soirée ne finisse pas en fiasco financier. Enfin, et de manière transversale, des compétences organisationnelles, sociales et de travail en groupe peuvent être développées. Ces apprentissages sont indissociables d'aspects purement

Ces apprentissages sont indissociables d'aspects purement identitaires.

LOUVAIN-LA-NEUVE, DÉLÉGUÉ INTERMINISTÉRIEL À L'INSERTION PROFESSIONNELLE ET SOCIALE DES

qu'ils « produisent » ainsi. Je pense que cela doit leur être utile puisqu'ils me redemandent de venir. J'estime que j'ai réussi si les gens que j'ai écoutés d'une part ont débattu ensemble, et, d'autre part, compris que c'est une bonne démarche.

Mais pourriez-vous faire cela avec des jeunes en situation d'échec scolaire, par exemple ?

B. S. : Bien sûr, mais il faut adapter la démarche. Si on s'appuie avec eux sur la pédagogie de la réussite, c'est-à-dire qu'on les a mis en situation de réussir, alors les écouter parler de ce qu'ils ont vécu est très important. Je souhaite les aider à transformer leur vécu en expérience, leur expérience en savoir-faire, et leur savoir-faire en savoirs.

Pour les aider à transformer le vécu en expérience, je leur demande de me raconter très précisément une situation qu'ils ont vécue, et, reprenant chaque événement de la situation, je leur demande de le relier à une cause possible. Et, aussitôt, j'engage le débat avec le groupe, chacun identifiant une cause à sa façon. Faisant cela, je pense pouvoir transformer les vécus en expérience, c'est-à-dire en quelque chose dont ils ont tiré une leçon.

Pour transformer, ensuite, l'expérience en savoir-faire, je leur demande de dire s'ils ont, par hasard, vécu plusieurs fois des événements proches et si, alors, ils ont agi de façon similaire. À force de faire la même chose, cela devient un savoir-faire.

Et pour transformer ensuite le savoir-faire en savoir, ou du moins prendre conscience de sa nécessité, j'essaie de modifier un ou deux éléments de la situation racontée. Ils ont alors besoin de savoirs pour agir autrement et tenir compte du contexte. Ainsi, je crois arriver à faire transformer le récit d'un vécu en exposé d'une expérience, et l'expérience en savoir-faire et le savoir-faire en savoirs.

J'explique cette démarche dans mon livre *Construire une pensée collective pour l'action*, rédigé en commun avec Gérard Sarazin et publié dans la revue *Pour* par le GREP.

Votre démarche me paraît proche de celles qui sont effectuées dans le cadre de la VAE. Est-ce le cas ?

B. S. : Bien sûr. Et ce que je viens de vous dire, je l'ai initié dès 1963. Si j'ai écrit le livre publié par le GREP, c'est parce que, ayant eu la chance dans ma carrière professionnelle qu'on me laisse expérimenter des actions très innovantes, j'ai estimé de mon devoir d'en faire bénéficier d'autres.

En fait, j'avais l'espoir d'en tirer un blog pour que des lecteurs y ajoutent à leur tour leurs réflexions sur leurs propres expériences et qu'ainsi, peu à peu, les miennes s'enrichissent.

Propos recueillis par
Anne-Lise ULMANN

identitaires : les jeunes, en menant à bien des projets de soirée, ou en offrant une prestation de qualité, développent une confiance dans leurs possibilités.

Nous nous sommes également attelés à comprendre comment ces savoirs circulent et le rôle que peut jouer la présence des autres dans ces processus. Dans chaque situation d'apprentissage, nous pensons qu'un autrui est toujours présent : soit physiquement bien sûr, soit à distance temporelle et/ou physique, par exemple par le biais d'écrits ou d'un tutoriel pour un programme particulier, voire lors d'échanges sur Internet.

Sortir du contexte techno : exemples de boundary crossing

Nous avons montré jusqu'ici les différents domaines de savoirs informels, ainsi que leurs canaux de transmission : de la participation à une activité résulte un apprentissage. Considérer ceux que nous avons décelés comme situés dans les groupes et les activités est déjà intéressant en soi, car la transmission de connaissances n'est jamais à minimiser. Toutefois, si ces savoirs peuvent être mobilisés dans d'autres systèmes d'activité, cela augmente l'intérêt que l'on peut y porter. Enfin, si ces nouvelles sphères sont celles de la formation ou de l'emploi, et que d'une façon ou d'une autre une intégration socioprofessionnelle pour des jeunes est facilitée, alors ces activités – peut-être considérées comme marginales – méritent toute l'attention des chercheurs et des professionnels de l'insertion.

Si ces savoirs peuvent être mobilisés dans d'autres systèmes d'activité, cela augmente l'intérêt que l'on peut y porter.

Pour parler de transfert de connaissances, deux théories apportent des éclairages complémentaires : l'une où l'accent est mis sur la communauté en action, avec la notion issue de la théorie de l'activité de *boundary crossing* qui met en évidence l'importance d'un objet (domaine de compétence, outil, etc.) permettant le passage d'une activité à une autre[5]. L'autre, développée par Wenger, se centre plutôt sur l'individu au sein du groupe ; Wenger considère qu'un objet peut permettre le passage entre deux communautés de pratiques et met aussi en évidence l'importance d'un relais social. Aussi, ce n'est pas la simple présence de l'objet médiateur qui va permettre de passer à un autre contexte, mais bien la signification que cet objet va revêtir pour la personne.

Prenons deux exemples pour illustrer ces considérations théoriques.

La sonorisation est un domaine au potentiel d'intégration notable. Les apprentissages techniques informels dans cette sphère – considérés ici comme des objets médiateurs – ont, chez certains jeunes, permis d'envisager une entrée en formation de technicien du son, puis pour l'un d'entre eux d'obtenir un diplôme professionnalisant. Un soutien psychosocial important n'est autre que la mère de ce dernier, professionnelle de l'orientation, qui lui a signifié qu'il pouvait ajouter cette option dans ses choix de formation alors qu'il réfléchissait à quelle direction donner à sa vie, peu de temps avant son entrée effective dans l'école professionnelle.

Un autre jeune s'est appuyé sur différents domaines de compétences développés lors de ses activités dans le domaine de la techno pour réussir son insertion professionnelle. Celui-ci a d'abord décroché un stage comme monteur vidéo dans une grande entreprise de communication grâce à ses connaissances en traitement numérique de la vidéo, développées en amateur lors des événements techno par le biais de l'exercice du *Vjaying* (création de visuels). Après avoir convaincu ses supérieurs, il a signé un contrat de travail à durée déterminée. Mais un autre apprentissage informel va l'aider à grandir dans l'entreprise. En effet, il occupe la fonction de médiateur lors des technivals, rassemblements pouvant réunir jusqu'à cent mille personnes. Ce rôle de lien entre l'État et le Collectif des sound systems lui a permis d'entrer en contact avec de hauts fonctionnaires de la préfecture de police à travers la France, de construire une connaissance de l'appareil politico-administratif hexagonal, de ses fonctions et de ses protagonistes. Ces connaissances lui ont permis de proposer son aide pour sortir l'entreprise d'une situation de crise autour du placement d'une antenne-relais. Cette réussite a abouti à une promotion au sein de la division s'occupant de ce domaine.

Ces activités se présentent comme des laboratoires de métiers, où le jeune peut s'essayer à diverses fonctions et à différents rôles, dans un cadre amical, sécurisant. Elles peuvent permettre aussi à des jeunes diplômés d'entraîner et de consolider leurs compétences, d'acquérir de l'expérience. Dans ce cas, les apprentissages de la vie quotidienne viennent compléter le bagage des acquis institutionnels pour former des compétences à l'épreuve de la réalité.

Ces activités se présentent comme des laboratoires de métiers, où le jeune peut s'essayer à diverses fonctions et à différents rôles.

J'ai lu

JOINING SOCIETY. SOCIAL INTERACTION AND LEARNING IN ADOLESCENCE AND YOUTH

par A.-N. Perret-Clermont and alii (eds), Cambridge, Cambridge University Press, 2004.

Cet ouvrage pose divers regards sur les contextes de vie et d'activité des jeunes, au sein desquels l'apprentissage se réalise par le biais des interactions sociales. Perret-Clermont fournit à l'ouvrage un socle théorique fondé sur le postulat que la pensée se développe au cours d'activités collectives. Les contributions étudient des espaces de pensée, entendus comme des zones d'activité psychique et d'opportunités sociales soutenant cette activité, dans des cadres sociaux suffisamment sûrs, où le jeune peut s'engager, se confronter à d'autres points de vue et découvrir de nouveaux éléments de réalité.

Resnick et Perret-Clermont (chap. 2) expliquent que de nouvelles modalités de socialisation informelle résultent des mutations des formes de réunion et du marché du travail des jeunes, au sein d'une zone grise, notion proche de celle d'espaces intermédiaires (Roulleau-Berger, chap. 5) où l'individu développe des compétences et où règne une culture de l'incertitude découlant d'une forme d'hésitation, de débrouillardise et de refus des solutions conventionnelles peu valorisantes. Il existe deux types d'espaces intermédiaires : ceux créatifs – intéressant des jeunes des classes moyennes, en lien avec le tissu urbain, où des activités découlent de projets collectifs – et ceux reconstructifs – résultant de la coopération de travailleurs sociaux et de jeunes dans les quartiers défavorisés. Ces espaces peuvent amener soit à une intégration dans le marché du travail, soit à une désaffiliation sociale selon que les compétences développées sont intégratives – transférées à but d'insertion – ou non reconnues socialement. Pourquoi certains jeunes s'engagent-ils d'un côté ou de l'autre de cette bifurcation ? Hundeide (chap. 6) propose une analyse complémentaire. Les communautés de jeunes aux règles et rôles précis offrent à la fois un sens d'appartenance fort et un rapport à la société variable. Le style de vie et les rôles sociaux adoptés fonctionneraient comme des filtres identitaires qui limitent les choix d'apprentissages et de carrières, perçus comme plus ou moins pertinents selon le degré d'adéquation avec la culture du groupe.

Dans *Joining Society*, les contextes plus traditionnels sont également objets d'analyse. Säljö (chap. 11) tente de comprendre comment l'école peut évoluer afin d'être plus utile à la jeunesse aujourd'hui. L'éducation formelle s'est développée autour d'un corpus spécifique de savoirs, de représentations et de pratiques voué à la reproduction. Si elle peut être un contexte propice à la réflexion et à la production de certaines compétences – quelquefois peu en phase avec la vie de tous les jours et manquant de sens aux yeux des élèves –, elle est également caractérisée par la mise à distance des apprentissages de la vie quotidienne toujours plus nombreux. Pour préparer à notre société, l'école devrait se renouveler pour proposer un modèle de socialisation basé sur une intégration de l'expression et des intérêts des élèves.

Ismaël GHODBANE

Travail social, pratiques culturelles et informalité

Les domaines artistiques et culturels peuvent être également intégrés à des formations plus ou moins certifiées, en gardant toutefois leur potentiel de construction de sens et de motivation à l'apprentissage pour le jeune apprenant. Les dispositifs de transition analysés dans l'ouvrage cité *Communities of Youth. Cultural Practice and Informal Learning* (Ashgate Pub Ltd, 2002), situés à Mannheim (Allemagne), Liverpool (Angleterre) et Lisbonne (Portugal), proposent de former de jeunes gens en échec scolaire. À partir d'apprentissages en théâtre, musique et arts du cirque, dans un contexte teinté d'informalité, notamment dans les relations sociales avec les enseignants et les pratiques pédagogiques, ces dispositifs forment au travail social et/ou à l'acquisition d'outils cognitifs et sociaux utiles à une intégration future.

Les apprentissages propices à une transformation du « jeune à risque » en « apprenant motivé » méritent l'attention des acteurs de l'éducation. Les membres sentent qu'ils sont dans un processus d'apprentissage qui fonctionne au travers de pratiques qui ont du sens. Ils prennent confiance en eux par la créativité et la participation, acquièrent des compétences sociales – telles que la ponctualité, la gestion des conflits, la prise de décision, la négociation, le respect des horaires et des délais – ou plus pratiques – l'écriture de rapports –, et ce dans un contexte permettant le droit à l'erreur. Au sein de ces communautés de pratique, l'apprentissage n'est pas dissociable d'une appartenance au groupe, d'un travail sur l'identité des participants et d'une négociation du sens au sein des nouvelles expériences de vie, d'où découle une motivation nouvelle. Une reconsidération des trajectoires biographiques devient possible à la lumière de ces nouvelles tranches de vie.

Au sein de ces communautés de pratique, l'apprentissage n'est pas dissociable d'une appartenance au groupe.

Des relations informelles pour redonner le goût d'avancer

Certaines mesures de réinsertion dans le système éducatif proposent un mélange d'aspects formels (le contexte institutionnel) et informels (certains apprentissages, les relations enseignant/élève) qui semble efficace pour remettre en selle des jeunes considérés en difficulté.

La conjoncture helvétique actuelle en matière de places d'apprentissage tend à laisser de côté nombre de jeunes dont le niveau scolaire ne permet pas l'entrée dans le système dual menant à l'obtention d'un CFC (Certificat fédéral de capacité), sésame pour l'emploi. Le choix est alors restreint : travailler avec un statut de main-d'œuvre non qualifiée, intégrer les rangs des chômeurs ou des assistés sociaux. Deux types de dispositifs que nous pouvons qualifier de « bonnes pratiques » ont été créés, notamment dans le canton de Neuchâtel ; ils nous renseignent sur les défis affrontés et les ressources psychologiques mobilisées.

Au sein de la classe de préapprentissage au CPLN (Centre professionnel du littoral neuchâtelois) un panachage d'apprentissages formels et informels est encouragé. Il est question de permettre à des adolescents de 15 ans en échec d'entrer en apprentissage, c'est-à-dire de changer de statut social et d'entrevoir une insertion professionnelle[6]. L'équipe éducative met l'accent à la fois sur les apprentissages scolaires indispensables et sur l'acquisition de savoirs et savoir-faire sociaux requis dans les contextes formatifs et professionnels (savoir faire des photocopies, ne pas mâcher de chewing-gum pendant un entretien, faire des efforts vestimentaires...). Les enseignants assurent un suivi de l'apprenant et offrent des espaces de discussions pour préparer au monde professionnel, créant un pont informel vers cette sphère encore inconnue pour le jeune. Un travail sur l'identité prend forme dans ces espaces : le futur apprenti peut alors se défaire peu à peu de l'évaluation négative renvoyée par son parcours scolaire difficile pour faire siens des aspects positifs développés au sein du dispositif. Pour le jeune, cette école « de la dernière chance » peut alors devenir « sa chance ». Une autre clef du succès réside dans le fait que les cadres de l'école incluent les entreprises locales qui deviennent complices en prenant en stage des jeunes moins prometteurs que ceux issus de la filière normale, mais peut-être plus débrouillards.

Le futur apprenti peut alors se défaire peu à peu de l'évaluation négative renvoyée par son parcours scolaire difficile.

Un autre programme d'insertion novateur relève d'une logique informelle fondée sur le principe du mentorat, c'est-à-dire d'une relation interpersonnelle se déroulant soit hors des murs, soit dans un contexte familier aux jeunes. *Alter*

Connexion mis en place au Centre de loisirs de Neuchâtel[7] permet à des jeunes en rupture de s'insérer dans le monde du travail ou de la formation. Le mentor est issu des communautés ethniques et/ou d'intérêts des jeunes, professionnellement et socialement intégré, il n'est pas un travailleur social. Son but est de restaurer la confiance de ces jeunes aux prises avec des échecs scolaires, sociaux, familiaux, et un déficit d'identification à l'adulte, trop souvent vu comme une autorité coercitive. La relation informelle entre le mentor et le jeune se développe autour d'une transmission de savoirs vouée à l'intégration et au développement personnel du second. Par exemple, au niveau de la formation, le mentor passe du temps à susciter de la motivation chez le jeune. Dans le domaine de l'insertion, il apporte son aide pour la recherche d'emploi proprement dite, mais également en prodiguant des conseils relatifs au savoir-être. Il peut aussi devenir un relais entre le mentoré et le monde du travail ou apporter son aide lors d'une création d'entreprise. Enfin le mentor peut apporter une aide précieuse dans la sphère personnelle pour laquelle la relation de confiance est primordiale. La recherche de solutions concrètes en binôme et surtout l'explication des démarches entreprises vont aider le jeune à régler son problème sur le moment, mais aussi lui permettre de se construire en facilitant son développement personnel et de compétences. Le mentoré apprend et change, comme nous le montrent les effets positifs sur son entourage : ses relations familiales se normalisent, il peut à son tour apporter de l'aide, ou enrôler des proches en difficulté dans le programme.

L'explication des démarches entreprises va aider le jeune à régler son problème sur le moment, mais aussi lui permettre de se construire.

Conclusion

À partir de ces divers contextes qui constituent des tremplins permettant d'acquérir des savoirs et des capacités pour des jeunes souvent désenchantés par l'école, il est possible de tirer quelques conclusions sur la remise en selle de ces individus donnés perdants. Apprentissage, construction de sens et développement de l'identité participent du même processus et ne peuvent en aucun cas être considérés séparément. Pour qu'une transition de l'école à l'emploi soit une occasion de grandir et de s'intégrer à la société, l'acquisition de connaissances, si elle est importante, ne se suffit pas à elle-même. Une réélaboration identitaire de l'individu y est fortement imbriquée. Celui-ci construit du sens, apprend au travers d'activités qui lui parlent, qui lui permettent de développer sa confiance en soi, de croire en ses possibilités et de poser un regard changé sur la société.

NOTES

1. S. Miles, A. Pohl, B. Stauber, A. Walther, R. M. Bargiela Banha & M. Do Carmo Gomes, *Communities of Youth. Cultural Practice and Informal Learning*, Burlington, Ashgate, 2002.
2. E. Wenger, *La théorie des communautés de pratiques. Apprentissages, sens et identité*, Québec, Presses de l'Université Laval, 2005.
3. A.-N. Perret-Clermont, T. Zittoun, « Esquisse d'une psychologie de la transition », *Éducation permanente*, 2002, n° 1, p. 12-14.
4. I. Ghodbane, « Le sound system : un laboratoire de métiers », *in* Actes du 7e colloque européen sur l'autoformation, *Faciliter les apprentissages autonomes*, ENFA, Auzeville – 18-19-20 mai 2006, http://www.enfa.fr/autoformation/rub-comm/pdf/ghodbane.pdf
5. T. Tuomi-Gröhn & Y. Engeström (Eds.), *Between School and Work: New Perspectives on Transfer and Boundary Crossing*, Amsterdam, Pergamon, 2003.
6. T. Zittoun, *Insertions. À quinze ans, entre échec et apprentissage*, Berne, Peter Lang, 2005.
7. I. Ghodbane, *Programme Alter Connexion. Évaluation scientifique*, www.alterconnexion.ch, 2006.

Troisième partie

Apprendre des loisirs

Chapitre 9
Loisirs et apprentissage

Gilles Brougère

La vie quotidienne ne se limite pas aux contraintes physiologiques de l'entretien de chacun, ni au travail, mais inclut également les loisirs, les multiples activités du temps libéré de ces différentes contraintes. L'augmentation du temps libre, liée d'une part à la réduction du temps de travail, d'autre part à la mécanisation d'une partie des tâches ménagères, permet de voir le quotidien marqué par le loisir, qu'il s'agisse du temps hors travail pour les salariés ou, pour ceux qui n'ont pas d'activité professionnelle ni ne cherchent du travail, comme les retraités, d'une partie encore plus importante de leur temps.

Qu'est-ce que le loisir ?

Selon Paul Yonnet, « le loisir est une quantité de temps libre, affranchi des exigences du temps obligé (celui du travail professionnel ou scolaire et des astreintes qui s'y attachent : transport, pause, repas) et du temps contraint (celui des obligations sociales, administratives, familiales et domestiques). Le loisir ne définit *a priori* aucun contenu d'activité, seule le caractérise sa forme libératoire : il se présente comme un pur contenant, une enveloppe de temps libéré des temps de contrainte [...] le loisir ne définit rien qu'un vide. [...] C'est la possibilité, ou la permission, de faire ce que l'on veut, une fois achevé ou suspendu le faire-obligé ou le faire-contraint »[1].

Le loisir ne peut donc se définir par son contenu. Il est la matrice, la forme où des contenus différents peuvent venir s'installer du fait de l'intérêt qu'ils ont pour celui qui s'y livre, le plus souvent pour le simple plaisir. C'est la possibilité de faire autre chose, de découvrir d'autres activités ou tout simplement de se détendre, de se délasser, de se divertir ou de s'occuper l'esprit, d'éviter l'ennui d'un temps sans affectation.

Toute activité peut devenir en théorie loisir, cela dépend de la relation que l'on entretient avec elle, non de sa nature. Ainsi le jardinage, qui peut être pour certains une obligation professionnelle, ou bien une contrainte d'entretien du terrain qui entoure sa maison, est un véritable loisir, pratiqué en dehors de toutes contraintes, pour d'autres. Il en est de même de la lecture d'un livre, de la conduite automobile et de nombre de nos activités qui, selon la façon dont on les pratique, se retrouvent du côté de la contrainte ou du loisir.

Toute activité peut devenir en théorie loisir, cela dépend de la relation que l'on entretient avec elle.

D'autres activités sont plutôt conçues comme loisir, même si elles peuvent être détournées dans divers contextes et perdre cette caractéristique. Tel est le cas des spectacles et de la télévision, du sport, du jeu ou des vacances.

Il faut donc appréhender le loisir à travers son extrême variété, associant des activités de différentes natures, physiques, manuelles, intellectuelles, supposant activité ou passivité, efforts ou non. Il faut surtout se garder de prendre comme modèle du loisir l'activité culturelle, celle des Maisons de la culture et des loisirs en France, tendant à définir celui-ci comme une activité permettant l'épanouissement et le développement de l'être humain, notion qu'il est très facile d'associer à l'éducation.

Il est plus réaliste de partir du principe que la finalité du loisir renvoie au plaisir, au divertissement. Selon Elias[2], les aspects essentiels du loisir sont l'excitation mimétique, l'absence de risque, la sociabilité. Le loisir est considéré ici comme le contrepoint du contrôle que la vie sociale exige de chacun d'entre nous : « Les activités routinières de la vie quotidienne, publique ou privée, exigent que les individus contrôlent, avec une relative fermeté, leurs humeurs et leurs pulsions, leurs affects et leurs émotions, alors que les activités de loisir leur permettent, en général, d'aller et venir plus librement dans un monde imaginaire, précisément créé par ces activités et qui, d'une certaine manière, rappelle une réalité de non-loisir » (p. 54). Les loisirs ont pour fonction de rendre possible l'expression de sentiments que l'on doit mettre à distance, autant que faire se peut, dans la vie ordinaire. Ainsi « de nombreuses activités de loisir fournissent un cadre

J'ai lu

THE AMBIGUITY OF PLAY

par Brian Sutton-Smith, Cambridge, Harvard University Press, 1997.

Si les enfants savent bien ce que jouer veut dire, quand on se penche sur la littérature c'est loin d'être aussi clair. Les théories sont multiples et certaines évidences contemporaines, comme la contribution du jeu au développement et à l'apprentissage, s'effondrent. Le but de ce livre, témoignage d'une ère du soupçon qui commença dans les années 1990, est de montrer combien ont été et restent diverses les visions du jeu, lieu de rhétoriques plus que de vérités scientifiques assurées. Selon les différents discours, le jeu apparaît en effet comme un moyen d'adaptation, de développer des compétences ou d'entrer dans des communautés. Il peut être perçu comme l'expression du pouvoir ou la marque du destin, un espace d'imagination qui se déploie dans l'art ou simplement une activité frivole. Le plus troublant est l'opposition entre un jeu d'adulte perçu comme divertissement et un jeu d'enfant qui devrait avoir une valeur éducative. Comment la même activité peut-elle changer de valeur selon l'âge de celui qui s'y livre ?

Brian Sutton-Smith, reconnu comme l'auteur de référence sur la question du jeu, considère les différentes interprétations du jeu proposées, élaborées et discutées par différentes disciplines, depuis la biologie, la psychologie ou l'éducation jusqu'à la philosophie, les mathématiques ou la sociologie. Il classe ces théories sous sept rhétoriques, entendues comme des discours visant la persuasion, les anciennes visions du destin, du pouvoir, de l'identité et de la frivolité et les discours modernes du progrès, de l'imagination et du soi. Les visions modernes mettent largement l'accent sur l'individu, son développement, sa construction, son éducation, son expression, et plus souvent sur l'enfant que sur l'adulte.

Ce voyage conceptuel conduit à mettre en évidence la grande variété, pour ne pas dire la contradiction, de ces différentes visions, la relativité et l'absence de fondement scientifique des discours, en particulier de celui, dominant aujourd'hui, qui considère que le jeu est nécessairement lié au développement et à l'éducation de l'enfant.

Reste peut-être, au-delà des différences portées par les discours, l'idée du jeu comme répétition et flexibilité, espace ouvert d'originalité qui le met en phase avec le loisir. Sutton-Smith, ne rompant pas totalement avec la rhétorique du progrès, considère *in fine* le jeu comme s'inscrivant dans l'évolution en favorisant « la variabilité de l'organisme face à la rigidité d'une adaptation réussie ».

Gilles Brougère

imaginaire destiné à provoquer une excitation imitant celle produite par des situations de vie réelle, tout en évitant ses dangers et ses risques. Parmi cette catégorie d'activités, il y a le cinéma, la danse, la peinture, les jeux de cartes, les courses de chevaux, l'opéra, les romans policiers, les matchs de football, etc. » (p. 54).

Relations entre loisirs et apprentissages

Cette vision du loisir nous éloigne beaucoup de toute perspective éducative. Quelles sont alors les relations possibles entre loisir et apprentissage ? Nombre de loisirs supposent un apprentissage. Avant de s'y livrer, il importe de maîtriser certains éléments de la pratique, voire des connaissances associées. Le sport suppose un temps d'initiation qui peut être de l'ordre d'une pratique adaptée, mais souvent d'un enseignement préalable, et il est commun d'apprendre à jouer au tennis avant d'y jouer, d'apprendre à nager avant de se livrer au plaisir de la natation. Mais cela n'est pas vrai seulement du sport. Les jeux, par exemple les jeux de société, supposent un temps d'apprentissage ou au moins de lecture des règles. Avant de jardiner, je dois connaître quelques éléments sur les végétaux et les techniques associées, etc. À défaut d'un apprentissage en bonne et due forme, il faut au moins une initiation, un moment de décryptage préalable. Peut-on de but en blanc assister à un concert ou à un opéra sans disposer d'au moins quelques repères préalables ? Lire un roman suppose une maîtrise de la lecture. Il est vrai que l'on trouve des loisirs qui minimisent ces moments d'initiation et d'apprentissage ou tout au moins les intègrent totalement à la pratique : il ne semble pas nécessaire d'apprendre à regarder la télévision ou plutôt c'est en regardant la télévision dès son plus jeune âge que chacun l'a appris.

Quelles sont alors les relations possibles entre loisir et apprentissage ?

Presque tout loisir semble donc nécessiter un apprentissage, mais le cadre du temps libre n'est pas toujours favorable à l'investissement éducatif contraint, d'où la présence d'un apprentissage intégré à l'activité comme élément de séduction essentielle. Pour d'autres activités, l'intérêt est suffisant pour justifier un temps d'apprentissage séparé de l'activité. Quoi qu'il en soit, le premier lien entre loisir et apprentissage repose sur la nécessité d'apprendre l'activité, d'autant plus que nombre d'entre elles n'ont pas fait l'objet d'apprentissages scolaires, indignes qu'elles sont bien souvent du curriculum officiel. Une enquête présentée par Sylvie Octobre, *Les loisirs culturels des 6-14 ans* (La Documentation française, 2004), nous apprend que seuls 17 % d'entre eux disent que le sport qu'ils pratiquent a été initié à l'école (contre 67 % en école de sport ou 40 % de façon autodidacte).

Mais il ne s'agit pas là de la seule relation à l'apprentissage : le loisir a été très largement investi par des objectifs éducatifs. Il ne s'agit plus d'apprendre l'activité de loisir, mais de la pratiquer avec un objectif éducatif, quitte à la transformer pour cela. Le sport est ainsi utilisé, valorisé, intégré aux curricula scolaires et devient en lui-même un élément de formation. C'est également vrai de la lecture de romans, du théâtre ou du cinéma, et du jeu qui prend alors la figure du jeu éducatif[3]. De façon plus globale, le loisir est investi d'un projet éducatif global que l'on peut trouver dans les centres de loisirs et de vacances (voir le chapitre de Jean Houssaye dans cet ouvrage). Le loisir n'est plus pratiqué comme un divertissement, mais devient un élément du projet éducatif global, tout particulièrement en ce qui concerne les enfants. Il ne s'agit plus d'apprendre de façon spontanée par les loisirs ou la vie quotidienne, mais, pour l'éducateur, de s'emparer d'activités choisies pour certaines de leurs caractéristiques pour les transformer, leur conférer des objectifs éducatifs, les insérer dans une éducation plus ou moins formelle.

Le loisir n'est plus pratiqué comme un divertissement, mais devient un élément du projet éducatif global.

Reste l'activité de loisir pratiquée pour elle-même, en dehors des moments d'apprentissage et de perfectionnement, à distance d'un investissement éducatif explicite. L'apprentissage n'y apparaît plus, le plaisir, l'excitation règnent en maître. Je joue au ballon, je jardine ou je bricole, je lis, je regarde la télévision. Il s'agit d'activités du loisir quotidien, façons de passer le temps mais aussi de convoquer une expérience agréable ou d'oublier les contraintes de la vie. Serions-nous hors de tout apprentissage ? Certainement pas, mais là règnent des apprentissages aléatoires, qui ne sont pas visés en tant que tels, qui sont incidents, implicites, rarement recherchés pour eux-mêmes ou si c'est le cas directement en relation avec l'activité, dans la volonté de mieux la maîtriser, d'en saisir toute la richesse.

Le sport

Qu'il s'agisse de développement musculaire, d'habiletés techniques, de gestion du stress et des émotions, de volonté et d'endurance, de stratégies ou de tactiques pour l'emporter, de relations aux autres, partenaires ou adversaires, le sport sous ses diverses formes, y compris pratiqué par des amateurs, est bien un lieu de différents apprentissages. Ceux-ci sont souvent renforcés dans le cadre d'une autoformation, à travers les efforts déployés pour progresser dans

DU CÔTÉ DE LA RECHERCHE

Jeu et apprentissage social, l'exemple d'une communauté rurale portugaise[1]

De l'observation conduite à Vila Ruiva, Filipe Reis déduit que « le jeu, par-delà sa fonction de loisir, est le lieu privilégié dans lequel les enfants décomposent la conduite complexe et hétérogène des adultes en une série de concepts qui, au moyen de l'action, leur deviennent compréhensibles » (p. 62). Sans que le jeu perde sa dimension de loisir, ou peut-être parce qu'il est un loisir, il est lieu d'apprentissage des logiques sociales adultes et plus largement du fonctionnement des relations sociales. Les enfants comprennent ce que font et vivent les adultes en s'appuyant sur les concepts appris, maîtrisés dans les situations qu'ils ont eux-mêmes créées à partir de ce qu'ils voient ou entendent de la vie rurale, qu'il s'agisse de réel ou d'imaginaire. La société méconnaît ce rôle du jeu peu valorisé qui entre en concurrence avec les tâches auxquelles les enfants peuvent participer : « Les mères et les pères laissent leurs enfants s'amuser et jouer, mais la subtilité consistant à désigner ces activités comme *moina* [activités vues comme non productives] en fait une espèce de concession qui peut être abolie, que ce soit par punition ou par nécessité de leur demander de collaborer à des tâches accordées aux capacités qu'ils manifestent » (p. 66). Reste que le jeu est bien le lieu où l'enfant apprend à s'assujettir à des règles. Jouant à l'équivalent des gendarmes et des voleurs, il se plie, dans cet univers fictionnel, volontairement à des règles, puisqu'il s'agit là de la condition même de sa participation. Les enfants doivent gérer les relations sociales au sein du groupe pour gérer la répartition des rôles. « C'est en jouant que le monde enfantin s'essaie à la vie adulte lors de son passage de la deuxième enfance au monde du travail. [...]. Dans le cas des enfants, [le ludique] est employé comme façon de reproduire selon leurs capacités, l'univers que les adultes leur fournissent et dans lequel ils entrent en pratique de leur propre pas » (p. 80). Les jouets de leur côté, dans ce contexte de rareté monétaire qui en fait un trésor, contribuent également à ces apprentissages sociaux : « De la même façon que le jeu ouvre l'entendement au calcul des adultes, les jouets enseignent tout à la fois à évaluer les choses, à cultiver les relations qui permettent d'avoir accès à l'utilisation des objets et à compter avec leur inégale distribution parmi les individus. Dans le jeu, la matière première est la concurrence médiatisée par les objets ; le jouet est un objet qui lie le réel à l'imagination. Alors que le jeu disperse les capacités, le jouet coordonne les activités » (p. 82).

Gilles Brougère

1. D'après Filipe Reis, « Le jeu, ou comment passer de la subordination à l'entendement », *in* D. Becker, M.-E. Handman, R. Itura (dirs), *Échec scolaire ou école en échec ? – Têtes dures, têtes vides, l'échec scolaire des Portugais dans leur pays et en France*, trad. fr., Paris, L'Harmattan, 1994, p. 61-87.

la pratique, mieux la comprendre, la maîtriser. Il a pris une place importante dans nos sociétés, ce dont témoignent par exemple les marathons organisés tout autour de la planète, espace d'apprentissages hétérogènes et complexes, sur soi-même, les autres, voire les lieux parcourus.

La richesse du sport comme loisir est que, à cette dimension de pratique, il associe le spectacle. Il fournit aujourd'hui les représentations les plus suivies au niveau mondial (Coupe du monde de football, Jeux olympiques, Tour de France, Superball et autres événements devenus globaux). La logique du show sportif est spécifique, renvoyant à la tension de la compétition, produisant chez les spectateurs rivalité et identification à un camp[4]. Mais la richesse du sport spectacle est sans doute liée à cette participation potentielle du spectateur qui non seulement s'identifie à un camp, mais à travers sa pratique sportive se trouve en relation étroite avec certaines situations sportives. Il peut commenter, se mettre à la place du joueur, transcender sa position de spectateur pour devenir un quasi-participant au jeu. Cette implication du spectateur qui repose sur plusieurs dimensions est sans doute ce qui explique l'importance du sport comme spectacle, mais aussi le fait qu'il s'agisse aujourd'hui d'un espace d'apprentissage multiforme au sein de la vie quotidienne. Aux apprentissages propres à l'activité, il faut donc ajouter ceux relatifs à la compétition, la rivalité, la construction d'une identité pour le meilleur et pour le pire.

La richesse du sport spectacle est liée à cette participation potentielle du spectateur qui s'y identifie à travers sa pratique sportive.

Le jeu

Le jeu a souvent été perçu de façon mythique comme un espace d'apprentissage en lui-même. Les études contemporaines tendent à relativiser cette vision du jeu (voir l'encadré « J'ai lu » dans ce chapitre) en soupçonnant les études anciennes d'être peu fondées, s'appuyant sur une notion trop vague et trop large du jeu, s'enracinant dans une vision mythique née du romantisme. Le jeu n'aurait pas de vocation spécifique à l'éducation. Il s'agirait d'un loisir parmi d'autres, peut-être le premier loisir de l'enfant, l'enfance du loisir, là où l'enfant apprend à domestiquer son activité pour le plaisir, et, ce qui est un peu plus difficile, pour un plaisir partagé et collectif.

Mais cette vision « éducative » du jeu a eu l'effet paradoxal de le transformer pour lui donner justement une dimension éducative assurée, l'inscrire dans le curriculum préscolaire comme une activité incontournable et préparatoire à d'autres apprentissages.

Reste que le jeu, hors de ces lieux où il est transformé pour emprunter de façon explicite et volontaire une logique éducative, est une activité de divertissement à considérer comme proche des autres loisirs. Même s'il possède des spécificités dont les deux principales sont non seulement l'activité dans laquelle il ne peut y avoir jeu, mais aussi le fait d'interagir avec d'autres joueurs, ainsi que la dimension de faire semblant, de créer un espace spécifique hors du monde ordinaire. Le jeu entretient des relations complexes avec la vie quotidienne. Il y a un quotidien du jeu, en particulier chez les enfants, et pourtant le jeu s'inscrit dans un monde qui sort du quotidien pour le mettre en scène de façon fictive dans un espace qui lui est propre, construisant un cadre spécifique à l'expérience comme l'a souligné Erving Goffman dans un ouvrage justement intitulé *Les cadres de l'expérience*.

Le jeu s'inscrit dans un monde qui sort du quotidien pour le mettre en scène de façon fictive.

On peut alors voir dans le jeu une façon originale d'apprendre de la vie quotidienne, en la reproduisant, en en faisant une représentation, en la mimant et la déformant. La vie quotidienne suppose une immersion dans des activités souvent nécessaires et contraintes. La mise en jeu de la vie quotidienne (dans le jeu d'imitation enfantine par exemple) permet de se l'approprier de manière réflexive, à distance, d'essayer des rôles et ainsi de tenter de les comprendre (voir l'encadré « Du côté de la recherche » dans ce chapitre). Cela ne marche sans doute pas à tous les coups, il s'agit d'un espace de mise en scène de la vie quotidienne qui permet d'expérimenter. Certes, ce qui est mis en scène est loin de se limiter au quotidien de l'expérience directe, mais englobe le quotidien des médias et de la fiction. Les enfants y reproduisent des narrations, se les approprient et les transforment, façons d'entrer dans l'imaginaire social.

L'interaction en fait aussi un espace de découverte et d'appropriation des relations sociales, aussi bien de la coopération que de la compétition. On y construit des relations provisoires, on y essaie des façons de se situer par rapport aux autres marquées par la frivolité du jeu, qui n'engagent pas au-delà de celui-ci.

Le jeu apparaît comme un espace d'apprentissage par sa spécificité, par exemple s'inscrire dans le second degré, prendre des décisions, gérer des règles et de l'incertitude, mais également comme un espace de réflexion pratique sur le quotidien et la fiction.

L'univers de la fiction

Le loisir est aussi le lieu de consommation des fictions, à travers les différents médias, des plus anciens (livres) aux plus nouveaux, mais aussi de leur mise en scène comme nous l'avons vu à travers le jeu et peut-être dans les rivalités mimées du sport.

Qu'il s'agisse d'opéra ou de soap opera, des activités de loisir les plus distinguées ou les plus populaires, la fiction y joue un rôle essentiel, à travers la dimension constitutive du mimétique que nous avons évoquée à la suite de Norbert Elias.

La fiction peut être perçue comme un moyen de s'échapper du monde, du quotidien, de s'en divertir voire de l'oublier, ou d'en oublier les moments les plus ingrats. Mais la fiction reflète le quotidien, qui constitue la trame de nombre de films, de livres ou de séries télévisées, ou s'il n'en constitue pas le thème, il est difficile d'échapper à la mise en scène du quotidien des héros les plus extraordinaires. L'intérêt est d'ailleurs aujourd'hui de plus en plus grand pour le quotidien de tous, des gens connus et des gens ordinaires (dans les émissions de télé-réalité), et des personnages de fiction, qu'ils nous ressemblent ou pas.

En plus d'échapper à un quotidien étriqué, la fiction permettrait de le mettre en perspective, de le comparer à d'autres, pour mieux le comprendre et peut-être le maîtriser dans sa complexité post moderne. Elle serait ainsi le lieu d'enrichissement de ce quotidien, permettant non plus d'y échapper mais de l'enrichir en offrant des styles de vie à imiter, permettant ainsi les nouvelles façons de vivre dans le monde contemporain.

En plus d'échapper à un quotidien étriqué, la fiction permettrait de le mettre en perspective.

Comment gère-t-on les relations quotidiennes aux autres, les sentiments quotidiens ? Tel est peut-être un enseignement des séries les plus populaires mais également des chansons. Dominique Pasquier a ainsi montré (dans *La culture des sentiments, l'expérience télévisuelle des adolescents*, Paris, Maison des Sciences de l'homme, 1999) comment une série telle qu'*Hélène et les garçons* constituait un support d'apprentissage sentimental pour les enfants, particulièrement les petites filles, qui suivaient cette série, mais aussi interagissaient avec elle, à cette époque en envoyant des lettres, aujourd'hui en participant à des forums ou en créant des sites Internet.

La fiction serait un des lieux d'apprentissage du quotidien en particulier dans ses dimensions les plus complexes du sentiment, de l'amour, de la relation à autrui, mais aussi un lieu de réflexivité, de mise en question et en perspective.

Les vacances

Les vacances apparaissent comme un moment incontournable dans nos sociétés contemporaines, même si l'accès en est fortement inégalitaire, à la fois rupture de la vie quotidienne et rituel de cette même vie quotidienne, transformation du quotidien et instauration d'une quotidienneté propre aux vacances car on ne s'arrête pas de vivre. Paradoxalement quand on pense aux voyages, aux pratiques corporelles et sportives, aux visites du patrimoine naturel et culturel, les vacances ne sont pas étudiées sous la dimension de l'apprentissage. Il est vrai que le touriste a longtemps eu mauvaise presse, considéré comme *L'idiot du voyage* pour reprendre l'expression de Jean-Didier Urbain, et qu'en conséquence on l'imaginait peu comme un apprenant.

On peut noter là encore les dimensions que l'on retrouve dans tout loisir, d'une part la nécessité d'apprendre (apprendre à voyager, à être touriste), d'autre part le détournement à des fins éducatives explicites (voyages scolaires et autres séjours linguistiques).

Mais qu'en est-il de l'activité ordinaire du touriste ? On peut noter que c'est dans ce cadre que bien des pratiques corporelles et des sports sont découverts et pratiqués. C'est aussi une activité en grande partie nomade, ce qui implique l'appropriation de savoirs géographiques : se déplacer, lire une carte, situer les lieux, en saisir des caractéristiques, les comparer. C'est enfin l'occasion d'une confrontation à l'altérité (même si elle est fortement atténuée, ce qui la rend peut-être accessible au plus grand nombre), aux autres, à la différence des vies quotidiennes. Les vacances permettent ainsi de saisir la relativité des vies quotidiennes, de découvrir que ma façon de vivre est une parmi d'autres, voire de jouer la vie quotidienne des autres, de devenir quelques heures ou quelques jours un nomade du Sahara, de participer à une crémation à Bali, d'éprouver la vie de l'autre et d'y participer même si c'est sous forme de fiction ludique, de faire semblant, ce qui est la caractéristique même du loisir. La limite de l'expérience ne signifie pas que l'on n'apprenne pas pour autant, plus sans doute qu'en lisant un ouvrage didactique sur la question, car on apprend par son corps, par son être entier, même si bien des expériences sont partielles, inauthentiques ou tout au moins fabriquées pour les touristes. On peut certes critiquer cette transformation des pratiques, mais cela ne conduit pas à penser que la dimension éducative est pour autant absente dans la mesure où apprendre implique souvent une confrontation avec une expérience adaptée, simplifiée, remaniée pour être maîtrisée, ce que fournit le tourisme, pour de tout autres raisons. Et sans doute reste-t-il de ces expériences un apprentissage sur soi à travers une transformation de soi, aussi minime soit-elle.

Les vacances permettent de saisir la relativité des vies quotidiennes, de découvrir que ma façon de vivre est une parmi d'autres.

Les vacances sont sans doute emblématiques de la place du loisir car, définies par la suspension du temps contraint par le travail et d'autres obligations quotidiennes, elles s'affirment comme un temps libre, symbolique du loisir mais aussi à même de s'emplir de tous les autres loisirs (sports, jeu, spectacles, etc.). D'où l'importance de regarder comment s'y déploie un apprentissage incident, alors qu'elles sont souvent perçues comme une rupture dans l'éducation, comme les cahiers de vacances peuvent en être le symbole, irruption du scolaire et de sa contrainte dans le temps libre, même s'ils prennent parfois les atours du jeu.

NOTES

1. P. Yonnet, *Travail, loisir – Temps libre et lien social*, Paris, Gallimard, 1999, p. 77.

2. N. Elias & E. Dunning, *Sport et civilisation, la violence maîtrisée*, trad. fr., Paris, Fayard, 1986.

3. G. Brougère, *Jeu et éducation*, Paris, L'Harmattan, 1995 ; et G. Brougère, *Jouer/apprendre*, Paris, Economica, 2005.

4. P. Yonnet, *Huit leçons sur le sport*, Paris, Gallimard, 2002.

Chapitre 10
Apprendre par les médias

Jean Retschitzki

Les médias n'ont pas bonne presse. Les réflexions à leur propos, les articles qui les concernent font rarement référence aux retombées positives de leur utilisation, à leurs apports ; on s'interroge plutôt sur les dangers qu'ils font courir. Presque quotidiennement ils sont soupçonnés ou accusés d'être responsables de divers dysfonctionnements (violence des jeunes, obésité ...). Remarquons d'emblée que ces craintes attestent du fait que nombreux sont ceux qui font l'hypothèse que les médias sont capables de modifier certains comportements, donc d'apprentissages puisqu'une manière d'objectiver un apprentissage consiste à noter une modification de comportement.

Nombreux sont ceux qui font l'hypothèse que les médias sont capables de modifier certains comportements, donc d'apprentissages.

Ces réserves n'ont pas toujours caractérisé les attitudes vis-à-vis des médias, puisque dans les années 1950-1960, après que Skinner a inventé l'enseignement programmé, le développement des télécommunications a fait espérer une possible éradication de l'analphabétisme.

Il convient également de souligner que l'acception du terme « média » a évolué de manière importante au cours des dernières années. Il y a vingt ans, ce terme évoquait surtout la télévision, la presse, la radio ; dans son ouvrage consacré aux effets des médias chez les enfants, Greenfield (voir l'encadré « J'ai lu » dans le chapitre 20 de cet ouvrage) ne considérait que la télévision, les jeux vidéo, dont l'apparition était alors récente, et les ordinateurs. Aujourd'hui il faut élargir le concept pour inclure les nouveaux moyens de diffusion, de distribution ou de transmission de messages.

Tenter de faire le point sur les apports de l'utilisation des médias est particulièrement difficile car le paysage médiatique connaît des évolutions très importantes – il n'est pas exagéré de parler de révolution – dont l'issue n'est pas facile à anticiper. Toutefois on peut supposer qu'en ce qui concerne les apprentissages rendus possibles par ces moyens de communication, quelques constantes peuvent tout de même être dégagées.

Une autre difficulté vient d'une certaine érosion des frontières entre ces différents médias. Même si le terme est ancien, on peut dire que l'ère du multimédia a commencé tout récemment. L'informatisation des différents médias les a rapprochés et il est désormais possible de passer plus aisément de l'un à l'autre. Télévision, radio, téléphone, ordinateur, console de jeux vidéo, etc. ne constituent plus des objets distincts, puisqu'on peut par exemple jouer non seulement sur une console *ad hoc*, mais aussi sur le téléphone portable ou l'ordinateur ; de même il est désormais possible de visionner des films ou d'autres programmes télévisuels sur un téléphone ou un ordinateur. Pour s'informer, le voyageur n'a plus besoin de trouver son journal habituel en version papier ; il lui suffit de consulter le site Internet que la quasi-totalité des journaux ont créé. Il est souvent plus rapide de consulter Internet pour trouver une information que de la chercher dans une encyclopédie imprimée.

Les modèles les plus récents de téléphone permettent non seulement de téléphoner, mais on peut également faire des photos, enregistrer des vidéos, visionner la télévision, pratiquer des jeux, écouter de la musique ou des programmes radio, recevoir des courriers électroniques, se connecter à Internet ; au Japon le téléphone a remplacé les clés pour entrer dans certains appartements et on peut l'utiliser pour régler certaines dépenses. Ces multiples fonctions lui valent déjà le surnom de « couteau suisse numérique ». Au point que la nature même de l'objet peut être discutée ; s'agit-il encore de téléphones ou s'agit-il plutôt d'ordinateurs auxquels on a ajouté la fonction de téléphone ?

J'ai lu

LES NOUVELLES PRATIQUES DE COMMUNICATION, CULTURE MOBILE

par André H. Caron, Letizia Caronia, Les Presses de l'Université de Montréal, 2005.

« Ce livre se penche [...] sur les façons multiples par lesquelles ces nouvelles pratiques de communication contribuent à faire la culture quotidienne. Comment les technologies émergentes donnent-elles du sens au quotidien ? Comment produisent-elles les identités des acteurs sociaux ? Comment les acteurs donnent-ils, à leur tour, un certain sens aux technologies de communication mobile ? Comment les incorporent-ils aux allant de soi culturels de leurs usages quotidiens ? » (p. 6).

À travers l'exemple du téléphone portable et de son usage par des adolescents, l'ouvrage montre comment dans le quotidien, à travers la pratique, en particulier les conversations, se construit et dans le même temps s'apprend une nouvelle culture marquée par la mobilité. Il s'agit moins d'apprendre le quotidien que de le construire collectivement à travers une logique de reproduction interprétative.

Loin de produire une totale rupture, la technologie du téléphone portable est l'objet d'une domestication culturelle qui permet de l'intégrer dans les formes de la culture adolescente mais aussi de transformer celle-ci selon des modalités d'ailleurs différentes selon les sociétés. Ainsi l'Italie et plus largement l'Europe ont connu un développement plus important d'une culture SMS avec ses modalités d'écriture spécifiques que le Canada plus orienté vers les usages vocaux du téléphone. Si les technologies construisent la culture, elles sont tout autant construites par elles.

Ainsi des formes de communication et d'être avec les autres sont profondément transformées quand il est possible dans le même temps de participer à une activité *hic et nunc* et de communiquer avec un partenaire éloigné. Ce sont de nouveaux contextes, de nouveaux scénarios qui sont ainsi produits. Cet outil est utilisé pour produire les modes d'être ado qui concernent tout autant des formes que des contenus de communication. On peut citer le fait de commenter une activité autre (surfer sur Internet ou regarder la télévision), des modes progressifs de rapprochement spatial pour être ensemble le samedi soir. Il est enfin un des supports des façons de parler marquées par un patchwork linguistique particulièrement présent dans une ville multiculturelle comme Montréal.

« Non seulement le cellulaire multiplie les conversations téléphoniques des jeunes, mais il les met aussi potentiellement sur la scène publique et leur offre ainsi une caisse de résonance tout à fait nouvelle. Le cellulaire joue un rôle d'amplificateur social des enjeux identitaires et culturels inscrits dans le syncrétisme linguistique des adolescents. »

Se perçoit le double mouvement de la rencontre entre le cellulaire et les adolescents ; si pour une part ils l'ont intégré à leurs habitudes, il a créé des comportements nouveaux comme la visibilité de chacun pour chacun, la narration en prise directe, etc. N'ayant pas à désapprendre d'autres façons de faire, leurs apprentissages des outils numériques avec lesquels ils sont nés sont peu visibles tant il semble qu'ils n'aient eu qu'à les saisir pour les utiliser. C'est en construisant ces nouveaux usages qu'ils les ont appris.

Gilles Brougère

L'apparition de nouveaux médias modifie profondément les manières de se comporter et d'utiliser certains appareils.

En outre l'apparition de nouveaux médias modifie profondément les manières de se comporter et d'utiliser certains appareils. Le plus spectaculaire de ces changements est sans doute celui qui affecte notre manière d'acquérir de la musique. Le CD est en passe d'être remplacé par le téléchargement et l'achat de musique par l'entremise des réseaux. Le lecteur MP3 devient la norme pour écouter de la musique.

L'impact de ces changements est sans doute plus important pour les jeunes générations que pour les personnes qui ont été socialisées avant l'apparition des nouvelles technologies. En avril 2008, un article paru dans *Le Nouvel Observateur* note que les adolescents de ce début de millénaire sont les premiers à avoir eu accès d'emblée à une panoplie d'écrans alors que leurs aînés ne se servaient que de la télévision. Selon cet article, les jeunes de cette « génération digitale » passent 800 heures par an à l'école, 80 heures à discuter avec leur famille et 1 500 heures devant un écran.

Cette évaluation du temps consacré à chaque activité ne donne qu'une vision très partielle et ne permet guère d'inférer le type, la qualité et la quantité d'apprentissages qui peuvent résulter de ces usages. Il faut pour cela considérer également le degré d'activité de l'utilisateur de ces différents médias. En effet, l'une des nouveautés consiste en l'interactivité que beaucoup de nouveaux médias permettent désormais. Qui dit interactivité dit activité : il est donc très probable, si l'on en croit Piaget, que les apprentissages résultant de l'utilisation de médias interactifs seront supérieurs à ceux des médias non interactifs. Il faudrait en outre tenir compte du degré d'implication de l'individu, car avec un même appareil divers degrés d'activité sont possibles. Chacun conviendra donc d'une considérable différence du point de vue des apprentissages possibles entre, d'une part, le fait de simplement visionner une émission de télévision ou un document vidéo et, d'autre part, celui d'enregistrer un événement au moyen d'une caméra vidéo ou d'un téléphone portable, puis de placer ce document sur un site Internet, un blog…

De même l'usage de l'ordinateur peut consister en la simple utilisation d'un logiciel auquel l'utilisateur n'apportera que quelques éléments comme lorsqu'il calcule une quantité, consulte son courrier électronique, pratique un jeu élémentaire ou visionne une séquence vidéo. Mais tout autre est l'implication d'un utilisateur qui crée un document, qui cherche une information précise, qui programme l'ordinateur.

L'usage relatif des médias au début du troisième millénaire

Il est difficile de connaître avec sûreté la proportion d'utilisation des différents médias par différents groupes de personnes. Les données de la littérature sont en effet difficilement interprétables. Une enquête récente menée aux États-Unis[1] indique néanmoins que la télévision reste un média parmi les plus populaires, celui auquel les enfants et les adolescents consacrent le plus de temps. En considérant la proportion de temps qu'ils déclarent consacrer aux différents médias, on note que ce sont surtout les plus jeunes (entre 8 et 14 ans) qui lui donnent la priorité ; chez les adolescents (entre 15 et 18 ans) les médias auditifs (radio, CD) deviennent plus importants. Il est également intéressant de voir la proportion assez faible du temps consacré aux jeux vidéo (moins de 10 % à tous les âges et même moins de 5 % pour les filles). Enfin la proportion du temps consacré à l'ordinateur est également très faible (entre 5 et 7 %) dans les différents groupes d'âge. Mais les bouleversements en cours font que probablement ces données sont déjà dépassées ; aucune mention n'est faite du téléphone ou du baladeur MP3.

Ces dernières indications sont d'autant plus surprenantes que, selon le *Monitor on Psychology* de novembre 2007, une étude du Centre de recherche Pew menée en 2005 a montré que, parmi les adolescents américains de 12 à 17 ans, 87 % ont l'habitude d'utiliser Internet. Utiliser un téléphone, regarder la télévision et surfer sur Internet sont devenus des activités quotidiennes. La revue conclut qu'Internet est en train de changer la manière d'apprendre des enfants américains. Il serait donc prudent de ne pas tirer de conclusions hâtives de l'étude de Roberts et Foehr, tant la réalité évolue rapidement.

Internet est en train de changer la manière d'apprendre des enfants américains.

Une autre source nous incite à la prudence, celle d'un commentaire publié à la suite de la belle étude d'Anderson et de ses collègues sur les adolescents retrouvés plus de dix ans après avoir été examinés alors qu'ils étaient en âge préscolaire, où Larson[2] indique que l'ordinateur a déjà remplacé la télévision comme média favori des plus grands enfants et des adolescents. Cette tendance semble également vraie en France, où une enquête de *Télérama* indique que, au début,

25 % des jeunes (de la tranche d'âge 15-24 ans) ont plutôt tendance à regarder la télévision sur de nouveaux supports tels que l'ordinateur, le baladeur ou le téléphone.

Nous nous confrontons ici à un problème méthodologique d'importance. En effet, en demandant aux personnes combien de temps elles regardent la télévision, on n'obtient que des données assez vagues, tant le degré d'attention peut varier selon le type d'émission, les intérêts suscités par les contenus diffusés, etc.

Quels apprentissages ?

Nombre des connaissances que chacun de nous possède proviennent d'autres sources que l'école, dont il est devenu banal d'affirmer qu'elle a perdu le monopole de la transmission des savoirs. Il est cependant difficile de reconstituer avec précision l'histoire de l'acquisition de nos connaissances. Outre l'expérience directe, les récits de parents ou d'amis, elles nous viennent de lectures, de films, d'informations véhiculées par les divers médias, source dont la proportion est probablement croissante. La littérature scientifique à propos des médias ne nous aide guère dans ce domaine. Quand les auteurs les plus sérieux s'interrogent à propos des médias, c'est le plus souvent pour s'inquiéter des effets néfastes possibles de leur usage, que ce soit pour les enfants ou les adultes. Rares sont les écrits qui soulignent les aspects potentiellement éducatifs de la consommation des médias. C'est ainsi que si l'on considère l'index du manuel édité par Dorothy et Jerome Singer au début des années 2000, des termes tels qu'apprentissage, compréhension, culture sont quasiment absents.

Rares sont les écrits qui soulignent les aspects potentiellement éducatifs de la consommation des médias.

On a longtemps débattu des effets néfastes des contenus violents que propose trop souvent la télévision. Mais cela ne doit pas occulter le fait qu'elle peut être une fantastique source d'informations et d'apprentissages. En outre, comme le fait justement remarquer Greenfield, pour apprendre à décoder le langage télévisuel, il suffit simplement de regarder. Cet apprentissage se fait pratiquement sans effort.

Schramm, Lyle et Parker[3] ont mené aux États-Unis un ensemble de recherches à propos des effets de la télévision sur les enfants où ils ont notamment mis l'accent sur les apprentissages qui en résultent. Sur la base des résultats de leurs travaux ces auteurs ont proposé le concept d'« apprentissage incident », défini comme un apprentissage qui se produit quand un téléspectateur regarde la télévision pour se distraire et retient certaines informations sans les avoir cherchées. Ils ont trouvé que ce type d'apprentissage intervient même quand le contenu du programme n'a aucune intention éducative. La condition pour qu'un tel apprentissage se produise semble résider dans le fait que la personne prête attention au contenu. De plus, ce phénomène n'est pas spécifique à la télévision, mais peut se produire avec n'importe quel type de média véhiculant un message[4]. Notons que cette distinction entre apprentissage intentionnel ou non à partir des médias avait été anticipée bien plus tôt par John Dewey.

Naigles et Mayeux[5] ont analysé les effets de la télévision dans l'apprentissage du langage, en désignant ce média comme un véritable enseignant dans ce domaine particulier, bien que leurs conclusions en montrent surtout les limites. Dans ce contexte diverses activités sont susceptibles de contribuer à des apprentissages incidents, par exemple l'utilisation des ordinateurs, l'observation, l'interaction sociale, la résolution de problèmes. Cette manière naturelle d'apprendre a les caractéristiques de ce qui est considéré comme le plus efficace dans les situations formelles : elle est située, contextuelle et sociale.

L'apprentissage incident a les caractéristiques de ce qui est considéré comme le plus efficace : il est situé, contextuel et social.

L'apprentissage incident peut produire des améliorations de compétence, des changements d'attitudes, des gains d'estime de soi, mais certains auteurs en mentionnent aussi les limites. De plus, par définition il est très difficile à décrire et à mesurer, si bien que les preuves empiriques de son efficacité sont bien maigres. Le concept d'apprentissage incident est assez proche d'autres types d'apprentissages repérés par différents auteurs : apprentissage informel, voire apprentissage implicite[6] ou même apprentissage « en passant »[7]. Le point commun de ces apprentissages est qu'ils se produisent sans consignes ou sans instructions.

Des réflexions similaires ont été formulées par Greenfield. Celle-ci a insisté sur le fait que les jeux vidéo peuvent constituer une porte d'entrée dans le monde informatique (voir l'encadré « Du côté de la recherche » dans ce chapitre). Elle se demandait d'ailleurs si les filles, moins portées à pratiquer ce type de loisirs, ne pouvaient pas se trouver désavantagées au moment de trouver un emploi, dans la mesure où la maîtrise de l'informatique devient une nécessité dans de nombreux domaines professionnels. Des remarques similaires peuvent sans doute être faites à propos du téléphone.

Les effets évoqués ci-dessus concernent plutôt les aspects cognitifs. Il ne faudrait pas négliger les autres retombées des médias, les autres changements induits par les nouvelles manières d'interagir avec les médias, par les nouvelles caractéristiques des médias. En ce qui concerne les aspects sociaux, on peut mentionner les idées relativement alarmistes présentées par Postman en 1983 dans *Il n'y a plus d'enfance*. Il y développe notamment la thèse selon laquelle l'une des conséquences de l'omniprésence de la télévision ne serait ni plus ni moins que la disparition de l'enfance en tant que groupe social, soulignant notamment le fait que les enfants ont désormais accès à des informations que les parents pouvaient autrefois leur cacher.

Il ne faudrait pas négliger les autres retombées des médias, par les nouvelles manières d'interagir avec les médias : les aspects sociaux.

Par exemple, on trouve souvent dans la presse des accusations contre le contenu véhiculé par certains films pornographiques pour expliquer la prévalence de certains crimes ou délits. La représentation de certaines manières de procéder tendrait à accréditer l'idée que cette pratique

DU CÔTÉ DE LA RECHERCHE

Les effets cognitifs des jeux vidéo

Les jeux vidéo offrent souvent à l'enfant le premier contact avec les technologies de l'information. Il y consacre un temps important, tout particulièrement si c'est un garçon. Cela produit-il des effets sur le développement et lesquels ?
Les jeux vidéo contribuent au développement des capacités de traitement de l'information. Tout d'abord au niveau de la perception à travers le levier de la curiosité. Les jeux vidéo impliquent par ailleurs la mise en œuvre de l'attention visuelle, étape suivante de ce processus de développement. Si l'attention peut renvoyer dans un premier temps à la caractéristique de certaines images, l'enfant doit, dans le jeu, apprendre à repérer des images du fait de l'information qu'elles lui apportent pour réussir. Il en est de même du son qui annonce un événement à venir ou un changement de niveau. Le joueur doit organiser son attention visuelle en se fixant sur certaines zones de l'écran. L'attention est guidée par la mémoire développée par la pratique antérieure du jeu vidéo. Des tests ont montré la supériorité des joueurs en termes d'attention visuelle quand la zone d'apparition d'un événement est très peu prévisible. La maîtrise de l'attention par le joueur va lui permettre de gérer diverses tâches en parallèle.[1]
Certains des aspects évoqués pouvaient renvoyer à des effets d'autres médias. La spécificité du jeu vidéo est dans l'interaction, ce qui conduit l'enfant à contrôler et recevoir les feed-back du média. À partir de ces expériences les enfants construisent des schémas, découvrent les attentes qui guident les perceptions, la mémoire et les inférences à propos du contenu. C'est ce qui permet de construire des stratégies pour gagner.
Avec Bruner, on peut distinguer la représentation enactive (avec le corps), iconique (visuelle) et symbolique (verbale). La représentation enactive se retrouve dans les jeux,

est normale. Différents auteurs expriment également l'idée que nos relations aux médias ont une influence profonde sur des aspects aussi importants que notre identité. Turkle[8] a plus récemment décrit des comportements qui témoignent du fait que grâce à la technologie les gens n'ont jamais été plus connectés ou plus aliénés. Elle poursuit en indiquant qu'il est devenu courant de se partager entre différents mondes : téléphoner pendant une rencontre, faire son courrier électronique pendant un cours, consulter les messages reçus ou les nouvelles reçues durant une conférence, un repas, un entretien. Turkle conclut en se demandant quel genre de personnes nous sommes en train de devenir en développant des relations très intimes avec nos machines.

Ordinateurs

L'ordinateur semble désormais le média préféré des adolescents. Son usage s'est encore diversifié dans la période récente. Au cours de la décennie écoulée, l'Internet s'est imposé comme un média à part entière.

les jeunes enfants, mais aussi de plus âgés dans certains jeux, s'impliquant corporellement, reproduisant avec leur corps l'action du personnage qu'ils manipulent.
La représentation visuelle semble la plus présente et est la plus étudiée en ce qui concerne les jeux vidéo. Le joueur doit construire des représentations mentales pour pouvoir gagner. Greenfield a montré que les joueurs experts construisent une carte mentale de leur interaction avec le jeu ; même lorsqu'ils n'ont jamais vu de telle carte. Ils peuvent la dessiner ou en commenter l'usage. Le jeu impose la construction progressive d'une image mentale de l'espace. Reste à se demander si le jeu développe de telles compétences ou si c'est la maîtrise préalable de ces compétences qui permet d'être un bon joueur. Il y a cependant un accord sur l'idée que le jeu vidéo permet de cultiver des habiletés relatives à la représentation de l'espace.
Ainsi des joueurs exposés longuement au jeu *Tetris* sont plus habiles dans des exercices de rotation mentale et de visualisation spatiale. S'il y a développement dans le domaine de la représentation visuelle, contrairement aux plaintes de certains, rien ne prouve que cela dégraderait les compétences de représentation symbolique et verbale. L'exposition au jeu vidéo permettrait le développement de modalités visuelles, iconiques de traitement de l'information, ce qui pourrait favoriser le choix de ces modes de traitement au détriment des modes verbaux.
Ces différentes recherches semblent donc démontrer qu'une activité de loisir, le jeu vidéo, provoque des apprentissages dans le domaine de l'activité cognitive de traitement de l'image et de l'espace. Ainsi, Greenfield a pu noter la progression des résultats concernant les dimensions visuelles et spatiales dans les tests de QI[2].
« Là où notre système scolaire prend fin, notre environnement ludique informel commence, offrant des leçons concernant les habiletés visuelles nécessaires pour exceller dans de nombreuses carrières techniques. »
Gilles Brougère

1. S. L. Calvert, « Cognitive effects of video games », *in* J. Raessens & J. Goldstein, *Handbook of Computer Game Studies*, Cambridge (Mass.), The MIT Press, 2005.
2. P. M. Greenfield & J. Retschitzki, *L'enfant et les médias. Les effets de la télévision, des jeux vidéo et des ordinateurs*, Fribourg, Éditions universitaires, 1998.

Donner à l'utilisateur le rôle de concepteur de logiciels produit des résultats très positifs sur les acquisitions des acteurs concernés.

Il y a vingt-cinq ans dans *Jaillissement de l'esprit. Ordinateurs et apprentissage* (Flammarion, 1981), Papert a proposé de donner aux enfants un rôle plus actif dans l'utilisation de l'ordinateur. Au lieu d'être programmé par l'ordinateur, l'utilisateur du langage (autrefois Logo, aujourd'hui Microworlds) a la possibilité de programmer l'ordinateur. Dans la même ligne, des activités faisant jouer à l'utilisateur le rôle de concepteur de logiciels ont été proposées par Kafaï ou Resnick qui rapportent des résultats très positifs sur les acquisitions des acteurs concernés.

Dans un tout autre domaine, Cole a conçu sous le nom de « cinquième dimension » un ensemble d'activités de loisirs proposées aux enfants en dehors du contexte scolaire ; ces activités permettent à ces jeunes de pratiquer des jeux informatisés, de communiquer par courrier électronique ou de résoudre différents problèmes. Une étude a cherché à mettre en évidence les effets de la participation à cette activité. Les auteurs ont comparé des groupes d'enfants ayant participé de manière soit importante, soit minimale à comprendre des instructions écrites. Les analyses ont montré que les enfants ayant participé le plus à l'activité ont obtenu des performances supérieures à celles d'enfants avec participation plus faible ou sans participation au club[9].

L'une des possibilités offertes par les nouvelles technologies est la création de pages personnelles. Une première analyse en a été présentée par Stern[10]. L'auteur note la relative prudence des utilisateurs qui ne publient pas des contenus trop personnels ou intimes, ce qui semble dénoter une relative bonne compréhension du fonctionnement du système.

Des données tirées du rapport du projet Pew Internet (2007) indiquent que les jeunes filles sont plus nombreuses à créer des contenus sur Internet que les jeunes gens. Plus d'un tiers des filles ont créé un blog, alors que seuls 20 % des garçons l'ont fait.

Dans un registre voisin, on peut mentionner les activités souvent récréatives tendant à la réalisation de films vidéo par des groupes en formation (enfants ou adultes). Cette activité complexe comporte de nombreuses facettes (rédaction d'un script, calculs, dessins, organisation des prises de vues, etc.) à coordonner et à planifier. L'utilisation de logiciels permettant de créer des projets intégrés (vidéo avec musique, adjonction de textes…) est d'une nature similaire, et il ne fait guère de doute qu'elle doit conduire à des acquisitions diverses.

La nécessité de maîtriser différents aspects techniques suppose l'acquisition et la consolidation de compétences multiples.

Téléphone portable – Baladeur

Les avancées technologiques ont complètement transformé l'usage du téléphone. En particulier les évolutions récentes sont marquées par les usages multiples de cet appareil qu'il conviendra bientôt de rebaptiser. On peut affirmer que la vie quotidienne des adultes et des adolescents en a été profondément affectée.

Peu d'études ont été menées jusqu'ici sur les retombées de ces nouvelles pratiques. Selon André Caron et Letizia Caronia, « il a réussi, en un temps record, à reconstruire les liens sociaux et les relations interpersonnelles, bref à créer une véritable culture mobile » (voir l'encadré « J'ai lu » dans ce chapitre).

Le groupe de Caron a aussi tenté d'utiliser un baladeur MP3 à des fins pédagogiques dans le cadre universitaire ; les premiers résultats semblent conclure que le baladeur est d'abord considéré comme un objet récréatif. Ces étudiants ont en effet consacré 75 % du temps d'utilisation du baladeur à l'écoute de la musique et seulement 8 %, soit moins de 12 minutes par jour, aux études [11].

Notons que des voix s'élèvent pour s'inquiéter du fait que les fabricants de téléphone proposent désormais des téléphones-jouets clairement conçus pour des utilisateurs de 6 ans, alors que les risques que les ondes électromagnétiques pourraient provoquer pour la santé des utilisateurs continuent à susciter des craintes (*New York Times*, 2008).

Conclusion

Au terme de ce survol des usages des différents médias et des apprentissages subséquents, force est de reconnaître qu'il est bien difficile d'affirmer avec certitude, de juger avec autorité des apports de l'usage quotidien des médias. La littérature comporte plus d'idées que de démonstrations empiriques irréfutables.

Force est de reconnaître qu'il est bien difficile de juger avec autorité des apports de l'usage quotidien des médias.

Il semble donc raisonnable de s'en tenir à quelques tendances générales. Pour notre part, il nous semble possible d'affirmer que lorsque l'utilisateur s'implique activement, il en retire très certainement des connaissances (déclaratives ou procédurales) supérieures à celles qu'on peut espérer d'une utilisation qui s'apparente plus à de la consommation de contenus.

Comme la tendance est au développement de médias plus interactifs (jeux vidéo, certains programmes informatiques, création de blogs, etc.), on peut supposer que les apprentissages possibles par les médias connaissent également une croissance réjouissante.

Mais il ne faut pas négliger pour autant les apprentissages incidents réalisés en regardant un film pour autant qu'on le fasse avec une attention suffisante. D'ailleurs, paradoxalement, les craintes souvent exprimées à propos des effets néfastes de divers médias semblent un argument à l'appui de la thèse d'un apprentissage résultant de cette utilisation, même si cet apprentissage pourrait alors aller dans une mauvaise direction.

NOTES

1. D. F. Roberts & U. G. Foehr, *Kids and Media in America*, New York, Cambridge University Press, 2004.
2. R. Larson, « Children and adolescents in a changing media world », *Monographs of the Society for Research in Child Development*, *66*(1), 2001, p. 148-154.
3. W. Schramm, J. Lyle & E. B. Parker, *Television in the Lives of Our Children*, Stanford, CA, Stanford Univ. Press, 1961, p. 75.
4. W. Schramm, *Big Media, Little Media*, Beverly Hills, CA, Sage, 1977, p. 267.
5. L. R. Naigles & L. Mayeux, « Television as incidental language teacher », *in* D. G. Singer & J. L. Singer (Eds.), *Handbook of Children and the Media* (p. 135-152), Thousand Oaks CA, Sage, 2001.
6. A. Didierjean, « Apprentissage implicite », *in* G. Tiberghien (dir.), *Dictionnaire des sciences cognitives*, Paris, Armand Colin, 2003, p. 34-35.
7. J. Reischmann, *Learning « en passant » : The Forgotten Dimension.* Paper presented at the Annual Conference of the American Association for Adult and Continuing Education, Hollywood, FL, October 23, 1986.
8. S. Turkle, «Can you hear me now? Thanks to technology, people have never been more connected – or more alienated», *Forbes*, 05.07.2007.
9. W. E. Blanton & *al.*, «Learning to comprehend written directions through participation in a mixed activity system», *Early Education and Development*, *14*(3), 2003, p. 313-333.
10. S. R. Stern, «Expressions of identity online: Prominent features and gender differences in adolescents' World Wide Web home pages», *Journal of Broadcasting & Electronic Media*, *48*, 2004, p. 218-243.
11. A. Caron, L. Caronia, R. Weiss-Lambrou, « La baladodiffusion en éducation : mythes et réalités des usages dans une culture mobile », *Revue internationale des technologies en pédagogie universitaire*, vol. 4, n° 3 2007/2008, p. 42-57.

Chapitre 11
Loisirs numériques et communautés virtuelles : des espaces d'apprentissage ?

Vincent Berry

Jouer aux jeux vidéo en ligne, « draguer » sur Internet, faire partie d'une communauté de fans de Britney Spears, de lecteurs de Platon, être patron d'un bar dans *Second Life*... On parle aujourd'hui de *communautés virtuelles* ou encore de *tribus informatiques* pour caractériser des personnes qui, ne se connaissant pas nécessairement physiquement, échangent régulièrement des informations via un système de communication informatique. On trouve une littérature scientifique de plus en plus riche qui s'intéresse à ces regroupements dans des perspectives et des disciplines diverses. Qu'il s'agisse des groupes consacrés au développement de logiciels libres, des guildes de joueurs, des adolescent(e)s qui « tchatent » dans des salons de discussion, ces communautés virtuelles interrogent aujourd'hui bon nombre de chercheurs. Non seulement, dans une perspective sociométrique, sur les propriétés de leurs agrégations (comment se regroupe-t-on, comment se forment ces communautés), mais aussi sur le potentiel de ces regroupements en termes d'apprentissage, de formation, de transmissions des savoirs. Autrement dit, comment des pratiques et des communautés qui n'ont pas été pensées pour l'éducation mais pour le « fun », la « drague », le « plaisir » ou le « jeu » peuvent-elles être porteuses d'apprentissages ?

Comment des pratiques et des communautés qui n'ont pas été pensées pour l'éducation peuvent-elles être porteuses d'apprentissages ?

Trois approches traversent la littérature consacrée à cette problématique. Une première consiste à repérer les contenus qui s'échangent dans ces communautés virtuelles et à comprendre la façon dont ils sont produits, reproduits, distribués. Elle s'intéresse ainsi aux communautés virtuelles sous l'angle d'espaces de production ou de médiation culturelle. Une deuxième, moins axée sur les contenus, s'intéresse à l'organisation de ces regroupements, aux normes locales,

J'ai lu

LA THÉORIE DES COMMUNAUTÉS DE PRATIQUE. APPRENTISSAGE, SENS ET IDENTITÉ

par E. Wenger, Sainte-Foy, Presses de l'Université Laval (traduit de l'anglais), 2005.

Dans cet ouvrage, Étienne Wenger prolonge une théorisation de l'apprentissage amorcée avec Jean Lave dans un livre publié en 1991 dans lequel les auteurs défendent la thèse suivante : tout apprentissage, quel qu'il soit, est fondamentalement contextualisé et peut être analysé sous l'angle d'une participation à une communauté de pratique. Cette notion, peu théorisée jusqu'alors, est l'objet dans ce nouvel opus d'une analyse toute particulière. L'auteur mène en effet un travail de clarification théorique autour des notions de pratique, d'identité, de participation et de communauté à partir d'une étude ethnographique sur un service de remboursements dans une entreprise américaine d'assurance maladie. S'éloignant de l'organigramme officiel et de la description canonique du travail, l'auteur révèle que les employés ont constitué de façon informelle une communauté de pratique qui permet de résoudre les problèmes quotidiens et de rendre la pratique possible en développant ses propres procédures.

Sur la base de ce travail, Étienne Wenger analyse les relations entre identité, apprentissage et communauté de pratique : celles-ci sont des espaces dans lesquels se transmettent les savoirs, mais dans lesquels se négocient également les rôles, les identités, les modes de participation de chacun... En somme c'est le sens même de la pratique qui s'y construit. Toute participation à une communauté de pratique suppose selon l'auteur le développement et l'apprentissage d'un ensemble de procédures pour réaliser le travail, mais aussi d'un ensemble d'abstractions qui donnent sens à la pratique : des histoires, des blagues entre collègues, un jargon, des termes, des identités, des outils, des symboles, des concepts spécifiques à la communauté... ce que l'auteur nomme des réifications. Étienne Wenger propose ainsi dans ce livre une théorisation de la notion de communauté de pratique et définit plusieurs entrées pour les cartographier : l'engagement mutuel désigne les relations et la nature des interactions qui relient les membres d'une communauté de pratique, l'entreprise commune se situe entre la description officielle du travail et la pratique réelle et quotidienne des agents et le répertoire partagé constitué des outils, des gestes, des codes, des routines, des termes, des blagues qui sont les fondements mêmes de toute communauté de pratique.

Vincent Berry

aux règles communautaires, aux formes d'apprentissage, de distribution des savoirs que développent ces communautés. Une troisième approche enfin s'intéresse dans une perspective plus individuelle à la notion d'expérience et de simulation : comment devient-on « indigène du numérique » ? Que doit-on savoir pour « en être » ?

Les communautés virtuelles comme « espaces culturels » : appropriations et créations de contenus

Amateurs de vins, fans de la série *Hélène et les garçons*, chercheurs de la chouette d'or, les contenus des communautés virtuelles sont extrêmement hétérogènes. On peut certes gloser, se moquer et constater parfois avec consternation l'indigence des contenus proposés. À ceci près qu'il s'agit bien souvent là d'un jugement moral, d'un regard d'adulte ou de pédagogue qui ne nous éclaire guère sur les significations de ces pratiques virtuelles du point de vue des internautes et sur la place importante qu'occupent aujourd'hui ces communautés dans la fabrication et la réception de contenus culturels, des plus « indignes » aux plus savants. L'homogénéité apparente des contenus culturels ne doit en effet pas masquer dans ces réseaux sociaux des productions plus rares, plus expérimentales et innovantes. Les communautés virtuelles apparaissent à beaucoup de chercheurs comme des espaces de médiation, d'appropriation et de création de contenus culturels tout à fait originaux, voire d'apprentissage d'une consommation différente, construite sur une *culture médiatique participative*[1]. En effet, dans le cas des industries de la musique, les plates-formes multimédias telles que *Dailymotion* et les réseaux *peer-to-peer* ont développé non seulement de nouvelles façons d'accéder à des produits culturels mais également de nouveaux contenus. Par exemple, la *« Bastard pop »* (« pop bâtarde » dont le principe est de mélanger plusieurs morceaux) ou encore ces pratiques que l'on nomme *« Lips-Sync »*, littéralement « synchronisation des lèvres », où il s'agit de s'enregistrer en exécutant un *« playback »* parfait d'une chanson : « La chorégraphie ne doit rien à l'improvisation ou à la sponta-

Les communautés virtuelles sont des espaces de médiation, d'appropriation et de création de contenus culturels tout à fait originaux, voire d'apprentissage.

néité d'un délire de fin d'après-midi : les paroles sont sues, les coordinations et les enchaînements semblent avoir été répétés et travaillés. »[2] Un grand nombre de travaux mettent ainsi en évidence non seulement l'émergence de contenus originaux, mais soulignent également une forme d'apprentissage « professionnel » dans ces pratiques « amatrices ». Ces communautés virtuelles occupent aujourd'hui un rôle important dans l'apprentissage de compétences « artistiques », mais aussi des *new literacies*[3] : des compétences liées à la maîtrise des nouvelles technologies.

Ces communautés virtuelles occupent aujourd'hui un rôle important dans l'apprentissage de compétences « artistiques », mais aussi des compétences liées à la maîtrise des nouvelles technologies.

L'impact des communautés virtuelles dans le champ des industries culturelles semble ainsi bien réel : cinéma, série télévisée, bande dessinée, etc. Ces regroupements consacrés aux loisirs ont modifié la « donne sociale » dans le champ des industries culturelles et les rapports entre producteurs, distributeurs et consommateurs. Les frontières entre professionnels et amateurs se déplacent au point que dans le cas d'une communauté de « fans » d'un programme télévisuel américain, *The Late Show*, le diffuseur sur Internet ne soit plus la chaîne mais la communauté elle-même[4]. On trouve des analyses similaires concernant le secteur du jeu vidéo : il existe une étroite collaboration entre les communautés de joueurs sur Internet et les concepteurs. Ces derniers sollicitent les communautés comme testeurs au moment de la conception d'un jeu vidéo, pour rapporter les dysfonctionnements et éventuellement proposer des correctifs. Dans le cas des mondes en ligne, tels que *World of Warcraft*, éditeurs et concepteurs soutiennent ce que l'on peut appeler des « joueurs frontières »[5], des joueurs/animateurs, qui en échange d'avantages dans le jeu ou dans les productions à venir sont chargés de recueillir les problèmes et d'intervenir directement dans le jeu en cas de conflit. Cette étroite relation entre industries du jeu vidéo et joueurs pose cependant selon certains un ensemble de problèmes. Les premières encouragent les créateurs « amateurs » à s'investir, intègrent leur création dans leur produit sans jamais – ou rarement – les rémunérer. Apparaît en conséquence pour certains une nouvelle idéologie qui encourage, exploite et développe une forme de « précarité »[6] des passionnés.

Pour d'autres au contraire, ces communautés virtuelles, et plus spécifiquement celles consacrées au développement de logiciels libres, de contenus *open source*, développent de nouvelles formes de partage et de collaboration, des dispositifs d'apprentissage, de formation et de création tout à fait innovants. À l'image du système Linux, souvent présenté comme rempart à l'impérialisme de Microsoft, et comme l'archétype d'une « nouvelle économie », les communautés consacrées au développement de logiciels libres proposent une nouvelle façon de penser les rapports entre produits marchands et non marchands. Elles font apparaître des formes de production originales : des programmeurs dispersés dans le monde qui collaborent au développement d'un logiciel libre, sans délais ni répartition de tâches préétablie, sans hiérarchies ni autorités liées à des relations salariales[7]. Ces communautés virtuelles apparaissent ainsi pour beaucoup comme des espaces de distribution de savoirs tout à fait intéressants, des sources d'innovation et d'apprentissage bien plus performantes que tout dispositif professionnel plus formel[8]. Le modèle théorique le plus emprunté pour analyser ces pratiques est issu de la théorie des communautés de pratique, développée par Jean Lave et Étienne Wenger (voir l'encadré « J'ai lu » dans ce chapitre). Cette théorie sociale de l'apprentissage met en avant une idée simple : apprendre consiste avant tout à participer à des groupes sociaux, à s'engager dans des pratiques sociales. Pour comprendre tout apprentissage, il s'agit selon eux de regarder non pas l'« apprenant », en tant qu'entité cognitive, mais la communauté de pratique à laquelle il participe, les formes et les modes de participation que celle-ci permet aux membres et aux nouveaux venus.

Les communautés virtuelles apparaissent comme des espaces de distribution de savoirs.

Apprentissages et transmissions de savoirs : communautés de pratique et participation

Ce qui caractérise fortement la participation dans une communauté virtuelle, c'est une relation étroite entre identité locale et pratique communautaire ; autrement dit, c'est en participant que l'on devient un membre reconnu. Les communautés virtuelles sur Internet se fondent sur des bases communautaires, sur un principe de participation et de reconnaissance mutuelle. C'est la réciprocité de l'échange avec l'autre qui crée la relation. On offre ses compétences à l'autre avant ou après que celui-ci vous propose les siennes. On est tour à tour instructeur et instruit, et c'est dans cette dynamique que se créent les communautés. Elles fonctionnent très souvent sur des logiques de parrainage, de cooptation ou de tutorat. Pierre Levy parle d'intelligence collective[9] pour décrire ces affinités d'intérêts, de connaissances qui partagent un projet commun dans un processus de coopération ou d'échange, de reconnaissance mutuelle, indépendamment des proximités géographiques, du niveau de compétence et des appartenances institutionnelles. On peut distinguer ainsi deux types de capitaux qui se développent simultanément à travers la participation : un capital cognitif, c'est-à-dire un ensemble de connaissances que les membres acquièrent (la communauté sert de mise en réseau de compétences entre les membres) et qui fait écho à un capital symbolique, autrement dit la réputation de compétence et d'expertise que l'on se forge sur le long terme dans la communauté.

Participer à une communauté virtuelle, c'est acquérir un langage qui permet de comprendre ce qui se joue mais également une façon de participer au jeu communautaire. Les études sociolinguistiques parlent dans le cas de communautés virtuelles de pratiques langagières[10] : il ne s'agit pas seulement d'apprendre un champ lexical spécifique à la com-

QUESTIONS À

James Gee, Professor of Literacy Studies, Arizona State University

Dans votre livre[1], vous analysez les relations entre jeu vidéo et apprentissage. Qu'est-ce que les jeux nous révèlent d'un processus d'apprentissage ?

James Gee : Les jeux vidéo, du moins certains titres, essayent de rendre attractifs, efficaces et plaisants des processus d'apprentissage. Plusieurs logiques y sont à l'œuvre. En premier lieu, les jeux vidéo offrent des identités fortes. Apprendre un nouveau métier – qu'il relève du domaine de la science ou de l'artisanat – exige que l'on s'engage dans le monde d'une certaine façon, comme un physicien ou un menuisier le ferait. Dans un jeu vidéo, les joueurs voient et appréhendent un monde à travers une identité préétablie, spécifique, distincte, ou bien à travers une identité qu'ils se sont fabriquée. Dans les deux cas, il y a un point de vue auquel on adhère, on souscrit, une identité dans laquelle on s'engage. Les jeux vidéo tendent parallèlement à mettre les joueurs en situation de recherche. La structure du jeu, le game-play, est en effet construit sur une mécanique d'« essai/erreur », d'hypothèses que le joueur doit élaborer, d'ajustements nécessaires de ses actions s'il veut obtenir de meilleurs résultats, tout comme dans une situation de recherche scientifique.

En quoi les jeux vidéo vous semblent être des situations d'apprentissage plus intéressantes et pertinentes que d'autres ?

J. G. : Les jeux vidéo minimisent souvent les conséquences d'un échec. Quand les joueurs échouent, ils peuvent en effet recommencer à partir de leur dernière sauvegarde : le joueur est ainsi encouragé à prendre des risques, à explorer, à essayer de nouvelles choses. Par ailleurs, dans les jeux vidéo, les défis sont hiérarchisés et ordonnés – ils sont souvent structurés sous forme de niveaux ou de tableaux –, de sorte que les premiers problèmes rencontrés amènent

munauté mais également une façon de communiquer et une méta-communication, c'est-à-dire une façon de décrypter la nature de l'information. L'absence des éléments non verbaux, les clins d'œil, les sourires, que l'on prend dans une conversation physique comme autant d'indices sur ce qui se dit, sur le cadre de la conversation – est-ce sérieux, est-ce pour rire ? –, est ici compensée non seulement par tout un ensemble de signes typographiques et symboliques tels que les *smileys*, mais également par d'autres indices plus subtils tels que le temps que prend un interlocuteur à répondre comme marque de spontanéité et d'authenticité. Le terme *a priori* le plus pertinent pour comprendre ces pratiques langagières est celui de « sociolecte » qui insiste sur la dimension locale et négociée du langage par les membres : une forme de dialecte social déterminé par les caractéristiques des locuteurs.

Il ne s'agit pas seulement d'apprendre un champ lexical spécifique à la communauté mais également une façon de communiquer et une méta-communication.

Ainsi, contre la vision d'une écrasante domination sur Internet de l'écriture dite « SMS », les communautés développent des écritures diverses, respectant plus ou moins la belle orthographe : certains membres, à l'écriture dite « SMS », peuvent être invités à corriger promptement leur

les joueurs à élaborer des hypothèses qui leur permettent de résoudre les problèmes suivants. Les jeux vidéo laissent les joueurs en situation de manipulation de problèmes jusqu'à ce qu'ils finissent par les maîtriser. Le jeu propose alors une nouvelle difficulté qui exige du joueur qu'il repense et accède à un nouveau niveau de maîtrise. Ce cycle de relations entre « consolidations et nouveaux défis » est la base même du développement d'une expertise dans un domaine. Les jeux vidéo de qualité restent toujours à la limite du régime de compétence des joueurs : entre le « faisable » et le « difficile ».

Selon vous, quels types de compétences les jeux vidéo développent-ils ?

J. G. : Les jeux vidéo encouragent les joueurs à penser des systèmes de façon globale et non en termes d'éléments isolés, de découpage de savoirs, de compétences séparées. Dans un jeu comme *Rise of Nation*, lorsqu'ils font évoluer leur civilisation à travers les âges, les joueurs doivent nécessairement intégrer l'idée que chaque action entreprise peut avoir un effet non seulement sur leurs actions futures mais aussi sur celles de leurs adversaires. Les jeux vidéo encouragent ainsi les joueurs à explorer profondément l'univers avant de continuer, à le penser dans son ensemble, de façon non linéaire, et les engagent à reconsidérer parfois leurs objectifs. Par ailleurs, certains jeux invitent les joueurs à la mise en place d'équipes polyvalentes. Dans le jeu *World of Warcraft* par exemple, chaque joueur doit maîtriser une spécialité – un mage se joue différemment d'un guerrier – mais il doit connaître dans le même temps la spécialité des autres pour pouvoir se coordonner. Ainsi, la connaissance globale du jeu est distribuée parmi un ensemble de personnes constituées en équipe, à l'image d'un laboratoire de recherche ou d'une équipe de développement de produits « high-tech ». Enfin, les jeux vidéo donnent souvent l'information « au bon moment », « juste à temps », ou « à la demande », autrement dit quand les joueurs en ont besoin, quand ils ont à s'en servir. Les jeux vidéo exigent rarement des joueurs qu'ils lisent en amont les manuels ou les consignes avant que celles-ci soient nécessaires. Peut-on fabriquer des jeux vidéo qui valorisent des contenus et des compétences scolaires avec ces mêmes dimensions ? C'est le défi que lancent les jeux vidéo au monde de l'apprentissage.

Propos recueillis par Vincent Berry

1. J. Gee, *What Video-Games Have to Teach us About Literacy and Learning*, New York, Palgraw Macmillan, 2003.

syntaxe et leur orthographe sous peine d'être exclus. L'adhésion à une communauté virtuelle suppose ainsi l'intégration et le respect d'un ensemble de règles sociales, de rites, de lois qui régissent la communauté, ce que l'on nomme une « netiquette ». Les participants des communautés virtuelles ont développé un ensemble de lois coutumières qui régissent leurs relations :

– la pertinence des informations : on ne doit pas déposer de message concernant un certain sujet dans une conférence électronique qui traite d'un autre sujet, on refuse un style d'écriture ;

– contre l'intrusion extérieure : les utilisateurs sont le plus souvent hostiles à toute forme de régulation ou d'intervention extérieure au groupe (la publicité notamment) ;

– la réciprocité : la participation est, plus qu'une simple prescription, une exhortation ;

– la courtoisie : il faut souligner que les règles de politesse sont très souvent de rigueur : pas d'attaques sexistes, racistes, pas d'attaques *ad hominem*, sinon les messages sont supprimés et le membre fautif « banni ».

Les cadres de l'expérience virtuelle : entre jeu, expérimentation et simulation

L'originalité d'une communauté de pratique virtuelle par rapport à une communauté réelle tient à la forme que peut prendre la participation d'un membre : elle est profondément marquée par le jeu et le second degré. En effet, une hypothèse souvent émise sur les communications en ligne est que la médiation de l'ordinateur transforme la représentation que l'on a de soi et désinhibe en conséquence les acteurs[11]. Il n'y plus d'évaluation préalable, l'individu n'est plus ce qu'il est en fonction de ce qu'il a fait mais en fonction de ce qu'il fait sur Internet. Les travaux de Sherry Turkle[12] sur les loisirs numériques révèlent ainsi l'apprentissage de ce qu'elle appelle un « second soi », une identité qui peut être à l'opposé de la représentation que les internautes ont d'eux-mêmes. Les identités sont souvent selon elle des expressions de différents « soi » de l'individu, et ces communautés sont une façon parmi d'autres d'explorer des aspects de l'identité que la vie réelle ne permet pas d'endosser.

Les communautés sont une façon parmi d'autres d'explorer des aspects de l'identité que la vie réelle ne permet pas d'endosser.

Internet apparaît pour beaucoup comme un média intrinsèquement ludique, un espace de simulation et d'expérimentation dans lequel on participe sous la forme d'un jeu à des pratiques sociales. L'étude de Setfon-Green et Willet montre comment dans les salons de discussion des préadolescentes jouent avec leur identité, leur sexualité, leur âge, expérimentent différentes façons de parler et d'entrer en relation avec les pairs. Cette expérimentation apparaît « comme une sorte de jeu dans lequel les jeunes gens apprennent et construisent du sens avec les pratiques discursives portant sur le genre et la sexualité »[13]. Ces espaces ne sont pas fondamentalement marqués par la vérité ou l'authenticité mais d'abord par le « *fun* » et le « plaisir pur de la relation »[14]. Ainsi, ce qui semble être spécifique aux communautés virtuelles, contrairement à une communauté physique, c'est le « cadre de l'expérience » pour reprendre la terminologie de Goffman. La notion de « virtuel » ne renvoie pas seulement à un dispositif technique, informatique ou à une irréalité mais à une façon de donner du sens à une pratique, de cadrer l'activité différemment, sous la forme d'un jeu.

On trouve ainsi une littérature qui s'intéresse à ces communautés sous l'angle d'explorations identitaires mais également d'espaces et de simulations politiques. Beaucoup de travaux soulignent en effet l'émergence de nouvelles formes d'utopies et de débats politiques. Adrienne Russel[15] montre comment, lors des émeutes des banlieues de 2005 en France, une partie de la communauté américaine et française des blogueurs (dont certains Américains vivaient en France, certains Français aux États-Unis) était en lutte contre une campagne de désinformation menée par les grands networks américains tels que CNN ou la Fox (ou en France par TF1), présentant les émeutes comme des luttes ethniques menées par des islamistes. Elle montre comment ces communautés de blogueurs discutaient des événements, en proposaient des analyses politiques radicalement différentes de celles des médias de masse. Dans une approche bourdieusienne, elle souligne non seulement l'opposition et la concurrence de ces espaces virtuels face au champ journalistique traditionnel mais la crainte également de ce dernier à l'égard de ces journalistes et analystes amateurs. Loin de la posture relativiste et dépolitisée de la postmodernité, ces espaces apparaissent à certains comme « le dernier refuge tout à fait étrange de discours modernes et politiques »[16].

Les blogs apparaissent à certains comme « le dernier refuge tout à fait étrange de discours modernes et politiques ».

Enfin, de façon plus inattendue, d'autres travaux soulignent une dimension politique dans les jeux de rôle en ligne et voient dans les mondes virtuels, tels que *Second Life*, des laboratoires sociopolitiques virtuels. On trouve dans la littérature bon nombre d'exemples de mobilisation de communautés ludiques, comme pour le jeu *Sims Online*, dans lequel une jeune fille de 14 ans, à la tête d'un comité de soutien, tente de se faire élire maire d'une ville virtuelle contre un maire corrompu. Plus récemment, Blizzard, développeur du jeu *World of Warcraft*, a dû faire face à la fronde de joueurs homosexuels. En janvier 2006, un joueur écopait d'un avertissement pour « harcèlement et orientation sexuelle » après avoir publié sur un canal de discussion dans le jeu une annonce de recrutement pour sa communauté, *GLBT friendly*, ouverte aux gays et lesbiennes. Plusieurs communautés de joueurs se sont rapidement mobilisées pour contester cette sanction[17].

Des espaces d'apprentissage ?

À cette question, nous serions tentés de répondre au risque de paraître comme bottant en touche : « Ça dépend »… En effet, tout dépend en réalité de la théorie et de la conception que l'on a de l'apprentissage. Si l'on pense que l'apprentissage est d'abord acquisition de savoirs, de schèmes, de compétences, de stades dans le développement, repérables, évaluables, quantifiables, que l'apprentissage est transfert de connaissances, qu'il est, dans une perspective cognitiviste, un passage de connaissances déclaratives à des connaissances procédurales[18], on peut rester relativement sceptique sur certains apprentissages dans ces pratiques. Ou du moins se retrouver confronté à des problèmes méthodologiques et scientifiques considérables pour en révéler la transférabilité dans d'autres domaines. On retrouve là les mêmes difficultés évoquées par Gilles Brougère à propos de l'étude des relations plus générales entre jeu et éducation : manque de preuves, biais dans les protocoles, etc.[19]. En revanche, si l'on pense l'apprentissage différemment, en termes de participation, de communautés de pratique, d'expérience, de simulation, sans nécessairement se focaliser sur la question du transfert, on peut considérer dans ce cas que ces univers numériques sont des espaces d'apprentissage, et qu'ils ne sont peut-être même que cela mais sous la forme de jeu : une histoire ludique et collective d'apprentissage. Le potentiel éducatif du réseau Internet – et c'est également sa limite – repose non seulement sur la diversité, l'hétérogénéité des communautés et des contenus qu'il propose, la relative facilité d'accès aux informations, mais également sur les différents modes de participations possibles qu'il autorise : cette possibilité de se désengager, d'expérimenter, d'essayer, de tenter des coups, de participer à des degrés divers… en somme de participer à un jeu social, sans grand risque et au « second degré ».

NOTES

1. J. Raessens, « Computer Games as Participatory Media Culture », *in* J. Goldstein (dir.), *The Handbook of Computer Game Studies*, Cambridge (Mass.), Londres, MIT Press, 2005, p. 373-388.
2. F. Leard, « Les contenus autoproduits : vers une régénérescence des industries culturelles par l'amateurisme ? », Actes du colloque international *Mutations des industries de la culture, de l'information et de la communication*, 2006. Disponible sur : <http://www.observatoire-omic.org/colloque-icic/omic_icic_atelier35.php>
3. J. Tobin, « An American Otaku (or, a boy's virtual life on the net) », *in* J. Sefton-Green (dir.), *Digital Diversion: Youth Culture in the Age of Multimedia*, Londres, UCL Press, 1998, p. 106-127.
4. A. Le Foulgoc, « La circulation des programmes télévisés par les réseaux Bittorrent : genèse, structuration et usages », Actes du colloque international, *Mutations des industries de la culture, de l'information et de la communication*, Paris, 2006. Disponible sur : <http://www.observatoire-omic.org/colloque-icic/pdf/LeFoulgoc3_1.pdf>
5. V. Berry, « Une cyberculture ludique, collaborative et paradoxale », *Médiamorphoses*, 2008, n° 22, p. 55-61.
6. J. Kücklich, « Un phénomène de "mods" : les travailleurs précaires de l'industrie du jeu vidéo », *in* F. Beau (dir.), *Culture d'Univers*, Limoges, Fyp, 2007, p. 259-268.
7. P. A. Mangolte, « "Marchand" et "non-marchand" dans l'économie des logiciels », Actes du colloque international, *Mutations des industries de la culture, de l'information et de la communication*, 2006. Disponible sur : <http://www.observatoire-omic.org/colloque-icic/pdf/Mangolte3_5.pdf>
8. P. Cohendet, F. Creplet, O. Dupouet, « Innovation organisationnelle, communautés de pratique et communautés épistémiques : le cas de Linux », in *Revue française de gestion*, n° 146, 2003, p. 99-121.
9. P. Levy, *L'intelligence collective : pour une anthropologie du cyberespace*, Paris, La Découverte, 1997.
10. M. Marcoccia, « Les communautés en ligne comme communautés de paroles », Actes du colloque *Internet, jeu et socialisation*, Paris, Groupe des Écoles des Télécommunications, 2002.
11. S. Kiesler, J. Siegel, T. McGuire, « Social psychological aspects of computer-mediated communication », *American Psychologist*, 39(10), 1984, p. 1123-1134.
12. S. Turkle, *Life on the Screen : Identity in the Age of the Internet*, New York, Touchstone, 1995.
13. J. Sefton-Green, R. Willet, « Vivre et apprendre dans un salon de discussion », *Éducation et société*, n° 10, p. 57-77, 2002.
14. L. Clark, « Dating on the Net: Teens and the rise of pure relationships », *in* S. Jones (dir.), *Cybersociety 2.0: Revisiting Computer-Mediated Communication and Community*, Thousand Oaks, Sage Publications, 1998, p. 159-183.
15. A. Russel, « Digital Communication Networks and the Journalistic Field: The 2005 French Riots », *Critical Studies in Media Communication*, vol. 24, n° 4, October 2007.
16. C. Hine, *Virtual Ethnography*, Londres, Sage Publications, 2000.
17. A. Pfeiffer, « Gouvernance des mondes virtuels : communautés virtuelles et organisation politique », *in* F. Beau (dir.), *Culture d'Univers*, Limoges, Fyp, 2007, p. 76-91.
18. J. R. Anderson, *The Architecture of Cognition*, Cambridge (Mass.), Harvard University Press, 1983.
19. G. Brougère, *Jouer/Apprendre*, Paris, Anthropos-Economica, 2005.

Quatrième partie

Apprendre dans le travail

Chapitre 12
Les savoirs de la pratique professionnelle

Anne-Lise Ulmann

Les apprentissages effectués dans le cours du travail peinent encore à être pris en compte dans les formations destinées aux professionnels. Toujours suspecte de n'être qu'adaptative et locale, la pratique est souvent mise à distance par les professionnels de l'enseignement qui estiment préférable l'acquisition de savoirs généraux qui seraient plus aisément transférables. Ce dédain tenace (car il perdure) pour les savoirs de la pratique s'estompe néanmoins sous la triple influence des transformations du travail, de la place de plus en plus grande faite aux compétences dans l'univers de la gestion des ressources humaines et de la montée du chômage et de l'exclusion, notamment des plus jeunes dont la formation semble ne plus convenir aux exigences nouvelles. La prise de conscience qu'il n'est plus suffisant de se former pour travailler, mais qu'une meilleure connaissance du travail s'avère nécessaire pour prendre place dans le monde professionnel, ouvre la voie à un nouveau paradigme pour la formation : celui qui prend acte des vertus formatives du travail. Cette reconnaissance, désormais officielle avec le dispositif juridique de la VAE, bouscule en profondeur les présupposés épistémologiques qui sous-tendent nos systèmes de formation.

La prise de conscience qu'il n'est plus suffisant de se former pour travailler ouvre la voie à un nouveau paradigme pour la formation.

Présupposés épistémologiques

Reconnaître que le travail forme met en tension deux conceptions idéales typiques de la formation : un premier type, considéré comme ancien, voire périmé (ainsi que semble le souligner ci-après Jean-Yves Robin), qui relègue le savoir à un « stock »[1] sur lequel le formateur intervient pour assurer chez les professionnels la « maintenance » et la diffusion des évolutions ; un second type, à l'opposé du premier, considéré comme moderne, sortant la formation de son « espace protégé »[2] pour lui donner une ampleur maximale embrassant concomitamment le sujet, son histoire et le système avec lequel il interagit. La formation laisse alors la place à la professionnalisation.

Ce déplacement de la formation vers le travail repose sur des épistémologies très différentes.

Ce déplacement de la formation vers le travail n'est pas seulement le fait d'une modernité qui s'assignerait simplement le but de faire autrement mais repose sur des épistémologies très différentes, comme le rappelle Bruno Maggi, dans le livre qu'il dirige *Manières de penser, manières d'agir en éducation et en formation*, aux PUF, en 2000. Dans le cas du premier modèle, l'organisation du travail est pensée selon des principes mécanistes ou organicistes qui visent à « transmettre dogmatiquement des notions et des prescriptions » ou à stimuler l'aptitude au changement. Il découle de ces principes organisationnels pour les modalités de formation « une fonction d'homologation, d'adaptation et d'intégration » où l'expérience du sujet n'est sollicitée que pour être adaptée à la norme prescrite. Dans le second modèle de cette typologie, les principes sous-jacents présupposent que le système de l'organisation n'est pas prédéfini mais lié à l'intervention des sujets. La formation n'a donc pas pour enjeu d'inciter le sujet à s'adapter à une prescription, mais l'amène plutôt à s'interroger sur sa place pour le conduire à « développer une réflexion compréhensive de la réalité sociale ».

Faire l'hypothèse que la pratique professionnelle développe des apprentissages suppose donc une conception de la formation qui n'est plus seulement focalisée sur des acquisitions prédéfinies, mais qui privilégie un modèle centré sur l'analyse, dont les implications sont complexes et les effets formateurs sont partiellement, mais peut-être principalement, inattendus. Ces effets inattendus ne rassurent pas, surtout dans des contextes sociaux où la rationalisation de la gestion prévaut sur la compréhension de l'activité des sujets. Une telle conception – qui ne se réfère plus à des savoirs déjà construits, figés et généralisables – peine à trouver ses lettres de noblesse tant les conceptions éducatives renvoyant au modèle scolaire restent prégnantes dans nos manières de concevoir la formation professionnelle. L'élucidation des savoirs mobilisés dans le cours de l'activité constitue pourtant un accès à la compréhension du travail et aux difficultés rencontrées par les professionnels.

L'élucidation des savoirs mobilisés dans le cours de l'activité constitue un accès à la compréhension du travail.

La pratique professionnelle comme apprentissage

Depuis longtemps les ergonomes fondent la spécificité de leurs analyses sur les écarts entre le travail prescrit et le travail réel en montrant que l'application stricte des consignes et des prescriptions entraîne de nombreux dysfonctionnements. L'analyse de l'activité des professionnels révèle en effet que c'est dans la négociation de ces écarts pour mener à bien le travail que se structurent de nombreux apprentissages. Ces derniers sont donc difficiles à saisir car soit ils s'élaborent à l'ombre des prescriptions et restent donc secrets, soit ils demeurent invisibles parce que les professionnels n'en disent plus rien. Ces silences ne signifient pas pour autant que des savoirs ne sont pas agis. Ils confirment plutôt le fait que toute situation apprend sans avoir obligatoirement de visée éducative, ce qui donne alors un caractère d'évidence à ces savoirs élaborés dans le cours de l'activité.

De quelle nature sont ces apprentissages indicibles et comment les professionnels de la formation peuvent-ils les repérer ?

Combiner

Toute pratique professionnelle confronte les sujets à une multitude de possibles en raison de la nature même d'un acte, qui « porte en germe […] l'infinitude, parce qu'un seul fait, parfois un seul mot, suffit à changer toutes les combinaisons de circonstances »[3]. Cette infinité de possibles confronte le professionnel à un réel protéiforme face auquel les réponses préétablies se révèlent souvent inappropriées. Travailler dans les conditions actuelles de la production des biens et des services nécessite la mobilisation de ressources nombreuses et hétérogènes (personnes, objets, environnement…) qu'il faut savoir combiner pour ajuster au mieux la réponse à la spécificité de la situation à traiter. Cette combinaison ingénieuse et toujours renouvelée déborde les prescriptions et, de ce fait, apprend à ne pas appliquer ou reproduire pour réussir l'action visée.

Dans la recherche sur l'analyse de l'activité des directeurs régionaux et départementaux du ministère du Travail (voir l'encadré « Du côté de la recherche » dans ce chapitre), la présentation générale des missions de chaque directeur semble, en apparence, assez homogène d'un département à l'autre. Tous ces dirigeants par exemple devaient, au moment de l'étude, effectuer un programme de travail sur les risques professionnels. Dans la mesure où les attendus de ce travail étaient très explicitement formalisés par l'administration centrale, nous pensions que les travaux réalisés seraient ressemblants. Il n'en a rien été, chacun a ajusté cette mission à son contexte spécifique. Dans un département, le directeur a utilisé ce dossier pour « remobiliser des collaborateurs qui s'intéressent beaucoup à cette question » ; dans un autre, il s'en est servi « pour lancer un travail qui [lui] tient à cœur avec la branche professionnelle sur le secteur des bars et restaurants » ; dans le troisième département, le dossier a été transmis tel quel à l'adjoint pour « suite à donner ».

Ce constat de la diversité de l'appropriation de la consigne nous permet alors de saisir que les professionnels n'agissent jamais sans prendre en compte un ensemble de données hétérogènes qu'ils réagencent en fonction des possibilités et des ressources qu'ils savent trouver et imaginer dans leur contexte de travail. Chacun cherche la meilleure voie en observant, découvrant et analysant son environnement. La pratique ne se résume donc pas à appliquer une prescription et des savoirs acquis antérieurement, elle apprend à « bricoler » en combinant l'action prescrite à de nombreux éléments d'un contexte spécifique, qui constitue l'espace dans lequel peuvent se structurer de nouveaux apprentissages. Nicolas Dodier nous rappelle que « c'est justement parce que l'opérateur se laisse aller au spectacle de ce qui l'entoure […] qu'il peut découvrir depuis cette position unique qu'il porte sur le monde, du nouveau »[4]. Dans le cours du travail, la pratique professionnelle constitue le terreau à partir duquel se construisent, se développent et s'éprouvent des savoirs nouveaux qui, parce qu'ils ne pas sont appris en formation

La pratique apprend à « bricoler » en combinant l'action prescrite à de nombreux éléments d'un contexte spécifique.

mais par la pratique, restent souvent enfouis alors même qu'ils déterminent les manières de travailler et contribuent largement aux résultats obtenus.

J'ai lu

LA TRANSMISSION DES SAVOIRS

par G. Delbos et P. Jorion, Paris, Éditions de la Maison des sciences de l'homme, 1984.

Delbos et Jorion proposent dans cet ouvrage une réflexion critique sur la transmission des savoirs à partir d'une étude des métiers de la mer, mariniers et conchyliculteurs. En conjuguant les apports de la sociologie, de l'ethnographie et de la psychologie, ces auteurs montrent comment se transmet une mémoire où le réel, le symbolique et l'imaginaire structurent simultanément un rapport au monde et un apprentissage du monde.

L'analyse de la filiation entre des générations de pêcheurs qui exercent « des métiers qui ne s'apprennent pas » conduit ici les auteurs à reconsidérer la place et la fonction des savoirs transmis par l'école et par la pratique.

L'étude d'un projet de programme de CAP en conchyliculture montre que les savoirs théoriques, qui développent essentiellement la maîtrise du langage de l'école et des mécanismes administratifs permettant d'être reconnu dans le métier, se révèlent déficients pour apprendre le travail du marais. Ces savoirs soit-disant théoriques ne sont que des simplifications pédagogiques qui ont perdu la plasticité leur permettant les possibilités de transferts à d'autres situations. Qualifiés par les auteurs de « savoirs propositionnels », ne relevant d'aucune théorie, ils s'avèrent vains pour développer une meilleure efficacité de la pratique. Si des savoirs se transmettent malgré tout au cours de ces apprentissages, ceux-ci participent de l'ordre du symbolique en reproduisant la division sociale du travail.

Quant au savoir empirique, celui que le professionnel acquiert par la pratique, ces auteurs montrent qu'il ne se transmet pas par imitation mais qu'il s'apprend à force de confrontations humaines avec la nature. Les jeunes pêcheurs ne s'ingénient pas à refaire ce que font leurs aînés simplement pour les imiter mais parce qu'ils cherchent d'abord à être reconnus comme des professionnels. Ce désir de reconnaissance sociale les projette dans le métier, si bien que ce n'est pas « le savoir qui se transmet, mais le travail ». L'expérience, qui consiste à mettre à l'épreuve ses intuitions, correspond donc à un travail de socialisation qui conduit le novice à réélaborer pour lui-même des savoirs qui circulent de génération en génération.

Delbos et Jorion nous montrent dans cette fresque sur l'histoire sociale et économique du monde de ces métiers de la mer que le savoir n'est pas un objet extérieur au sujet, transmissible simplement par un système de course relais ou de vases communicants. C'est « l'environnement tout entier, naturel et humain [qui] apprend à l'homme de la pratique ce qui deviendra son savoir ». Cette étude sur la transmission, illustrée par des données concrètes sur les métiers de la mer, nous conduit à repenser plus largement la complexité des mécanismes d'apprentissage des savoirs qui organisent notre quotidien.

Anne-Lise Ulmann

Prendre des distances

Cet exemple révèle également que la pratique amène ces dirigeants à prendre de la distance avec les savoirs enseignés sur les risques professionnels. Non que ces savoirs appris lors des formations soient erronés ou périmés, mais parce qu'ils se trouvent artificiellement dégagés de la gangue complexe qui les arrime à la réalité professionnelle. L'enjeu pour chacun se révèle plus complexe parce qu'il ne s'agit plus seulement de concevoir un programme de travail sur les risques professionnels mais de le concevoir en prenant en compte de nombreux paramètres spécifiques au contexte de chaque département.

Dans le cours de l'activité, il ne s'agit effectivement plus de « l'application logique et successive des règles ordinaires du travail », mais, nous rappelle Marcelle Stroobants[5], « de la résolution simultanée de difficultés enchevêtrées les unes aux autres ». De ce fait, les apprentissages en situation ne s'ordonnent pas selon une logique rationnelle et tracée à l'avance, mais s'élaborent dans un système complexe d'allers-retours entre un savoir antécédent toujours revisité à l'aune d'une situation nouvelle et un savoir nouveau à éprouver. Les connaissances ne s'ajoutent ni ne se cumulent mais se transforment continuellement au fur et à mesure que de nouveaux savoirs s'acquièrent. En reconsidérant les savoirs antécédents, le professionnel prend ses distances avec ce qu'il a appris et développe ainsi son regard critique pour gagner en indépendance et en autonomie. Sa pratique professionnelle lui révèle autrement le travail et l'amène à trouver des modes d'actions qui fassent sens dans la situation où il se trouve. Témoin ce propos d'un directeur régional :

Les apprentissages en situation ne s'ordonnent pas selon une logique rationnelle et tracée à l'avance.

« Au début, j'ai fait comme on m'a appris dans le stage de management, vous savez, des réunions avec les partenaires pour écouter, faire avec eux… mais là j'ai rapidement compris que j'allais dans le mur ! Tout ça c'est bien joli, mais d'abord faut savoir ce qu'on veut, repérer sur qui on peut compter, et puis faire, parce qu'on oublie souvent de dire que tout est urgent et qu'on court tout le temps. C'est en faisant qu'on se rend compte de ce qui va pas, qu'on va réajuster le tir. »

On voit ici que la confrontation directe à une situation permet l'apprentissage de ce que Marcelle Stroobants appelle une « authentique transduction » qu'elle définit comme

« une refonte des données d'une situation problématique. Il faut entrevoir tout d'abord l'obstacle pour le surmonter. Et le surmonter, cela revient à transformer l'obstacle en ressource, à se l'associer ». Cette « transduction » transforme le sujet et contribue au changement de son statut : de débutant ou novice qui met en application, le professionnel devient savant, compétent, expert dès qu'il a su construire les savoirs qui vont lui permettre de dépasser et de transformer ces apprentissages initiaux. Il découvre alors que les savoirs qualifiés de généraux parce qu'ils étaient censés s'appliquer à de nombreuses situations ne se transfèrent pas et se révèlent à l'usage plutôt inefficients. Il se trouve donc obligé de les reconfigurer intégralement.

Le professionnel devient savant, compétent, expert dès qu'il a su construire les savoirs qui lui permettent de transformer ses apprentissages initiaux.

Ces savoirs indigènes, loin de couler de source, de ne relever que du « bon sens », confrontent directement et parfois violemment les professionnels à des épreuves délicates qu'ils apprennent progressivement à surmonter. C'est donc *à force* d'affrontements que les professionnels prennent la mesure de leur travail et qu'ils résolvent de plus en plus aisément les difficultés rencontrées. La récurrence des confrontations apprend à surmonter les difficultés si bien qu'avec le temps les professionnels ne sont plus toujours en mesure de se rappeler les efforts fournis pour les dépasser. Les mots manquent, les apprentissages s'oublient en s'incorporant, l'ingestion des épreuves rend la pratique évidente. La routine quotidienne vient masquer les efforts faits pour acquérir les savoirs qui ont permis de surmonter les difficultés, parce que, comme le rappelle Marcelle Stroobants, « tout apprentissage se solde par l'oubli des tensions qu'il a résolues ». Ces silences ne doivent pourtant pas faire oublier que des savoirs ont été construits, expérimentés et mis à l'épreuve dans et par l'activité de travail.

Participer

Sur un autre registre, le travail constitue une sorte d'observatoire social où les professionnels sont à la fois acteurs et spectateurs. En observant les autres agir et en agissant avec eux, ils se découvrent eux-mêmes en découvrant les autres. Cette observation des autres n'est pas faite sans visée. Loin d'être entièrement extérieure aux accomplissements de l'action, l'observation dans un cadre professionnel permet de comprendre et d'apprendre petit à petit à savoir

DU CÔTÉ DE LA RECHERCHE

L'activité des dirigeants

Ce programme de recherche, qui s'est déroulé de 2005 à 2008, avait pour objectif d'analyser finement les activités des dirigeants dans différentes situations d'exercice de manière à effectuer des comparaisons transversales qui prennent en compte la spécificité de chaque contexte professionnel[1]. Cinq types de dirigeants ont été étudiés dans le cadre de ce programme : les dirigeants de la fonction publique territoriale, ceux du ministère du Travail, des établissements publics de santé, de l'économie sociale, et des TPE et PME des Pays de la Loire. Pour chaque population concernée, une équipe différente de chercheurs a choisi la méthodologie qui lui paraissait la plus appropriée au contexte étudié : démarches ethnographiques, entretiens, analyses à partir de la didactique professionnelle, des histoires de vies, de l'entretien d'explicitation… Pour garantir les comparaisons ultérieures, une grille commune de questions générales portant principalement sur l'analyse du contexte d'exercice, les représentations du dirigeant et son activité effective a été élaborée collectivement au début de la recherche. Les premières séances de travail en commun ont mis en évidence pour toutes les équipes de recherche la nécessité de combiner plusieurs approches méthodologiques pour saisir la complexité du travail. En effet, tous ces dirigeants ont une activité essentiellement immatérielle, réflexive, qui ne s'effectue pas seulement dans le temps du travail mais qui se prolonge fréquemment dans l'univers personnel où le chercheur n'a pas accès. À cette part d'activité insaisissable, s'ajoute une polyfonctionnalité des actions engagées où les intentions qui les jalonnent se révèlent multiples et inscrites simultanément dans des temporalités de court, moyen ou long termes. Enfin, très fréquemment ces activités sont implicites ou secrètes, ce qui rend leur perception et leur signification complexes à décoder pour le chercheur extérieur aux

tenir sa propre place. Cet apprentissage informel par l'observation est proche de ce que Lave et Wenger nomment une « participation légitime périphérique »[6] qui acculture progressivement un sujet au sens et aux fonctions d'une pratique. La participation considérée par ces auteurs comme une « histoire partagée d'apprentissages » permet à chaque sujet d'ajuster ses manières de faire avec celles des autres membres de la communauté, et ce faisant de renforcer des liens de coopération. Ces observations et interactions avec les autres donnent accès à de nombreux apprentissages qui diffèrent en fonction des projets de chacun, mais qui contribuent pour tous à incorporer les savoirs nécessaires à maîtriser pour tenir sa place dans des contextes sociaux différents.

Dans la recherche sur les dirigeants, nous avons constaté par exemple que les directeurs faisaient très souvent référence, pour expliquer leurs manières de faire, à des idéals professionnels qu'ils s'étaient forgés en observant leur directeur, alors qu'ils tenaient une fonction d'adjoint. Des modèles

accomplissements de l'action. Ainsi, au-delà de leurs actions directement observables, de la succession des paroles, des réunions, des dossiers, il apparaît que tous ces dirigeants ont une activité implicite, non directement visible à l'observation, qui consiste à faire des offres de signification pour faire agir autrui.
Quand les chercheurs arrivent à dépasser les apparences de ce qui est donné à voir, ils découvrent souvent des dirigeants pris dans des champs de tensions contradictoires entre des impératifs externes (le marché, l'État, les actionnaires…), des contraintes internes (les effectifs, les moyens logistiques, budgétaires…) et leurs constructions éthiques ou morales à partir desquelles ils veulent ou souhaiteraient structurer leurs manières d'agir. Ces tensions, parfois éprouvantes, peuvent contribuer à expliquer la présence quasi systématique d'un collaborateur de confiance qui agit en tant que « bras droit » du dirigeant. Si cette relation plus proche avec le collaborateur sert, entre autres usages, à amoindrir le sentiment de solitude, elle joue une fonction essentielle dans la manière de diriger parce qu'elle contribue à un étayage mutuel des savoirs. Chacun dans ce binôme apprend de l'autre : l'adjoint apprend à se forger ses futures manières d'agir par un processus de « participation périphérique légitime » à la fonction de directeur ; le dirigeant, quant à lui, s'érige un peu en directeur-formateur et apprend à son collaborateur-confident en même temps qu'il s'apprend et se conforte dans sa manière de diriger. L'apprentissage de la fonction ne s'effectue donc pas seulement, loin s'en faut, par une transmission de savoirs disciplinaires (organisation, management, gestion…) mais par un processus de coconstruction où l'activité de l'un sert de miroir réfléchissant à celle de l'autre. La conjonction d'intérêts entre ces deux personnes vient renforcer cet apprentissage mutuel où chacun peut développer conjointement les compétences nécessaires à sa fonction. Ces premiers éléments d'analyse transversale viennent ici attester l'importance de l'analyse de l'activité pour comprendre comment s'élaborent et se partagent les savoirs pour diriger. Ils révèlent l'importance du travail collectif pour construire dans et par l'expérience des compétences individuelles permettant d'exercer une fonction où la solitude constitue une réelle épreuve professionnelle.

1. Ce programme de recherche sur les dirigeants est organisé et coordonné par la Maison de la recherche sur les pratiques professionnelles du Cnam, dirigé par J.-M. Barbier, et par le réseau des écoles de service public.

implicites construits en observant les autres et par le biais de collaborations diverses leur ont appris des savoirs indicibles pour tenir la place visée bien avant de la tenir effectivement. L'observation des autres, et notamment de ceux dont les fonctions suscitent de l'intérêt, structure la construction de modèles identificatoires implicites qui donnent accès à des savoirs indispensables à maîtriser. Ces apprentissages qui s'acquièrent progressivement avant de les mobiliser effectivement contribuent à construire socialement les sujets.

Des modèles implicites construits en observant les autres leur ont appris des savoirs indicibles pour tenir la place visée bien avant de la tenir effectivement.

La construction de ce type d'apprentissage « générateur de savoir par identification à une image future de soi-même »[7] ne se confond pas avec un processus d'apprentissage par imitation. Le dirigeant n'apprend pas à imiter ceux ou celles qu'il a observé(e)s dans son parcours antécédent, mais il se sert de ce qu'il a appris de ses observations pour trouver, ajuster et mettre en œuvre son propre fonctionnement. Il apparaît alors que de nombreux savoirs, notamment dans les domaines de la gestion, de l'organisation et de l'éducation, s'acquièrent implicitement et sont souvent élaborés par les professionnels eux-mêmes à partir de l'expérience professionnelle. Implicitement partagés, ces savoirs renvoient aux modes de fonctionnement en vigueur dans les différentes organisations où les professionnels les construisent et les mettent en œuvre. Agis individuellement par chacun, ces savoirs apprennent des manières de faire implicites qui structurent ce que Y. Clot nomme dans son livre *La fonction psychologique du travail* (PUF, 2006) « la partie sous-entendue de l'activité ». Enfouis, implicites et souvent informels, ces apprentissages participent du genre professionnel comme un « mot de passe connu de ceux qui appartiennent au même horizon social et professionnel ».

Les conditions d'apprentissage de la pratique professionnelle

Si l'activité de travail offre de nombreuses opportunités pour développer des savoirs visant l'efficacité, il n'est pas rare aussi qu'elle confronte à tant de violence que le professionnel structure secrètement des amertumes qui, loin d'opérer une transduction, l'éprouvent durement. De telles situations sont particulièrement fréquentes dans les métiers de la relation de service où les professionnels se trouvent pris entre des demandes exigeantes et les possibilités effectives qu'ils ont d'y répondre. Clivés entre les savoirs appris en formation, stables, figés, et l'immense variété des situations, forcément instables, ils éprouvent les incomplétudes des savoirs enseignés et perdent « l'illusion d'un savoir qui trancherait et résoudrait les conflits »[8]. La pratique professionnelle capitalise l'ensemble de ces décalages, porteurs de développement heureux comme de désillusions, qui sont autant de symptômes du social à une époque donnée. Chaque professionnel peut en témoigner comme de sa difficulté, notamment quand la formation déçoit parce qu'elle n'apporte pas les solutions espérées.

Les professionnels éprouvent les incomplétudes des savoirs enseignés et perdent « l'illusion d'un savoir qui trancherait et résoudrait les conflits ».

Que faire de ces décalages pour les professionnels de la formation ? Les laisser en jachère considérant que la formation ne peut répondre à tout ? Cela conduit à abandonner les professionnels à leurs difficultés et continue de maintenir dans l'ombre les savoirs de la pratique au profit d'apprentissages généraux séparés de la pratique. En prendre acte ouvre de nouvelles perspectives pour la formation.

Tirer profit des expériences de la pratique implique que les professionnels puissent en témoigner dans une perspective de discours qui les place en situation de sujet de ce qu'ils ont vécu et non plus en posture d'exécutants des prescriptions du travail. Cette mise en récit de la pratique professionnelle dégage de sa singularité l'action du sujet et permet de faire émerger des savoirs infraliminaires, mobilisés en situation, mais qui ne font pas encore sens parce qu'ils n'ont pas encore été mis en mots par ceux qui les mobilisent presque intuitivement. Pour les acteurs de la formation, il ne s'agit plus de dispenser du savoir mais d'accompagner les professionnels à effectuer un déplacement de discours pour que leur expérience donne lieu à savoir. Dans cette perspective « l'apprentissage est une dimension de l'activité du sujet »[9].

Les modalités d'analyse de l'activité, effectuées soit par le biais de traces filmiques, soit par celui d'entretiens adressés à un analyste ou par des méthodes comme celle de l'instruction au Sosie, ouvrent de nouvelles perspectives pour la formation. « Un cycle entre ce que les travailleurs font, ce qu'ils disent de ce qu'ils font et pour finir ce qu'ils font de ce qu'ils disent »[10] ouvre manifestement de nouvelles perspectives

NOTES

1. G. Jobert, « Des métaphores agissantes en formation d'adultes », in *Apprentissages et évaluations*, *Éducation permanente*, n° 143 2000/2, p. 7-28.
2. E. Bourgeois, J. Nizet, *Apprentissage et formation des adultes*, Paris, PUF, 1997.
3. H. Arendt, *Condition de l'homme moderne*, Paris, Agora Pocket [1961], 1994, p. 248.
4. N. Dodier, *Les hommes et les machines*, Paris, Métailié, 1995, p. 230.
5. M. Stroobants, *Savoir-faire et compétences au travail*, Éditions des Universités de Bruxelles, 1993, p. 319.
6. J. Lave & E. Wenger, *Situated Learning. Legitimate Peripheral Participation*, Cambridge, Cambridge University Press, 1991.
7. G. Delbos & P. Jorion, *La transmission des savoirs*, Paris, MSH [1984], 1990, p. 129.
8. F Hatchuel, *Savoir, apprendre, transmettre. Une approche psychanalytique du rapport au savoir*, Paris, La Découverte, 2005.
9. P. Astier, « Activité et situation dans le "récit d'expérience" », *Éducation permanente*, n° 139, 1999/2, p. 89.
10. Y. Clot, « La formation par l'analyse du travail : pour une troisième voie », *in* B. Maggi (dir.), *Manières de penser, manières d'agir en éducation et en formation*, Paris, PUF, p. 134-156.
11. F. De Coninck, « Des nouvelles "postures cognitives" dans le travail aux nouveaux processus sociaux d'apprentissage », *Éducation permanente*, n° 143, 2000/2, p. 30.

aux professionnels de la formation pour opérer ce déplacement de discours et permettre que l'acte de travail ne soit plus dissocié de l'acte de formation.

Cette approche opère un renversement de la relation formateur/formé. Dans cette perspective ce sont les professionnels qui sont mis en situation d'enseigner, aux formateurs qui les ont instruits auparavant, des savoirs qu'ils ont découverts en situation. Ce changement de place, on le pressent, s'il peut contribuer à renforcer l'efficacité des collectifs en travaillant sur les savoirs de la pratique, remet aussi en questionnement les relations sociales et dépasse les seules questions de professionnalisation. Nous rejoignons donc Frédéric de Coninck[11] qui rappelle que pour les sociologues de l'éducation « les relations sociales d'apprentissage sont aussi un apprentissage des relations sociales ».

Chapitre 13
Les apprentissages professionnels dans les organisations

Philippe Carré

Depuis le début des années 1990, un consensus se forme dans les milieux les plus divers autour de l'impératif absolu de développer les savoirs, et donc les apprentissages, dans le cadre du travail, engageant les sujets sociaux à adopter une posture d'« apprenance » permanente[1]. Du Medef à Force ouvrière, de la Communauté européenne à l'Unesco, rapport après rapport souligne l'entrée des économies occidentales dans une société « de l'information », « cognitive », « apprenante », dans laquelle le développement intensif des savoirs et des compétences se révèle stratégique eu égard aux nouveaux enjeux économiques et sociaux. Ces enjeux sont à la hauteur des bouleversements actuels des économies mondiales et se mesurent à l'aune de systèmes de valeurs variés : employabilité, qualification, gestion des âges, compétitivité, développement professionnel et culturel, performance économique et/ou sociale. Il est intéressant de constater que sous la plume de l'OCDE les enjeux de cette société du savoir en gestation se situent à tous les niveaux de l'organisation sociale : nations, entreprises, sujets sociaux… « De nos jours, le savoir sous toutes ses formes joue un rôle capital dans le fonctionnement de l'économie. Les nations qui exploitent et gèrent efficacement leur capital de connaissances sont celles qui affichent les meilleures performances. Les entreprises qui possèdent plus de connaissances obtiennent systématiquement de meilleurs résultats. Les personnes les plus instruites s'adjugent les emplois les mieux rémunérés. »[2]

Les salariés de l'industrie et des services sont appelés à devenir des « travailleurs de la connaissance ».

Les différents protagonistes du débat social souvent contradictoire sur ces thèmes sont néanmoins réunis autour de ce que tous les acteurs s'accordent à considérer comme la compétence clé, voire le « seul métier durable » (selon la belle formule d'H. Trocmé-Fabre) du siècle nouveau : apprendre. Les salariés de l'industrie et des services sont ainsi appelés à devenir des « travailleurs de la connaissance » et à développer leurs « compétences à apprendre »[3].

Une société du savoir en gestation

Ce contexte nous invite aujourd'hui à penser autrement les relations entre organisation et apprentissage, entre activité professionnelle et développement des compétences, entre travail et formation. La notion d'« apprentissage informel » est au cœur de ces relations. En effet, la société du savoir en gestation ne peut s'accommoder du cadre que représente pour les apprentissages nécessaires le seul recours aux actions de formation instituées. À travers le projet de société cognitive, c'est tout l'iceberg des apprentissages informels, autodirigés ou expérientiels, des adultes qui prend une valeur économique, sociale, stratégique.

Plusieurs raisons collatérales viennent conforter cette lame de fond de transformation des rapports entre travail, organisation et formation.

D'abord, la montée d'un discours critique vis-à-vis des formes canoniques de la formation (stage), doublée de la progression concomitante des discours (et des pratiques dans certains lieux) en faveur de *nouvelles modalités de formation*, portées par trois vecteurs : usage des TICE (explosion d'Internet), ingénierie en réseaux, dynamique d'autoformation. Ces vecteurs sont bien sûr plus accueillants aux démarches informelles.

Ensuite, la stabilité des préoccupations autour de l'articulation entre *organisation du travail et apprentissage* depuis vingt ans, à travers les thèmes successifs de l'entreprise éducative[4], de la formation en situation de travail[5], de la formation-action[6], de l'organisation apprenante[7], des compétences collectives[8], ou, dans des déclinaisons décalées du même registre de préoccupation, du management de la connaissance.

Enfin, le développement de la *logique compétences* et de la culture nouvelle de la formation qui l'accompagne, pour le meilleur et pour le pire. Nous sommes passés, de ce point de vue, en trente ans, du *droit* à la formation par le moyen du stage au *devoir* de compétence par tous les moyens, y compris informels : les conditions de production

J'ai lu

THE NECESSITY OF INFORMAL LEARNING

par F. Coffield, Bristol, Policy Press, 2000.

Coffield a édité ce recueil de textes pour instiguer une réflexion et interpeller acteurs de la formation, employeurs, décideurs et chercheurs sur le sens de l'apprentissage informel.
Une clarification des concepts est proposée par Eraut dans le premier chapitre (« Non-formal learning, implicit learning and tacit knowledge in professional work »). Sa préférence porte sur le terme d'apprentissage non formel (plutôt qu'informel) qu'il définit dans sa forme la moins intentionnelle comme un apprentissage implicite, où les effets de l'apprentissage affectent le comportement futur (de l'apprenant) de manière inconsciente. Il désigne ce type de connaissance comme étant tacite. Le modèle explicatif qu'il présente fait référence aux types de mémoires (épisodique et sémantique) qui interviennent dans l'apprentissage à partir de l'« expérience pratique » et celle acquise à partir de la « connaissance publique propositionnelle », autrement dit la connaissance transmise. Il conclut à la centralité des connaissances tacites au sein de l'action quotidienne.
La contribution de Field et Spence (« Informal learning and social capital »), à partir d'une étude sur l'Irlande du Nord, vise à élargir l'approche de l'étude du capital social. À partir d'un constat – non conforme avec l'idée acquise que la participation à la formation d'adulte va croissant avec le niveau d'études initiales –, les auteurs mettent au jour un double modèle du capital social et de l'apprentissage tout au long de la vie. Dans ce double modèle, l'importance des réseaux sociaux explique les niveaux plus ou moins élevés de participation à l'apprentissage. D'une part les liens sociaux peuvent être forts ou faibles, d'autre part ils peuvent être plus ou moins intégrés dans des réseaux plus larges. Ces variations, telles qu'on les trouve en Irlande du Nord, sont corrélées avec l'ampleur des apprentissages informels.
Field et Spence concluent que le capital social ne peut pas être considéré dans toutes les circonstances comme favorable à l'apprentissage informel. Baron *et al.* (« Implicit knowledge, phenomenology and learning difficulties ») opposent des visions utilitaristes *versus* humanistes où les visions de la société apprenante prennent des valeurs différentes selon que le regard est orienté sur le capital humain ou sur le capital social. Leur constat est que la compétitivité exclut du marché du travail de plus en plus de gens ayant des difficultés d'apprentissage. Ces exclusions portent atteinte à la vie des gens et nient la solidarité. Dans ce sens, la société apprenante, disent-ils, n'apaise pas les tensions entre ceux qui la constituent et se trouvent en compétition.

Jonathan Kaplan

Les conditions de production de la compétence interrogent aussi les circonstances non instituées de formation.

de la compétence interrogent aussi les circonstances non instituées de formation[9].

Le point d'orgue de ces changements se situe bien sûr dans la diffusion de l'idée de *validation des acquis de l'expérience*, qui vient signer au plan juridique l'entrée dans une ère nouvelle, où les sujets sociaux auront de plus en plus à prendre conscience, faire reconnaître et faire certifier les résultats de leurs apprentissages clandestins, inattendus, marginaux, contrebandiers (voir le chapitre de Morisse dans cet ouvrage).

À partir de la distinction classique de l'Unesco entre éducation formelle, non formelle et informelle[10], le *Mémorandum* européen insiste sur l'accroissement du rôle des deux dernières dans l'éducation tout au long de la vie. Si l'éducation non formelle demeure proche de la formation professionnelle continue telle qu'elle est dispensée dans les organisations, aujourd'hui l'éducation informelle reste à ce jour un continent largement inexploré : « L'éducation informelle est le corollaire naturel de la vie quotidienne [...]. Elle pourrait être complètement occultée, bien qu'elle constitue la forme la plus ancienne d'apprentissage et l'ancrage même de l'évolution de l'enfant [...]. Le néologisme "*lifewide learning*" complète le tableau en attirant l'attention sur toute l'étendue du cadre d'apprentissage, apprentissage qui peut intervenir dans tous les domaines de notre vie et à n'importe quel moment de celle-ci. »[11]

La méconnaissance des pratiques d'apprentissage informel

L'existence des pratiques d'apprentissage informel, bien que reconnue, est rarement prise en compte dans les réflexions, les recherches et les pratiques de formation des adultes. Dans un article de 1988, Gehin et Méhaut[12] constataient qu'une série de distorsions affectent nos représentations de la formation. Les seules données statistiques disponibles, à cette époque, étaient les données de la déclaration fiscale. Or ces données sont elles-mêmes emboîtées dans une série de strates : l'ensemble du plan de formation, la totalité des formations organisées et enfin l'ensemble des pratiques de formation ou d'apprentissage comportant un coût. Le rapprochement des statistiques issues de la déclaration fiscale[13] et des résultats de l'enquête *Formation continue 2000*[14], qui portait sur un large échantillon de l'ensemble des Français de moins de 65 ans sortis du système scolaire, confirme cette analyse. Si moins de 4 millions de salariés ont bénéficié de formations déclarées en 2000, la même année, on en décomptait plus de 9 millions, soit près de trois fois plus, qui déclaraient avoir eu une pratique personnelle de formation. Il est important de rappeler ici que pour la première fois deux catégories de formation non conventionnelles sont abordées dans une enquête nationale sur la formation : autoformation et formation en situation de travail (FEST). On pourrait aujourd'hui ajouter à la liste l'ensemble des connaissances, des habiletés ou des comportements appris à l'extérieur des temps et des espaces formatifs ou repérés comme tels. Notre vision de la formation et des apprentissages des adultes est ainsi victime d'une illusion d'optique, qui nous fait prendre une partie mineure (les pratiques saisies par la déclaration fiscale des entreprises) pour le tout (l'ensemble des pratiques formelles et informelles de formation et/ou d'apprentissage).

Comme le remarquaient les auteurs, la zone des apprentissages informels est la plus difficile à cerner, par sa nature même. Or de multiples études tendent aujourd'hui à promouvoir l'hypothèse selon laquelle ces apprentissages marginaux, parfois inconscients, fréquemment incidents, seraient à l'origine de l'essentiel du développement des compétences des adultes aujourd'hui.

Des apprentissages marginaux, parfois inconscients, fréquemment incidents, seraient à l'origine de l'essentiel du développement des compétences des adultes.

Par convention, on appelle ici apprentissage professionnel informel tout phénomène d'acquisition et/ou de modification durable de savoirs (déclaratifs, procéduraux ou comportementaux) produits en dehors des périodes explicitement consacrées par le sujet aux actions de formation instituées (par l'organisation ou par un agent éducatif formel) et susceptibles d'être investis dans l'activité professionnelle. Notre définition est basée sur celle de l'éducation informelle, telle que Pain en a formalisé les bases en 1990. Cette forme souterraine, invisible, contrebandière d'éducation est à l'œuvre hors de structures éducatives instituées (école, université, service ou organisme de formation, centre culturel), n'a pas de contenu défini d'avance ni de programme pédagogique préétabli et ne suppose pas de connaissance préalable organisée de la matière concernée ; ses contenus ne sont pas structurés selon une logique d'apprentissage mais selon leur propre logique liée à l'action ; enfin, l'individu y joue un rôle plus décisif encore. Plusieurs séries de travaux de recherche convergent depuis plusieurs années vers cette notion.

J'ai lu

INFORMAL LEARNING IN THE WORKPLACE – UNMASKING HUMAN RESOURCE DEVELOPMENT

par J. Garrick, Londres-New York, Routledge, 1998.

Garrick propose une critique des discours sur l'apprentissage informel. Il accorde une place centrale à l'étude des réseaux de pouvoir qui se manifestent dans la narration des sujets. La situation étudiée, ancrée culturellement, n'a pas vocation à être généralisée. Son défi est d'énoncer une critique de la rhétorique « organisations apprenantes » qui fait de la promotion de l'apprentissage informel des travailleurs son cheval de bataille mais dont les visées réelles seraient les gains de productivité et d'efficience. Garrick dépeint avec acuité le décalage entre les intentions annoncées par les directeurs des entreprises et la réalité telle qu'elle transparaît à travers les discours des acteurs de la formation dans les équipes de développement des ressources humaines. Pour illustrer ses propos, il analyse les récits des responsables de formation d'une très grosse entreprise australienne qui a réalisé des travaux de construction pour les Jeux olympiques de 2000 à Sydney. Il révèle à travers les interviews un décalage entre le discours de la direction quant aux buts de la formation et ses attentes réelles en termes de productivité et de rendement. Le service de formation de l'entreprise est placé sous le même régime d'efficience. Le décalage entre la politique de formation déclarée et l'ordre du jour caché produit une tension entre la position officielle, la culture affichée de l'entreprise qui est intériorisée et endossée par les responsables de formation, et l'accommodation à laquelle doivent se livrer ces derniers pour se conformer ou s'arranger avec les visées non avouées. Garrick dévoile le rapport de pouvoir qui est présent dans les organisations en dépit des discours sur l'autonomie, l'autodirection (dans le travail) et la coopération entre salariés. À cela s'adjoint la reconnaissance des compétences, rendues visibles grâce à différents mécanismes utilisés, censées permettre une promotion de carrière et une augmentation de salaire comme couronnement du succès individuel. La convergence des buts de l'entreprise et de ceux des salariés forme ainsi le substrat de croissance qui engage les employés à s'investir pleinement.

Les connaissances développées sont orientées, en partie, vers le maintien d'un équilibre à l'intérieur des hiérarchies du pouvoir structurel et implicite. Ce qui reste invisible est la résistance, qualifiée d'affaire personnelle par les acteurs, et caractérisée par un dialogue interne. Les nouvelles approches de l'organisation et du management semblent opprimer la critique et favoriser ce qui est visible, c'est-à-dire la compétence et la performance. Garrick va jusqu'à dire que la formation basée sur les compétences dans le milieu du travail est faite intentionnellement pour « résister au questionnement sociologique et idéologique » (p. 42).

Jonathan Kaplan

D'un côté, les travaux sur l'*autoformation professionnelle* fournissent depuis plus d'un quart de siècle en Europe et en Amérique du Nord[15] nombre d'études et de réflexions novatrices sur le rapport au savoir et les pratiques d'apprentissages autonomes d'adultes salariés ou en recherche d'emploi, de toutes conditions sociales. Depuis les études initiales du Canadien Tough[16] sur les « projets d'apprentissage de l'adulte » jusqu'aux productions des *Rencontres mondiales sur l'autoformation* de Paris en 2000, on a vu se constituer un véritable réseau de recherche sur la dynamique d'autoformation du sujet social, dont les situations de travail sont un terrain d'observation privilégié[17]. Ces recherches sont concentrées, dans une approche généralement psychologique, sur les démarches autodirigées des salariés et professionnels. D'un autre côté, et à partir de sources différentes plus liées à la gestion et à la sociologie des organisations, la notion d'*apprentissage organisationnel* (liée à la notion connexe d'organisation apprenante) fournit depuis une dizaine d'années, principalement aux États-Unis, matière à de nombreuses recherches de statuts divers sur l'apprentissage dans les équipes de travail, le rôle du management et de la direction des organisations dans le déclenchement, la promotion et la reconnaissance des apprentissages en situation individuelle ou collective[18]. Enfin, une troisième direction s'est ouverte au cours des dernières années autour de la notion de *knowledge management* et de son florilège de traductions en français : gestion des savoirs, management de la connaissance, ingénierie de la connaissance, etc. Initialement plus centrée sur la bonne utilisation des systèmes d'information dans les sociétés du troisième millénaire, cette nouvelle orientation de recherche et d'intervention élargit aujourd'hui son périmètre à l'étude des rapports entre les salariés, les systèmes d'information et les savoirs professionnels.

La thématique de l'organisation apprenante recoupe pour partie la question des apprentissages professionnels informels. Après une première vague de réflexions sur l'organisation « qualifiante » et l'entreprise « formatrice » à la fin des années 1980, la décennie suivante a été marquée par la diffusion des idées, si ce n'est des pratiques, tournées vers l'image de l'organisation apprenante. Même si certaines entreprises anglo-saxonnes (IBM, Motorola, Rover) ont développé de véritables ingénieries en conformité avec la notion d'organisation apprenante, celle-ci est restée plus répandue dans les colloques et réunions de formation que dans les comités de

La notion d'organisation apprenante est restée plus répandue dans les colloques et réunions de formation que dans les comités de direction.

direction. Elle participe tout de même de la lame de fond de l'apprentissage informel sous certains aspects. Les modèles théoriques développés dans cette mouvance, qu'il s'agisse de la « théorie de l'apprentissage organisationnel » d'Argyris, du « cycle de l'apprentissage expérientiel » de Kolb, de la « spirale du savoir » de Nonaka ou de la « cinquième discipline » de Senge, sont massivement tournés vers l'acquisition de réflexes, de savoirs, d'habiletés et d'attitudes dans le cadre même du travail quotidien. Ils recoupent très largement les préoccupations des observateurs des pratiques d'autoformation professionnelle, même s'ils sont par ailleurs tournés vers la formation du management à l'encadrement de ces processus de changement « au quotidien ».

Organisation apprenante et réseaux

Les modélisations de l'organisation apprenante sont toutes, peu ou prou, basées sur un modèle de communication en réseau, inspiré de l'analogie biologique du réseau neuronal. Dans ce cadre, c'est le sujet qui pilote les échanges. Hiérarchie plate, décentralisation totale des fonctions... Le maître mot ici c'est l'individu. Laisser l'initiative aux individus pour s'assurer d'une réactivité maximale. Cette structure s'avère de surcroît auto-adaptative et auto-apprenante. L'organisation est ici inversée, les salariés devenant les spécialistes en contact direct avec les clients, auxquels l'entreprise fournit un certain nombre de services dits de « support ». Dans ce fonctionnement ascendant, le rôle des apprentissages individuels dans le quotidien de l'action devient évidemment essentiel. Mais la dimension collective du travail et de l'apprentissage est également stratégique. D'où la montée en popularité des thèmes des communautés de pratique, du travail collaboratif, des groupes autodirigés et, plus globalement, la glorification de l'intelligence collective. Comme l'écrit Lévy, il s'agit de favoriser « une intelligence partout distribuée, sans cesse valorisée, coordonnée en temps réel, qui aboutit à une mobilisation effective des connaissances. Le réseau [...] est le réceptacle organisationnel d'une intelligence collective mobilisatrice. Personne ne sait tout et tout le monde sait quelque chose ».

On retrouve ici les intuitions[19] qui ont abouti à la démultiplication des réseaux d'échanges réciproques de savoir. Mais l'idée d'intelligence collective porte également l'essor de celle de communauté de pratique, cette organisation microsociale de cooptation volontaire autour de thèmes d'intérêt commun qui caractérise les groupes actifs et performants. L'OCDE note à ce propos que les communautés de pratique sont idéalement adaptées « aux nombreuses formes d'apprentissage, notamment l'apprentissage informel et occasionnel, qui caractériseront l'apprentissage à tout âge dans les économies du savoir ».

Au Royaume-Uni, Field[20] fait état d'une grande étude réalisée en 1997 sur les apprentissages « par instruction » et « hors instruction » qui met en avant l'importance des pratiques d'apprentissage autonome des citoyens. À la lumière de ces résultats, il apparaît que les apprentissages informels sont aussi répandus que la participation à des formations formelles et présents chez 57 % des citoyens interrogés. Fait significatif, deux tiers des personnes déclarant un apprentissage au cours des trois dernières années indiquent s'être formées *à la fois* de façon formelle et informelle.

Les apprentissages informels sont aussi répandus que la participation à des formations formelles et présents chez 57 % des citoyens interrogés.

Au Canada une recherche similaire a été menée auprès de 1 568 adultes interrogés par téléphone en 1998. Ses résultats indiquent que « les adultes canadiens consacrent une moyenne de 15 heures hebdomadaires à leurs apprentissages informels », et que plus de 95 % des citoyens canadiens sont explicitement engagés dans une forme ou une autre d'apprentissage informel, y compris, remarque iconoclaste des auteurs, « les personnes aux statuts sociaux les plus désavantagés ». Ces efforts autonomes des adultes concernent quatre champs principaux de savoir : l'emploi, les activités associatives, ménagères ou d'autres sujets d'intérêt général (santé, environnement, hobbies, finances, etc.). Selon les conclusions de l'enquête, « si les équipages de nos grands navires de l'éducation et de la formation n'accordent pas de plus en plus d'attention aux icebergs massifs et évidents de l'apprentissage informel, beaucoup de leurs programmes risquent de sombrer dans une décrépitude digne du *Titanic* »[21].

En France, une recherche récente que nous avons réalisée avec Charbonnier[22] nous a fourni l'occasion de creuser la notion d'apprentissage professionnel informel (API) dans les organisations (voir l'encadré « Du côté de la recherche » dans ce chapitre). Elle a mobilisé plusieurs centaines de participants et trois équipes de chercheurs en parallèle sur six terrains contrastés et mis en évidence l'ampleur du phénomène des apprentissages professionnels informels, leur variété, leur universalité.

DU CÔTÉ DE LA RECHERCHE

Les apprentissages professionnelles informels

Cette recherche visait à dresser un état des lieux des apprentissages informels[1]. Pendant un mois, sur chacun des six terrains d'enquête, la présence d'un observateur a permis de recueillir des données ethnographiques qui ont été analysées de manière à en tirer une série de tableaux, de convergences et de différences entre les types d'apprentissages professionnels informels repérés, leurs origines, leurs inhibiteurs, leurs accélérateurs…

La recherche s'est développée à la croisée des trois chemins théorico-pratiques : l'autoformation, l'apprentissage organisationnel et le *knowledge management*. Le réel s'appréhendant mal dans le syncrétisme et l'indifférenciation des niveaux d'acteurs et des échelles d'observation, les phénomènes relatifs à l'apprentissage professionnel informel ont ici été observés à plusieurs niveaux d'analyse.

À un niveau « micro », nous avons étudié les dimensions individuelles des rapports au savoir, aux autres et aux choses qui caractérisent les sujets sociaux des différentes organisations-terrains dans leurs apprentissages professionnels informels : déclenchement, motivation, circonstances, ressources, modalités d'évaluation, etc.

À un niveau « méso », celui des équipes naturelles de travail dans les organisations, les dimensions managériales et de collaboration ont été analysées tant en ce qui concerne la conduite des équipes que la dynamique des groupes humains concernés, à propos des apprentissages professionnels informels et des facteurs inhibiteurs et facilitateurs.

À un niveau « macro », ce sont les caractéristiques des structures organisationnelles, analysées en particulier à travers leurs modes d'organisation du travail, leurs conceptions des systèmes d'information et leurs cultures, qui ont fait l'objet des observations.

Simultanément, une enquête de type stratégique a été conduite sur chaque terrain à partir d'outils variés (analyse documentaire, entretiens individuels et collectifs, journaux de bord) afin de dégager les points de vue des différents acteurs (salariés, management, direction, responsables ressources humaines et formation) sur la question de recherche.

Un instrument d'enquête psychosociale a été ensuite mis au point sur la base des résultats des trois étapes précédentes et utilisé sur chacun des terrains afin, d'une part, de compléter le tableau qualitatif dressé auparavant par des données quantifiées descriptives des apprentissages réalisés et, d'autre part, de valider certaines hypothèses d'explication mises au jour par l'observation auprès des salariés concernés.

Enfin, le traitement systématique des données recueillies tant dans les deux phases qualitatives que dans la dernière étape quantitative, croisé avec les résultats de l'analyse documentaire préliminaire et les productions du partenariat de recherche tout au long du processus, nous a permis de rédiger six monographies de terrain et un rapport de synthèse.

Il faut souligner, sur ce dernier plan, l'importance d'une collaboration régulière et authentique avec le comité de pilotage qui a accompagné toute la recherche, constitué par l'ensemble des chercheurs et des responsables des organisations partenaires. Ce collectif de douze personnes s'est réuni en séminaire tous les trois mois, soit six fois sur la durée globale, pour faire le point des travaux en cours. La participation active des responsables de terrain (responsables formation ou directeurs de ressources humaines) était un gage de la validité empirique des résultats, et une condition essentielle de la bonne marche d'une recherche qui se veut à la fois conceptuellement fondée et à visée opérationnelle.

1. P. Carré et O. Charbonnier (dirs), *Les apprentissages professionnels informels*, Paris, L'Harmattan, 2003.

Dans le cadre de ce programme de recherche, le volet d'enquête ethnographique a souligné cinq thèmes clés qui sont autant de points de vigilance dans la compréhension et l'optimisation des apprentissages informels. Les *rapports intergénérationnels* sont au cœur de la problématique étudiée : la qualité, l'intensité et l'opportunité du dialogue intergénérationnel sont autant de vecteurs d'une communication informelle plus ou moins garante d'apprentissages dans le vif du processus productif. Les *lieux, les espaces et postures de médiation* peuvent également favoriser, ou encore inhiber, les apprentissages informels : tiers espaces (« sas » ou « bulles » intermédiaires entre les lieux formels de production), tiers temps (pauses, entrées et sorties, événements…) et « tierces personnes » (ni clients, ni collaborateurs, ni supérieurs hiérarchiques) caractérisent les situations formatrices informelles. La *mémoire*, « requise » ou « transgressive », mémoire vive ou mémoire historique de l'organisation, incorporée, reconstruite par les opérateurs, peut ainsi se révéler alternativement accélératrice ou inhibitrice des apprentissages informels dans le travail. L'apprentissage semble trouver une place fondamentale au cours des *processus d'initiation* aux réalités brutes du terrain : prise de poste, bien sûr, mais également nouveau chantier, nouveau client, nouvelles fonctions. La première expérience d'un terrain recouvre ainsi un potentiel apprenant exceptionnel, par la mise à l'épreuve qui évoque fréquemment le rite initiatique. Enfin, et de façon plus générale, les apprentissages informels se concrétiseront d'autant mieux dans des compétences nouvelles que le *sens* que l'opérateur donne à l'acte de travail se rapproche de celui qui est donné par l'organisation. De ce dernier point de vue, ces apprentissages seront d'autant plus pertinents et efficaces que la culture de l'organisation, l'intelligibilité de l'environnement de travail et les motivations déployées par les salariés évolueront en synergie.

La première expérience d'un terrain recouvre un potentiel apprenant exceptionnel, par la mise à l'épreuve qui évoque le rite initiatique.

Le deuxième volet de l'enquête, de type plus classique, a mis en évidence quatre types d'apprentissages professionnels informels : API d'« ajustement », de « dépassement », de « signature personnelle », « déviants ». L'importance du statut du sujet d'une part, celle de la mobilité du poste d'autre part ont été soulignées, de même que celle des enjeux du développement des compétences et des modalités de sa reconnaissance par l'organisation. L'apprentissage informel résulte en effet d'une combinatoire entre dispositions individuelles et facteurs favorables du contexte organisationnel. Parmi ces derniers, dix types d'influences managériales porteuses d'apprentissage ont pu être identifiés, à côté et en synergie avec le rôle du leadership dans la diffusion de messages conformes à une culture de l'apprentissage tout au long de la vie dans l'organisation globale. De plus, la conception du système d'information, les modes d'évaluation de la performance, les perspectives d'évolution et de mobilité sont évidemment pointés ici comme vecteurs ou freins potentiels des apprentissages informels.

Enfin, le troisième volet de la recherche, basé sur la diffusion large d'un questionnaire à destination des salariés, permet d'apprécier différentes dimensions du rapport individuel à la formation et aux apprentissages. Certaines caractéristiques bien connues de ce rapport sont ici confirmées : ainsi du rôle de l'ancienneté, de la catégorie socioprofessionnelle d'origine, de la fonction, du terrain dans la vivacité des apprentissages informels. Plus surprenant, apparaît ici une figure hybride de la formation idéale : la volonté d'apprendre par soi-même, à partir des leçons de l'expérience, se combinerait idéalement à la présence rassurante d'un « bon formateur ». La formation serait ainsi une combinatoire en *coresponsabilité* d'acteurs autodirigés et de guidance organisationnelle. De plus, selon cette partie de l'enquête, les apprentissages professionnels informels trouvent leurs sources les plus vives dans les *dimensions relationnelles du travail* d'une part (collègues, supérieurs, homologues) et dans la confrontation aux *aléas professionnels* (initiation, panne, incident) et aux *nouveaux projets* et chantiers d'autre part. Enfin, cette enquête confirme, du point de vue de l'individu, l'existence d'un rapport plus ou moins pro-actif, ouvert aux possibilités d'apprentissage, caractérisé par une attitude que nous avons par ailleurs qualifiée d'« apprenance »[23] comme ensemble de dispositions durables favorables à l'acte d'apprendre dans toutes les circonstances…

La volonté d'apprendre par soi-même, à partir des leçons de l'expérience, se combinerait idéalement à la présence rassurante d'un « bon formateur ».

Au vu de ces premiers résultats, qui renforcent et précisent ceux de nombreuses études nord-américaines en particulier, quatre grandes directions peuvent être investies dans la création de « milieux nourriciers » propices au développement des apprentissages professionnels informels. Ces axes peuvent être résumés sous les thèmes de l'entreprise comme *environnement* d'apprentissage, de la dimension apprenante des *collectifs*, de la *valorisation* des apprentissages informels et de la culture de l'*apprenance*.

Conclusion

Éducation informelle, autoformation professionnelle, apprentissages professionnels informels, management des savoirs, organisations apprenantes, communautés de pratiques… L'action d'apprendre traverse les réflexions, les projets et les pratiques du travail au quotidien, dans ses dimensions informelles, de façon incidente et/ou intentionnelle. On peut optimiser les apprentissages professionnels informels. La création d'environnements apprenants, le développement de la dimension apprenante des collectifs de travail, la valorisation des acquis informels des salariés (par exemple grâce à la validation des acquis) représentent trois vecteurs puissants de cette recherche d'optimisation. Ils prendront d'autant plus de sens s'ils sont accompagnés par l'émergence d'une croyance partagée aux différents niveaux de l'organisation dans les bénéfices individuels, économiques et sociaux de l'apprenance.

NOTES

1. P. Carré, *L'apprenance, vers un nouveau rapport au savoir*, Paris, Dunod, 2005.
2. *Société du savoir et gestion des connaissances*, Paris, OCDE, 2000.
3. B. Nyhan (ed.), *Developing People's Ability to Learn*, Brussels, European Interuniversity Press, 1991.
4. O. Chataigner et B. Théry, « Les situations formatives dans l'entreprise », *Études et expérimentations en formation continue*, 1987, n° 25.
5. J.-M. Barbier *et al.* *Situation de travail et formation*, Paris, L'Harmattan, 1996.
6. G. Le Boterf, « La formation-action en entreprise », *Éducation permanente*, 1987, n° 87, p. 95-107.
7. A. Moisan, « Autoformation et situations de travail », *Éducation permanente*, 1992, n° 112, p. 131-138.
8. R. Wittorski, *Analyse du travail et production de compétences collectives*, Paris, L'Harmattan, 1997.
9. G. Le Boterf, *Construire les compétences individuelles et collectives*, Paris, Éditions d'organisation, 2000.
10. N. Tremblay, *L'autoformation – Pour apprendre autrement*, Montréal, PUM, 2003.
11. OCDE (2000), *op. cit.*
12. J.-P. Gehin et P. Méhaut, « Former et mesurer », *Actualité de la formation permanente*, 1988, n° 96.
13. CEREQ, « La formation professionnelle continue financée par les entreprises », *Documents* n° 172, juillet 2003.
14. CEREQ, « Les Français et la formation continue », *Documents* n° 169, novembre 2002.
15. P. Carré, *L'autoformation dans la formation professionnelle*, Paris, La Documentation française, 1992.
16. A. Tough, *The Adult's Learning Projects*, Toronto, OISE, 1971.
17. R. Foucher (dir.), *L'autoformation reliée au travail*, Montréal, Éditions nouvelles, 2000.
18. K. Starkey (ed.), *How Organizations Learn*, Londres, ITP, 1996.
19. C. Héber-Suffrin, *Les savoirs, la réciprocité et le citoyen*, Paris, Desclée de Brouwer, 1998.
20. J. Field, *Lifelong Learning and the New Educational Order*, Stoke on Trent, Trentham Books, 2000.
21. D. Livingstone, « Exploring the icebergs of adult learning : findings of the first Canadian survey of informal learning practices », *Canadian Journal for the Study of Adult Education*, vol. 13, n° 2, 1999.
22. P. Carré et O. Charbonnier (dirs), *Les apprentissages professionnels informels*, Paris, L'Harmattan, 2003.
23. P. Carré, *L'apprenance, vers un nouveau rapport au savoir*, *op. cit.*

Chapitre 14
La carrière : Adieu la formation, vive l'accompagnement !

Jean-Yves Robin

L'étude de la littérature consacrée au mot carrière permet d'établir un constat. Cette terminologie ne semble pas réservée uniquement à ceux qui exercent un emploi ou détiennent un logement, elle peut aussi être convoquée pour comprendre l'itinéraire de sujets marginalisés qui s'installent, font carrière dans le champ de l'errance sociale[1]. Le mot carrière embrasse donc aussi bien les vies marginales, amoureuses, sentimentales, associatives que professionnelles. Dès lors, il n'est pas surprenant que l'on en vienne à souligner le caractère polysémique voire énigmatique de ce terme[2]. Nombre de dimensions (vie professionnelle, loisir, biographie éducative, enjeux existentiels, vie personnelle) doivent être prises en considération pour comprendre l'itinéraire d'un individu. Le conflit entre vie professionnelle et vie familiale, la nature différente des apprentissages réalisés en entreprise au regard de ceux qui sont effectués tout au long de la formation initiale sont autant d'exemples qui illustrent combien l'individu se trouve dans l'obligation de gérer diverses contradictions tout au long de son histoire. Cela suppose de faire des choix, de privilégier ou non son insertion professionnelle au détriment de sa vie familiale ou personnelle, d'identifier ce qui pour soi relève de l'accessoire pour n'accorder d'importance qu'à l'essentiel.

Une telle polysémie laisse donc à penser que ce terme, loin d'être un concept opératoire, s'apparente à une notion désuète et périmée. D'ailleurs, penser qu'il serait encore possible de faire carrière dans des contextes aussi instables que les nôtres relève de l'illusion. Carriérisme et carrière sont désormais des catégories dont on doit prendre congé car elles ne désigneraient plus les processus sociaux qui se déroulent sous nos yeux. Il n'est d'ailleurs pas anodin que fleurissent aux côtés de ces substantifs, devenus obsolètes, des termes comme parcours, trajectoire ou cheminement. Ce constat met en évidence combien le mot carrière ne fait plus recette. Or que signifient ce déclassement et ce déplacement terminologiques ? En quoi est-il porteur d'éléments sémantiques qui annoncent une véritable révolution du côté des acteurs dans leur façon de penser leur rapport au travail ?

Certes, le processus de professionnalisation participe encore d'une manière ou d'une autre à l'entrée dans la vie adulte, mais l'atterrissage sur la « planète-travail »[3] est devenu incertain. Il est de plus en plus différé notamment pour les 18-25 ans, qui, selon l'expression de Deschavanne et Tavoillot[4], appartiennent à la « génération du moratoire ». Quant aux seniors, passé l'âge de 55 ans, ils ne sont plus que 38 % en France à détenir un emploi. Mais ces données objectives ne doivent pas laisser dans l'ombre la logique du sujet. L'exercice d'une activité professionnelle constitue encore un enjeu décisif pour bon nombre d'individus. Cependant, si ce diagnostic n'est guère contestable, il est à relativiser. C'est sans doute ce qui permet de comprendre pourquoi l'entreprise apprenante cède progressivement sa place à l'« apprenance »[5]. Cette mutation annonce une évolution décisive de l'apprenant dans son rapport au savoir et à sa carrière. Désormais, l'organisation gère de moins en moins l'itinéraire professionnel de ses salariés. C'est l'individu qui se voit dans l'obligation de négocier les transitions, d'anticiper les ruptures et, pour ce faire, il éprouve de plus en plus le besoin d'être accompagné, ce qui laisse à penser que se dévoile sous nos yeux une véritable révolution paradigmatique. Pas à pas, nous quittons le modèle de la formation fondé sur le mythe de la seconde chance pour accoster sur les rives de l'accompagnement.

Nous quittons le modèle de la formation fondé sur le mythe de la seconde chance pour accoster sur les rives de l'accompagnement.

Vous avez dit carrière ?

L'étymologie reste d'un précieux recours lorsque le doute s'empare des esprits. En effet, le mot carrière, issu du latin *carriara*, désigne ces chemins empruntés par les chars tout au long de l'Antiquité. C'est donc sur ces routes constituées de pierre que durant cette période ont pu circuler de nombreux convois. La symbolique inhérente à une telle image est celle de la solidité. Ces réseaux routiers résistaient à l'épreuve du temps et de nombreuses cités en ont toujours conservé la trace. Le développement professionnel quant à lui est-il encore marqué du sceau de la stabilité ? Il est permis d'en douter car le fait d'utiliser les mots parcours, trajectoire ou cheminement est un indicateur qui laisse à penser que rien ne va plus du côté des carrières.

Le parcours dans sa métaphore militaire renvoie à cet itinéraire du combattant constitué d'obstacles que le soldat se doit de franchir au terme de son instruction. Ici, la voie empruntée n'est pas linéaire, elle est chaotique. Dans un tel cas de figure, les succès et les échecs précèdent bien souvent les réussites. L'apprentissage est alors vécu sous le mode de l'épreuve. C'est d'ailleurs ce que sous-entend la formule « apprendre à ses dépens ». Or c'est bien le constat que peut faire tout apprenant lorsqu'il relit son histoire éducative ou professionnelle. Il prend conscience que durant toutes ces années nombre d'apprentissages se sont déclinés sous la forme de la perte et non du gain. Se trouve dès lors confirmé le vieil adage populaire qui laisse entendre que celui qui a beaucoup souffert a beaucoup appris. Cette éducation informelle, ce « régime nocturne de la formation » sont des éléments constitutifs de l'apprentissage expérientiel. Il est issu de la tradition philosophique allemande. Trois propriétés le caractérisent. Il est non programmable sous le toit de l'école ou de l'université, il n'est pas transmissible et il relève en certaines circonstances de l'indicible. Gaston Pineau ne croyait pas si bien dire lorsqu'il déclarait que la vertu éducative de l'expérience se mesure dans la capacité pour l'apprenant de sortir indemne du péril. C'est sans doute ce que ressent le militaire lorsqu'il parvient à terminer dans les temps ce fameux parcours du combattant qui comptera dans son classement d'élève officier ou sous-officier.

La vertu éducative de l'expérience se mesure dans la capacité pour l'apprenant de sortir indemne du péril.

Mais ce classement est aussi le produit d'une trajectoire. Les résultats des étudiants dans notre système éducatif français restent sous l'emprise de déterminismes sociaux. Les capitaux culturels et symboliques exercent donc encore une influence décisive. Quelques données permettront de s'en convaincre. Depuis une bonne dizaine d'années, le pourcentage d'élèves issus de milieux modestes reçus à l'École polytechnique n'a cessé de diminuer. Cet exemple n'est malheureusement pas le seul comme le confirme l'article d'Olivia Sautory[6] qui montre que dans l'enseignement supérieur les inégalités se sont accrues. Pour la préparation du concours en première année de médecine par exemple, « le handicap des nouveaux bacheliers issus de milieu populaire s'est renforcé : en 1997, [...] un bachelier issu de milieu populaire avait 1,6 fois moins de chance de réussir en première année qu'un bachelier issu de milieu supérieur, en 2004, ce chiffre est passé à 2,3. Cette filière ne semble donc pas s'être démocratisée ». Par ailleurs, lorsque l'étudiant en échec ne parvient pas lors d'une seconde tentative à franchir les obstacles du concours, il ne lui reste plus qu'une seule possibilité, la réorientation. Certes, il pourra faire carrière dans le secteur paramédical en devenant infirmier par exemple. Cependant, il lui sera désormais impossible après cinq ans d'investissement professionnel de faire valoir ses compétences acquises sur le terrain au titre d'une validation des acquis pour rejoindre le cursus médical en troisième année en faisant l'économie du concours. Cet exemple montre combien le classement en France se fait dès le plus jeune âge. Ce paradigme de la précocité a de quoi surprendre. Il révèle combien les savoirs acquis tout au long d'une expérience professionnelle ne trouvent pas grâce aux yeux de ceux qui défendent le statut des connaissances académiques.

Les savoirs acquis tout au long d'une expérience professionnelle ne trouvent pas grâce aux yeux de ceux qui défendent le statut des connaissances académiques.

C'est dire que ces jeunes adultes se trouvent parfois dans l'obligation de renoncer à un rêve de vie. Ce renoncement exige un effort de discernement pour identifier la voie qu'il serait possible d'emprunter désormais. Ce cheminement ne va pas de soi. Il exige des modalités d'accompagnement. C'est ici qu'intervient la gestion individualisée des carrières. Gysbers, Heppner et Johnston[7] vont même jusqu'à parler de l'élaboration d'une « conscience de carrière ». Elle se traduirait du côté du sujet par sa capacité à visualiser et à planifier son développement professionnel tout au long de son existence. Nous sommes là en présence de deux figures de l'anticipation que sont la prévision (elle s'apparente au savoir) et la prévention (elle relève de l'agir). Mais cette maîtrise est parfois bien coûteuse. Elle participe au développement d'une pathologie de la responsabilité qui provoque lassitude et épuisement. À force de cheminer vers soi, l'adulte finit tôt ou tard par être « fatigué d'être soi » pour reprendre l'expression d'Ehrenberg[8]. Est-ce le coût que doit payer l'apprenant qui se lance dans l'ère nouvelle de l'apprenance ? Les écrits de Philippe Carré le laissent penser : « Un idéal-type du travailleur du savoir de l'économie libérale, écrit-il, est ici à l'œuvre [...] Cherchant à exploiter les ressources de l'entreprise tant qu'elles lui sont utiles, il sait s'en séparer quand les vents sont moins favorables à son projet à long terme. Résolument individualiste, mais affilié à des réseaux multiples, il connaît les règles du jeu et cherche à les exploiter à son avantage [...] Champion de l'autodéfense par la compétence, cet agent est sans doute l'archétype du travailleur du savoir dans sa version la plus radicale. » Certes, mais alors que devient le rapport à l'institution ? Quel sera le devenir de ces apprentissages culturel, collectif et organisationnel qui participaient à la construction d'une identité collective ? La montée en puissance de l'individualisme annonce-t-elle la fin de l'entreprise apprenante ?

La fin de l'entreprise apprenante ?

Dresser un tableau portant sur l'évolution du marché du travail aujourd'hui permettra de répondre en partie à cette question. Ce n'est un secret pour personne, la mobilité et la précarité sont devenues monnaie courante en France. Si, en valeur absolue, le contrat à durée indéterminée (CDI) représente encore 55 % de la population active, il est important de rappeler que 75 % des contrats signés en France chaque année sont désormais des contrats à durée déterminée (CDD) ou des contrats intérimaires. L'emploi stable, le CDI, rassemble désormais des effectifs de plus en plus restreints. Devant cette évolution, il n'est pas illégitime de se demander si les entreprises n'établissent pas une nouvelle forme de contractualisation avec leurs salariés. Elle pourrait se décliner de la manière suivante :

Il n'est pas illégitime de se demander si les entreprises n'établissent pas une nouvelle forme de contractualisation avec leurs salariés.

– nous ne pouvons pas vous promettre que nous serons encore longtemps en affaires ;

– nous ne pouvons pas vous promettre que nous ne serons pas achetés par une autre entreprise ;

– nous ne pouvons pas vous promettre qu'il y aura place pour des promotions ;

– nous ne pouvons pas vous promettre que votre poste existera jusqu'à ce que vous atteigniez l'âge de la retraite ;

– nous ne pouvons pas vous promettre qu'il y aura assez d'argent pour votre pension ;

– nous ne pouvons pas nous attendre à une loyauté sans faille de votre part et nous ne sommes pas certains de la souhaiter[9].

De telles orientations en matière de gestion des ressources humaines signent en quelque sorte l'acte de décès d'un salariat de confiance. Désormais, il revient à chacun de gérer sa carrière comme il l'entend. Crozier évoquait dans les années 1970 « l'acteur et le système », aujourd'hui, c'est l'acteur qui se sent de plus en plus étranger au système. Or, ce mode de fonctionnement se retrouve également auprès de jeunes qui espéraient une éventuelle insertion professionnelle dans des entreprises fortement consommatrices de main-d'œuvre. Mais la crise des années 1980 est passée par là. Des pans entiers des industries traditionnelles se sont effondrés. Cette « génération fordiste »[10] est restée sur le quai de la gare, désemparée et désœuvrée. C'est donc bien une réelle problématique de l'insertion qui se pose pour cette population. Les agences d'intérim, pour un certain nombre d'entre elles, en ont pris conscience. Elles commencent à déployer auprès de ce type de public des dispositifs d'encadrement, de cooptation. Ils permettent à ces jeunes de se socialiser et de trouver un emploi faiblement qualifié. Le témoignage qui va suivre montre notamment combien ces structures finissent par remplir une fonction d'étayage. Elles participent de ce fait à un processus d'accompagnement, mesure éducative essentielle pour que ces jeunes négocient ce moment de transition sans se heurter à de trop grandes difficultés. « Lors du premier rendez-vous avec mon futur employeur, à chaque fois, je suis morte de peur, toute seule, je ne peux pas, heureusement que Robert m'accompagne, me présente au monsieur et après me téléphone pour savoir si ça s'est bien passé, heureusement parce que c'est trop dur quand on arrive toute seule. »[11]

La construction d'une identité au travail, élaborée à la faveur d'une relation durable et constante avec son entreprise d'appartenance, est en voie de disparition.

La construction d'une identité au travail, élaborée à la faveur d'une relation durable et constante avec son entreprise d'appartenance, est en voie de disparition. Désormais, l'adulte adopte les normes d'une nouvelle culture, celle de

J'ai lu

CARRIÈRES NOMADES, LES ENSEIGNEMENTS D'UNE COMPARAISON INTERNATIONALE

par L. Cadin, A.-F. Bender et V. de Saint-Giniez, Paris, Vuibert, 2003.

Les auteurs de cet ouvrage proposent une analyse renouvelée des principes qui organisent les carrières des personnes en s'inspirant du courant anglo-saxon des « carrières nomades », *boundaryless careers.* Se situant dans une perspective interactionniste, ils effectuent des liens entre, d'une part, les évolutions objectives des contextes économiques, stratégiques ou organisationnels, et, d'autre part, le vécu subjectif des personnes. L'articulation entre ces dimensions objectives et subjectives introduit une rupture avec les analyses plus classiques des carrières souvent centrées sur les facteurs explicatifs d'un parcours professionnel.

Ils portent donc un nouveau regard sur la manière dont se diffusent, grâce à la mobilité des personnes, les idées et les compétences au sein des entreprises mais plus largement dans les bassins d'emploi, voire dans la société en son ensemble.

Constatant de nouvelles formes organisationnelles, qui tendent à délier le contrat tacite d'une évolution ascensionnelle entre l'individu et l'organisation, ils étudient les processus d'interaction entre les parcours individuels et le développement économique d'entreprises en réseaux de la Silicon Valley. Bien que cette approche transforme en profondeur l'ensemble des domaines de la GRH, c'est sur les modalités d'apprentissage de ces carrières nomades que nous portons plus particulièrement notre attention.

Dans ces entreprises, souvent en proie à de grandes incertitudes économiques, les auteurs font l'hypothèse que le potentiel de créativité, essentiel pour leur survie, repose principalement sur une mobilité « interfirmes ». En effet, pour les tenants de ce courant, les compétences développées dans le cours de ces carrières nomades articulent trois dimensions de savoir (*knowing*) : d'une part les valeurs ou la culture de l'entreprise qui est directement liée aux motivations d'un individu (*knowing-why*) ; d'autre part l'ensemble des savoirs expérientiels professionnels ou extraprofessionnels de la personne (*knowing-how*) ; enfin un réseau relationnel, intégrant à la fois les clients, les collègues mais aussi le réseau familial et les divers groupes d'affinités (*knowing-whom*). L'ensemble de ces savoirs acquis au cours de passages dans différentes firmes tendent à faire du milieu professionnel une « communauté d'apprentissages » où chacun développe des parcours singuliers qui constituent ce qu'ils nomment un « capital de carrière ». Même si, dans ces communautés, les personnes font des expériences similaires, celles-ci contribuent à développer des apprentissages différents en fonction de la subjectivité de chacun, tout en augmentant les compétences de la firme, par la confrontation et l'échange avec les membres de la communauté. Les tenants ce courant définissent donc les apprentissages d'une carrière nomade comme une « construction de représentations sociales partagées ».

Anne-Lise Ulmann

la transition professionnelle. Par conséquent, s'il était légitime d'évoquer les figures des apprentissages collectifs, culturels ou organisationnels dans les années 1980, ce qui a fait la fortune d'un concept, celui de l'entreprise apprenante, aujourd'hui le monde du travail a bel et bien changé. Les carrières sont de plus en plus gérées à l'échelon individuel. Elles sont devenues imprévisibles. Par ces incertitudes, à tous les âges de leur vie, les adultes éprouvent désormais le besoin d'être accompagnés.

Vous avez dit accompagnement ?

Loin d'être un concept scientifique, le terme d'accompagnement remplit d'abord et avant tout une fonction d'analyseur. En effet, comment orienter ou diriger quelqu'un lorsque le futur semble de plus en plus incertain ? Qui se risquerait à donner des conseils alors que les parcours sont imprévisibles ? C'est sans doute ce qui conduit à privilégier un dispositif relativement souple, comme le laisse entendre le mot accompagnement. Il permettrait aux adultes aux prises avec la question de leur devenir de cheminer à leur rythme. Ils identifieraient par eux-mêmes les ressources sur lesquelles s'appuyer pour rebondir. C'est dans cette perspective que toute une ingénierie éducative s'est développée : les bilans de compétences, les entretiens de carrière, les procédures de validation des acquis, les entretiens d'orientation approfondie, etc. En quinze ans, l'éventail de ces procédures s'est élargi. De nombreux gestionnaires estiment d'ailleurs que les fonds strictement dévolus à la formation devraient être désormais consacrés pour une part plus importante aux politiques d'accompagnement. Dès lors, la figure traditionnelle du formateur s'estompe quelque peu. Il est invité à devenir de plus en plus un conseiller. Il est là pour remplir le rôle d'un médiateur, d'un guide en facilitant le passage d'une rive à une autre. Il intervient bien souvent lors d'une période liminaire au cours de laquelle l'accompagné plonge en pleine obscurité dans un futur incertain. Il éprouve donc le besoin d'être accompagné. L'accompagnateur devient un objet transitionnel par excellence[12], « le nounours de la vie adulte », pour reprendre l'expression de Houde. L'usage de cette métaphore annonce que l'accompagnement s'inscrit pour une part dans un registre bien particulier, celui de l'intime.

La figure traditionnelle du formateur s'estompe quelque peu. Il est invité à devenir de plus en plus un conseiller.

C'est sans doute pourquoi l'accompagnateur devient parfois un confident. C'est aussi la raison pour laquelle sa posture est ambiguë. En effet tout professionnel engagé dans ce genre d'activité ne peut échapper aux tensions qui se tissent et se nouent, opposant, comme le signale Fustier, « la subjectivité du lien à l'objectivité du cadre ». Il est donc essentiel pour l'accompagnateur d'assumer la dimension intrinsèquement paradoxale de sa fonction. Son image peut être surinvestie par l'accompagné à la faveur d'un processus transférentiel dont on sait qu'il puise son origine dans de vieilles histoires. Il revient à l'accompagnateur d'assumer cette dynamique relationnelle en ne révoquant jamais son rôle institué, afin que la fonction d'étayage qui est la sienne puisse être remplie jusqu'au bout, y compris lors d'épisodes où l'agressivité, le désenchantement et le ressentiment risquent de s'actualiser. Il en est ainsi lorsque des adultes, après avoir investi sans compter un dossier de validation des acquis, constatent que leur candidature a été refusée par le jury. Ils se retournent dès lors vers leur conseiller en manifestant parfois leur désarroi et leur amertume.

Or les recherches montrent que les entrées dans ces dispositifs se font souvent au mitan de la vie, qualifié d'âge d'or de la formation. Lorsque l'adulte est à la croisée des chemins du temps, il lui revient de relever certains défis, de promouvoir l'expérience qui fut la sienne afin que des savoirs « hérétiquement conquis » puissent acquérir leurs lettres de noblesse. Et pourtant l'expérience, malgré sa forte valeur d'usage, bénéficie encore aujourd'hui d'une faible valeur d'échange. Il est toujours possible d'évoquer le passage du management des qualifications au management des compétences, mais la norme sociale du diplôme reste prégnante. Nombre d'adultes après avoir réussi avec brio les épreuves d'une VAE devant un jury en viennent encore à se poser la question suivante : le diplôme que je viens d'obtenir est-il bien reconnu ? Interrogation qui illustre combien la culture indigène reste indigente dans l'esprit de nombreux acteurs – elle ne peut être confondue avec des savoirs « noblement acquis ».

L'expérience, malgré sa forte valeur d'usage, bénéficie encore aujourd'hui d'une faible valeur d'échange.

Pourtant, bien des études montrent que le processus de construction du capital expérientiel de l'apprenant reste primordial pour son devenir professionnel. L'atterrissage sur la « planète travail » est vécu sous le mode du choc culturel dans de nombreuses professions (cadres, ingénieurs, enseignants, infirmiers). À cette étape, les débutants éprouvent souvent le besoin d'être accompagnés, car ils ne sont pas toujours en mesure de décoder les enjeux socio-institutionnels et socio-relationnels auxquels ils sont confrontés. Qui sait que le risque d'épuisement professionnel surgit aujourd'hui non pas au mitan de la vie mais bel et bien au début de l'insertion tant chez les jeunes enseignants (au Québec) que chez les infirmières (en France) ? Un exemple permettra d'illustrer encore une fois ce qui vient d'être avancé. Malgré une formation reposant sur dix-huit mois de stage, les infirmières débutantes vivent la première étape de leur insertion comme une véritable rupture par rapport à ce qu'elles ont connu antérieurement. C'est tout particulièrement le cas dans des unités de soins où le geste technique occupe une place prépondérante. Comme le montre une recherche récente[13], de jeunes infirmières se sentent particulièrement désarmées et démunies lorsqu'elles intègrent un service de chirurgie. Les médecins pressentent cette fragilité. Ils ne leur adressent pas la parole, ne les regardent pas, les ignorent, interrogent des professionnelles plus aguerries pour obtenir les informations dont ils ont besoin – données concernant des patients qui sont théoriquement pris en charge par ces novices. Ces disqualifications prennent parfois une forme plus explicite. Les médecins refusent par exemple d'être secondés par ces infirmières inexpérimentées lors des périodes de garde. Ils n'hésitent pas à en informer la hiérarchie pour obtenir gain de cause. Ces disqualifications provoquent bien des souffrances. Nombre de débutantes en pareilles circonstances s'effondrent, ne parviennent pas à oublier ce qui s'est passé dans la journée ou à contenir leurs larmes au moment du retour à leur domicile. L'expérience est alors vécue sous le mode de l'épreuve. Mais qu'est-ce qui permet de comprendre que, malgré ces difficultés, les novices ne décompensent pas et finissent tôt ou tard par reprendre pied ? Est-ce simplement parce qu'elles échafaudent par elles-mêmes des savoirs de résistance en exploitant des ressources endogènes dont elles ne soupçonnaient pas jusque-là l'existence ? Ou bénéficient-elles du soutien de leurs pairs ? Les témoignages recueillis révèlent que les infirmières parviennent plus facilement à sortir indemnes de l'épreuve quand elles établissent des liens de solidarité avec leur équipe d'accueil et d'appartenance. La présence de professionnelles plus expérimentées, de seniors facilite ce passage tout particulièrement lorsque la novice est en mesure d'investir une figure d'identification qui remplira

La novice investit une figure d'identification qui remplira une fonction bien particulière : celle du mentor.

une fonction bien particulière : celle du mentor qui propose, expose, s'expose, compose sans jamais rien imposer[14].

Conclusion

Le mentor remplit donc ici une fonction d'accompagnement. Or celle-ci va se développer. Pourquoi ? Parce que les carrières ne sont plus linéaires. Elles sont de moins en moins définies par l'organisation ou l'institution. Il revient donc à tout individu d'être l'entrepreneur de sa vie, de gérer son itinéraire, d'accepter d'éventuels tremblements de carrières[15] qui s'expriment parfois en termes de ruptures ou de réorientations. Les formations initiales, l'exercice de tel ou tel métier n'installent plus l'adulte dans une famille professionnelle définitive. Ces données permettent de poser l'hypothèse suivante : tout au long des parcours professionnels, les transitions vont se multiplier. Certes, les carrières sans frontière[16] (*boundaryless career*) font encore partie de l'exception, mais il est probable qu'à plus ou moins long terme ce type d'évolution devienne la norme. C'est sans doute pourquoi la capacité de transférer des compétences acquises dans un domaine vers un autre champ d'activité représentera un atout majeur pour l'adulte transitionnel qui abandonne une culture de l'héritage et de l'enracinement pour s'adonner aux charmes angoissants de l'incertain et de l'imprévisible. Dès lors, être en mesure d'identifier ses compétences, de les décrire et d'en retirer les enseignements requis sont autant de qualités pour garder la main sur son devenir professionnel.

NOTES

1. B. Bergier, *Compagnons d'Emmaüs. Sociologie du quotidien communautaire*, Paris, Les Éditions ouvrières, 1992.
2. M. Gingras, A. Spain, L. Cocandeau-Bellanger, « La carrière, un concept en évolution », *Revue francophone internationale de carriérologie*, 2006, vol. 10, n°s 3 et 4.
3. D. Riverin-Simard, *Étapes de vie au travail*, Montréal, Éditions Saint-Martin, 1984.
4. E. Deschavanne, P.-H. Tavoillot, *Philosophie des âges de la vie*, Paris, Grasset, 2007.
5. P. Carré, *L'apprenance*, Paris, Dunod, 2005.
6. O. Sautory, « La démocratisation de l'enseignement supérieur : évolution comparée des caractéristiques sociodémographiques des bacheliers et des étudiants », *Éducation et formation*, 2007, n° 74, p. 60.
7. N. Gysbers, M. J. Heppner, J.-A. Johnston, « Conseil et développement de carrière tout au long de la vie », *L'orientation scolaire et professionnelle*, 2000, vol. 29, 1, p. 91-115.
8. A. Ehrenberg, *La fatigue d'être soi. Dépression et société*, Paris, Odile Jacob, 1998.
9. Cette affichette était intitulée : « Attente des employeurs à l'égard de leurs employés ». Cette note fut placardée sur le tableau d'une entreprise américaine. Elle fut citée par A. Gosselin de HEC Montréal à l'occasion des entretiens Jacques Cartier.
10. C. Dubar, *L'autre jeunesse*, Lille, PUL, 1987.
11. C. Faure-Guichard, *L'emploi intérimaire, trajectoires et identités*, Rennes, PUR, 2000, p. 41.
12. P. Fustier, « Personnalité carencée et lien d'accompagnement », *in* J.-P. Boutinet, N. Denoyel, G. Pineau, J.-Y. Robin (dirs), *Penser l'accompagnement adulte*, Paris, PUF, 2007.
13. A. Dauce, *De novice à compétent : l'enjeu du parcours d'intégration des jeunes diplômés en service de chirurgie*, mémoire présenté en vue de l'obtention du diplôme de cadre de santé, Université catholique de l'Ouest et Institut de formation des cadres de santé, mai 2007.
14. R. Houde, *Le mentor, transmettre un savoir-être*, Paris, Hommes et Perspectives, 1996.
15. A.G. Watts, « L'éducation en orientation pour les jeunes : les principes et l'offre au Royaume-Uni et dans les autres pays européens », *L'orientation scolaire et professionnelle*, 2001, 30, p. 92-104.
16. L. Cardinal, « L'éclatement de la carrière ou la carrière éclatée : un nouveau courant en carriérologie », *Revue francophone internationale de Carriérologie*, 1999, vol. 7, 3-4, p. 103-114.

Chapitre 15
Traces d'apprentissages dans l'écriture du dossier de VAE

Martine Morisse

La validation des acquis de l'expérience est un acte officiel, imposé en France par la loi de modernisation sociale votée en 2002, consistant à certifier, au nom d'une autorité compétente, qu'un individu a fait la preuve, par des moyens déterminés à l'avance, qu'il maîtrise les savoirs, les savoir-faire et les habiletés correspondant à un diplôme, à un titre homologué ou à un certificat de qualification professionnelle. C'est une procédure de vérification, d'évaluation et d'attestation des acquis de l'expérience du candidat, par un jury indépendant et comportant des professionnels. C'est aussi l'aboutissement d'un long processus, généralement accompagné, de reconnaissance d'acquis expérientiels, pas seulement de savoirs académiques. Le candidat engagé dans la démarche de la VAE doit répondre à l'injonction scripturale de remise d'un dossier aux membres du jury, avant d'être auditionné par celui-ci.

L'écriture du dossier de VAE est une activité complexe, au cours de laquelle le candidat va mobiliser un certain nombre de connaissances de natures très différentes pour satisfaire aux exigences de la démarche. Pour cela, il va rassembler, articuler, tisser des liens avec des éléments extrêmement disparates, provenant de champs relativement éloignés, pour produire un discours, selon une configuration tout à fait particulière, contrainte par le genre de dossier à « remplir ». À partir de rapprochements parfois inattendus, de choix à opérer, d'imprévus à gérer, toute une activité langagière et réflexive va alors se déployer, conduisant le candidat à penser son expérience, pour la communiquer aux membres du jury. C'est en se saisissant de l'ordre contraignant de la langue, par la mise en mots de son expérience, que le candidat va créer ses « propres marques », opérer des choix, y instaurer de la créativité, y développer des stratégies. Ces traces, qui surgissent dans et de l'écriture du dossier, traduisent à la fois le cheminement du candidat – parfois peu outillé pour satisfaire aux normes langagières attendues de la procédure et cependant fortement engagé dans la démarche – et les « apprentissages fortuits, accidentels, informels » qui peuvent ainsi apparaître[1]. C'est toute la complexité du processus à l'œuvre dans l'écriture du dossier de VAE que nous allons donc tenter de mettre en évidence dans ce chapitre, en intégrant deux dimensions : la façon dont le candidat va articuler des logiques contradictoires, imposées par le document lui-même, et la façon dont il va déployer une activité réflexive pour parvenir à le « remplir »[2].

En se saisissant de l'ordre contraignant de la langue, par la mise en mots de son expérience, le candidat va créer ses « propres marques ».

L'articulation entre différentes logiques discursives

Lors de l'écriture du dossier, le candidat va devoir répondre à plusieurs exigences : se faire comprendre des membres du jury car, une fois écrit, le dossier doit être compris ; adopter des stratégies argumentatives pour parvenir à les convaincre, et en même temps anticiper leurs réactions et leurs questions lors de l'entretien, au regard des compétences répertoriées dans le référentiel ; se faire reconnaître d'eux comme étant détenteur de critères à partir desquels va s'opérer la demande de reconnaissance et de validation dont il est porteur. Les ressources que le candidat va devoir mobiliser renvoient à différents champs[3], s'inscrivant dans des logiques discursives que le candidat va tenter de conjuguer entre elles.

La première des logiques est une logique administrative. Le dossier à remplir par le candidat comprend un cadre, une structure, une organisation tout à fait spécifique. Le candidat doit s'y conformer, c'est-à-dire se fondre dans les rubriques et étayer son expérience personnelle et professionnelle dans les espaces qui lui sont imposés. Le dossier offre en effet une configuration nouvelle, reliant entre eux des éléments très disparates (motivation, souhait, description d'activités, priorités, explications, exemples...), se présentant selon des agencements particuliers (colonnes, tableaux, listes, textes, etc.). Cette mise en espace de l'action, complétée par un guidage explicite de l'activité, s'inscrit dans une logique qui n'est ni celle du candidat ni celle des professionnels, mais qui ordonne l'activité selon une logique propre, correspondant à celle du référentiel. Si le style de l'écriture est laissé à l'initiative du candidat, celui-ci est contraint par les espaces à respecter et les consignes qui lui sont données. Les dossiers sont très hétérogènes, tout en conservant parfois des traces d'hésitation, de maladresse, d'erreurs orthographiques et syntaxiques. Ils présentent des récits détaillés, valorisant ainsi une activité jusqu'alors fortement dépréciée.

La deuxième logique discursive est la logique pragmatique. Dans la relation intersubjective, le candidat va essayer de convaincre les membres du jury et, en même temps, essayer de se convaincre lui-même qu'il peut réussir, que les savoirs qu'il possède sont légitimés et peuvent être convertis en savoirs diplômants. Il va produire alors un « discours de conviction », mais aussi un « discours adressé », en fonction des représentations qu'il s'est construites des membres du jury (stables, contradictoires, familières par exemple). Ce positionnement va conduire le candidat à faire des choix énonciatifs : « Ce n'est pas seulement un travail d'écriture, de rédaction, mais c'est aussi un problème de positionnement, parce que c'est le point de vue de l'exploitant, votre point de vue dans une perspective d'amélioration sans critiquer non plus parce que des fois, il faut être discret, il faut savoir dire à temps... », dira l'un des candidats interviewés. Contraint de sélectionner les informations les plus pertinentes, tout en prenant en compte la situation énonciative, il va éviter ainsi de s'exposer au jugement des membres du jury, en particulier sur des sujets délicats comme la sécurité au travail : « Quand on vous pose des questions sur la sécurité, on se pose la question est-ce qu'on fait bien est-ce qu'on fait mal donc c'est vrai c'est pas évident à répondre et aussi, devant un membre du jury, il y a des choses qu'il faut dire et des choses qu'il ne faut pas dire, donc c'est pas évident. »

Le candidat va essayer de convaincre les membres du jury et, en même temps, essayer de se convaincre lui-même qu'il peut réussir.

J'ai lu

VAE, QUAND L'EXPÉRIENCE SE FAIT SAVOIR. L'ACCOMPAGNEMENT EN VALIDATION DES ACQUIS

par Alex Lainé, Paris, Erès, 2005.

Alex Lainé, conseiller technique au ministère de la Jeunesse, des Sports et de la Vie associative, rapporte son expérience d'accompagnateur de candidats à la VAE pour les diplômes relevant de son ministère (éducateurs sportifs et animateurs). Référée au contexte de ce ministère, cette méthode se transpose aisément à l'ensemble des secteurs qui délivrent désormais des diplômes par la voie de la VAE. Mêlant intimement sa théorie de l'action et sa pratique d'accompagnateur, l'auteur apporte de précieux éclairages sur les enjeux, les embûches et les méthodes de ces nouvelles démarches d'accompagnement.

Renvoyant dos à dos les tenants de l'empirisme, qui estiment que la pratique produit d'elle-même du savoir, et les rationalistes pour qui la pratique ne peut produire de connaissances, Alex Lainé privilégie « une conception constructiviste et dialectique qui s'efforce de saisir les liens, les articulations entre action et théorie sans lesquelles il n'y a pas de savoir ». Cette approche exige du candidat un important travail de mémoire qui nécessite d'être accompagné pour lui apprendre à regarder sa pratique avec un œil neuf et lui faire élucider les liens entre l'action réalisée et les savoirs notés dans les référentiels. Les difficultés rencontrées tiennent d'une part au fait que ce travail n'est pas naturel parce qu'on ignore souvent ce dont on a l'expérience, d'autre part aux craintes des candidats qui pensent que leurs pratiques sont évidentes ou banales, donc peu dignes d'être décrites pour susciter l'intérêt d'un jury.

Ce difficile travail de mémoire opère comme un processus de transformation, analogue à une action de formation. La dimension formative de cette remémoration de l'expérience conduit d'ailleurs Alex Lainé à préconiser des accompagnements collectifs qui renforcent les apprentissages, l'écoute de la pratique des autres constituant de puissants appuis à la compréhension de soi. À partir de nombreux extraits d'entretiens avec des candidats, il montre que ce travail de validation est proche d'une autoformation qui repose d'abord sur un investissement individuel et qui se poursuit collectivement pour « que le sujet apprenant se confronte à l'altérité ». L'accompagnateur organise sa démarche de manière à ce que les candidats cheminent « de l'oubli au souvenir » d'une pratique, puis « de l'activité prescrite à l'activité réelle décrite » dans ses moindres détails pour arriver au terme de ce long processus de réflexion à « une amplification de sa puissance de penser et d'agir ». L'accompagnateur aide cette réélaboration d'une pratique ordinaire qui transforme les expériences en savoirs.

Loin d'une procédure de validation simple, Alex Lainé montre que le candidat, par-delà le travail d'identification des connaissances mobilisées dans les expériences antérieures, modifie profondément son rapport au métier, aux autres et à lui-même en tant que sujet agissant.

Anne-Lise Ulmann

L'exigence de modalisation de son propre discours, le développement de stratégies énonciatives dans un contexte de production alors inédit, conduit le candidat à devoir articuler un triple positionnement :

– en tant qu'auteur, sujet énonciateur, impliqué ou non dans son écrit, faisant partie d'un collectif d'appartenances, par l'emploi du « je, « nous », « on » ;

– en tant que professionnel, simple exécutant ou s'autorisant à donner son avis, à exprimer des améliorations, répondant ainsi à certaines consignes du dossier ;

– en tant que candidat à la VAE, engagé dans le processus, investi ou non dans un projet de développement professionnel, porteur de son projet ou de celui de son employeur qui l'a parfois influencé à s'engager dans la démarche.

Positionnement que le candidat devra tenir, ou varier selon les cas, selon les situations, selon la façon dont il se représente le porteur de la reconnaissance, conduisant parfois à des jeux de complicité et de connivence, par un effet d'identification à l'autre, lors de l'entretien oral.

La troisième logique discursive est la logique didactique, celle qui s'intéresse à la question du lien entre savoir et action. Quels sont les savoirs mobilisés dans l'action et valorisés par le candidat lors de l'élaboration de son dossier de VAE ? La majorité des ouvriers agricoles n'ont pas suivi de formation, ils ont appris leur travail sur le tas, soit parce qu'ils ont grandi dans une ferme ou une exploitation agricole, soit parce qu'ils vivent en milieu rural et ont eu de multiples occasions d'aider un proche ou de donner un « coup de main ». Dans l'action, le candidat va mobiliser des savoirs de natures différentes : des savoirs pratiques (qui renvoient à la maîtrise de l'activité), des savoirs relationnels (importants chez les remplaçants pour gérer la relation à l'exploitant ou à ses collègues), des savoirs « personnels » (qui renvoient à son histoire, à sa conception de la vie, du travail, à son expérience familiale en milieu agricole…), des savoirs identitaires (qui correspondent à son identité sociale, aux codes valorisés dans l'activité agricole, liés aux valeurs du corps professionnel…) et des savoirs théoriques acquis lors de formations généralement très courtes et très ciblées. Il s'agit le plus souvent de savoirs intégrés, dont le candidat n'est pas conscient, de savoirs tacites, d'habiletés, peu dissociables du faire, en partie non verbalisés par le candidat et non formalisés par l'institution scolaire (à l'exception des savoirs théoriques). Les tensions vont surgir de la diffi-

Les tensions vont surgir de la difficulté d'émergence de ces savoirs incorporés, confrontés aux savoirs formalisés dans le référentiel.

culté d'émergence de ces savoirs incorporés, confrontés aux savoirs formalisés dans le référentiel.

Pour remplir son dossier, le candidat va devoir gérer les écarts qui vont apparaître, de façon consciente ou non, entre ce qu'il fait et ce qu'il pense faire, entre ce qu'il fait et ce qu'on lui demande de faire (notamment pour les agents de remplacements, où les méthodes de travail sont souvent différentes selon les exploitants), entre ce qu'il fait et ce qu'il aimerait faire, si cela était possible, si les circonstances le permettaient[4]. L'ouvrier remplaçant est particulièrement soumis à cette difficulté de choisir, travaillant dans des contextes différents, qui lui imposent de faire des choix : « Il y a des fois, ce n'est pas comme ça que je pense qu'il faudrait faire mais on m'a demandé de faire comme ça, c'est pour ça que j'ai pris l'exemple, moi, j'aurais fait ça, ça permettrait de faire évoluer le système. » Le candidat, lui-même porteur de connaissances, va développer des stratégies pour gérer ces écarts, tout en prenant en compte les destinataires.

Outre les exigences administratives et pragmatiques, la démarche de la VAE invite également le candidat à une « investigation introspective »[5]. C'est une logique que l'on va appeler logique biographique car elle renvoie à l'histoire du sujet, à l'évocation de son parcours professionnel, parfois personnel et familial, jalonné d'expériences plus ou moins significatives pour lui, par rapport aux représentations qu'il a des compétences attendues des membres du jury. Le sujet mobilise alors son expérience passée, qu'il va devoir penser dans la continuité entre passé/présent/futur, essayant d'articuler entre eux des événements parfois vécus dans la rupture (changement de métiers, d'exploitations, de fonctions, de pratiques…) pour en saisir la cohérence d'ensemble et en dégager les savoirs de référence. Le candidat va donc puiser dans cette monographie plusieurs éléments, les situations, les activités, les savoirs qui, selon lui, répondent aux exigences de la validation et aux contraintes évoquées précédemment, soumis aux représentations qu'il a des attentes de ses destinataires.

Le sujet mobilise son expérience passée pour en saisir la cohérence d'ensemble et en dégager les savoirs de référence.

Lors du « remplissage du dossier », le candidat doit surmonter ainsi un certain nombre de contradictions : il produit un discours d'expérience – accédant ainsi à une forme d'historicité – soumis à des contraintes administratives, s'inscrivant dans un contexte énonciatif qui lui impose de convaincre les membres du jury des connaissances qu'il a acquises – dont il n'a pas toujours conscience – tout en tentant de répondre aux exigences de la certification. Toute l'habileté qu'il va déployer alors porte sur l'articulation entre ces logiques, la façon dont il va s'en saisir, dans la gestion entre ces différentes dimensions : privé/public, savoirs formels/informels, discours administratif/discours introspectif.

La dimension réflexive à l'œuvre dans l'écriture du dossier

L'activité d'écrire ne s'effectue pas de façon linéaire, mais requiert des postures à soutenir par les candidats, plutôt que des étapes à franchir. Cependant, différentes fonctions de l'écriture se dégagent du processus mis en œuvre, mettant en évidence l'activité réflexive du candidat.

Le candidat va écrire le faire. L'écriture est appréhendée alors comme un processus permettant d'intégrer les données de l'action, de revivre l'action dans la situation présente, de la rendre présente à soi, d'entrer en contact avec elle et de la présenter aux autres, selon une configuration nouvelle imposée par le dossier. Il établit alors, le plus souvent, tout au moins dans un premier temps, une relation à la situation de référence dominée par le registre de l'affectif et du sensoriel, ce que nous avons appelé ailleurs une « posture incarnée » en nous référant à l'expression de Versmech. C'est une écriture dans laquelle le candidat n'a pas toujours de distance entre ce qu'il écrit et ce qu'il fait. Il écrit ce qu'il fait, de façon impliquée, parfois aussi de façon imbriquée. Il restitue des éléments de son expérience sans parvenir parfois à placer l'objet dont il parle à l'extérieur de soi, à l'extérieur du monde qui est le sien. Il doit effectuer alors le passage qui consiste à partir de l'« en soi » pour aller vers le « pour soi », pour l'adresser enfin « pour l'autre ».

Le candidat restitue des éléments de son expérience sans parvenir parfois à placer l'objet dont il parle à l'extérieur de soi.

Lors d'une seconde étape, le candidat va procéder à des choix, en sélectionnant des situations et des activités qui lui paraissent significatives, et en les organisant dans un discours selon un ordre, une chronologie, une logique à partir des consignes données. Il va écrire sur le faire. Les tensions vécues par le candidat dépassent alors largement l'activité scripturale, dans le sens linguistique du terme, c'est-à-dire celle qui impose le respect des règles orthographiques et syntaxiques (préoccupations souvent dominantes chez les candidats et les accompagnateurs). Elles traduisent une activité cognitive qui mobilise à la fois la mémoire et les connaissances du sujet, sollicitant son expérience passée pour sélectionner les situations qui lui semblent les plus significatives par rapport aux compétences attendues des membres du jury, et pour extraire les connaissances qui vont s'en dégager. Connaissances sur lesquelles le candidat va parfois s'interroger : « C'est vrai il y a des fois des gestes qui ne sont pas normaux, en réfléchissant, j'avais demandé à un vétérinaire donc c'est vrai il m'a dit que ce sont des gestes qu'il faudrait éviter. Donc en écrivant finalement une activité, ça permet de vérifier aussi. »

Le texte du dossier, une fois écrit, peut devenir alors l'élément médiateur capable d'établir de nouveaux rapports entre le sujet et son action. Cette prise de distance entre soi et soi, par la médiation du texte, place alors le sujet dans une double position de sujet/objet, processus déjà décrit par Gaston Pineau en 1983. Il se sépare alors de quelque chose qu'il a vécu, de quelque chose sorti de lui, par une mise en mots et une mise à distance de l'objet. Cet effet de distanciation/séparation de soi peut favoriser ainsi, par un effet de retour du sujet sur lui-même, l'introspection et l'autoanalyse. De cette double position de sujet/objet, le sujet peut reconnaître des choses de soi et des choses « en plus » (qu'il peut souhaiter vérifier) dont il peut prendre conscience en les écrivant. Le retour réflexif sur l'action peut contribuer à mettre au jour des démarches, à analyser les modèles ou les facteurs qui ont influencé l'action, à formuler des règles et des principes qui permettront à la fois de dégager des mécanismes en jeu, de confirmer ou d'infirmer le bien-fondé d'une attitude ou d'une stratégie mise en œuvre. En se séparant de soi, le sujet va passer progressivement du « discours de la pratique au discours sur la pratique »[6].

Le retour réflexif sur l'action peut contribuer à mettre au jour des démarches, à analyser les modèles ou les facteurs qui ont influencé l'action.

En développant une attitude réflexive, le candidat va écrire sur sa pratique pour pouvoir la dépasser. Il va écrire à partir du faire. Certains candidats évoquent alors, dans l'écriture du dossier, des moments de doute, de déstabilisation, de remises en cause de leurs expériences. L'écriture du dossier, en même temps qu'elle interroge et mobilise les connaissances du sujet à partir de son expérience passée, fournit au candidat l'occasion de vivre une expérience nouvelle. Se défaire de son expérience peut conduire le candidat à porter un autre regard sur ce qu'il a fait, à développer d'autres points de vue, à ouvrir d'autres perspectives. Il y a un effet de changement de soi qui s'opère alors, provoqué par le processus lui-même, au cours duquel le candidat peut rechercher des informations complémentaires (comme on l'a vu précédemment), échanger et confronter son expérience avec des personnes ressources, ou avec d'autres candidats lors du dispositif d'accompagnement par exemple. Au regard de ce contact, du point de vue des membres du jury, on peut se demander, en nous référant à Yves Clot, ce qu'ils évaluent finalement : « l'expérience antérieure, la transformation de l'expérience, la possibilité de développement du sujet dans cette expérience-là ? »

En conclusion

Toute la potentialité du candidat, qui émerge dans et par l'écriture du dossier, fait état d'un long processus à l'œuvre – qui intègre et dépasse l'activité linguistique –, soumettant le candidat à une triple épreuve : faire la preuve par écrit de ce qu'il sait faire, face à un jury composé de professionnels ; se soumettre à l'épreuve d'écrire le faire, pour parvenir à le convaincre que son expérience est bien acquise ; écrire ce qu'il a appris du faire, en tant que détenteur de connaissances, répondant ainsi aux exigences du référentiel, pour l'obtention d'une partie ou de la totalité de la certification. À travers les mots, ce sont les savoirs mobilisés dans l'expérience que celui-ci va déployer, pour en extraire la signification et la communiquer aux membres du jury. C'est aussi toute la culture du métier qu'il devra partager, pour faire la preuve de son appartenance à un collectif et en partager les valeurs. Cette situation inédite produit ainsi des conduites nouvelles, soutenues par une activité réflexive qui fait surgir des contradictions, présentées dans la première partie du texte, mais provoque aussi des apprentissages. Tout au long de la procédure, les savoirs formels et informels semblent inextricablement liés, « l'informel vient dynamiser le formel ou lui servir de "réservoir d'expériences" », pour reprendre l'expression de Brougère et Bézille, selon des configurations toutes particulières et un type de structuration imposé par le protocole de la démarche de VAE.

NOTES

1. G. Brougère, H. Bézille, « De l'usage de la notion d'informel dans le champ de l'éducation », *Revue française de pédagogie*, n° 158, janvier-février-mars 2007, p. 117-160.
2. Ce chapitre sera illustré des données issues d'une recherche présentée dans M. Pagoni et M. Morisse, *Analyse de l'activité de jurys en VAE dans le secteur agricole : enjeux de construction d'une « posture évaluative »*, Rapport de recherche, Équipe Théodile, Université de Lille III, 2006.
3. P. Astier, « La validation des acquis de l'expérience, épreuves de commensurabilité », *Éducation permanente*, 2004, n° 158, p. 25-37.
4. Y. Clot, « La validation des acquis professionnels, l'analyse psychologique du travail et les problèmes de l'expérience », in *La construction de la certification : quelles méthodes, pour quels usages ?* Journées de travail Desco/Cereq, 13 et 14 septembre 2001, Marseille, Cereq, février 2002, p. 59-68.
5. P. Astier, *op. cit.*
6. G. Jobert, « Les difficiles questions adressées par la VAE à l'analyse du travail » *in* P. de Rozario (dir.), *VAP et Entreprises. Enjeux politiques et systèmes de reconnaissance des apprentissages*, Paris, Cnam, 2005, tome 2, p. 9-15.

Cinquième partie

Apprendre par la vie politique et associative

Chapitre 16
Apprendre en faisant : démocratie participative et éducation à la citoyenneté

Daniel Schugurensky

Dans le discours éducatif général, l'apprentissage informel est habituellement perçu comme le reste d'une catégorie résiduelle. On désigne par le terme d'éducation formelle le cursus dans l'institution scolaire, depuis le préscolaire (en France, l'école maternelle) jusqu'aux études supérieures. L'éducation non formelle renvoie quant à elle à toutes les activités éducatives organisées qui se déroulent en dehors du système d'éducation formelle (comme des cours, des ateliers, le développement professionnel, etc.). Dans ce cadre, il ne reste à l'apprentissage informel qu'à être une catégorie floue qui comprend tout ce qui n'est pas contenu dans les deux premières. À partir d'une telle conception, il n'est pas étonnant que l'apprentissage informel soit un concept tout à fait à la marge des théories et des recherches en éducation. En effet, la plupart des recherches et des initiatives politiques en éducation se concentrent sur l'éducation formelle et, dans une moindre mesure, sur l'éducation non formelle. L'apprentissage informel est rarement reconnu et bien souvent sous-estimé.

L'apprentissage informel est une boîte noire, dont les processus et les effets restent très mal connus. Cette situation est très regrettable puisque les connaissances, compétences, attitudes, valeurs et pratiques les plus importantes, les plus signifiantes pour l'individu sont acquises tout au long de la vie par des processus d'apprentissage informel. Ce constat est notoire dans le domaine de la participation démocratique.

La démocratie s'apprend mieux en agissant, c'est-à-dire en participant activement au processus démocratique de la délibération et de la prise de décision.

Ce chapitre explore précisément les liens entre l'apprentissage citoyen et la participation démocratique, en accordant une attention particulière à l'apprentissage informel que permet le dispositif de « budget participatif ». Le choix de ce thème repose sur deux raisons : premièrement, parce que la démocratie s'apprend mieux en agissant, c'est-à-dire en participant activement au processus démocratique de la délibération et de la prise de décision. Deuxièmement, parce que la qualité de ces processus démocratiques repose largement sur les qualités de leurs participants. De ce fait, la participation démocratique nourrit l'apprentissage citoyen, en même temps que l'apprentissage citoyen améliore le processus de participation démocratique. En favorisant une relation réciproque entre l'apprentissage citoyen et la participation démocratique, on peut contribuer au développement de citoyens plus démocrates et de démocraties en meilleure santé.

Devenir citoyen : un apprentissage au long cours

Malgré le rôle très important que l'école joue dans ce domaine, les cours d'éducation à la citoyenneté que suivent les élèves ne peuvent suffire pour acquérir les connaissances, compétences, attitudes et valeurs citoyennes. L'acquisition et la capacité de réflexion sur ces connaissances, compétences, attitudes et valeurs sont un processus complexe qui commence dès la naissance et ne s'arrête qu'à la mort. Il s'appuie sur des situations formelles, non formelles et informelles très variées. Par-delà l'école, il existe d'autres instances de socialisation nombreuses et puissantes qui permettent le développement de la citoyenneté et des compétences politiques. On trouve parmi celles-ci la famille, les médias, les associations locales, les institutions religieuses, le lieu de travail et de nombreux autres anciens ou nouveaux mouvements sociaux. Une étude sur des enseignants canadiens qui donnent des cours d'éducation à la citoyenneté montre que leur apprentissage civique et politique s'est principalement fait avant, après ou en dehors de leur scolarité.

Ainsi, dans ce chapitre, l'éducation n'est pas conçue seulement comme un processus d'enseignement-apprentissage qui se déroule dans le cadre d'un cursus scolaire, mais également comme un processus d'expérience-apprentissage vécu dans une grande variété d'espaces sociaux et communautaires.

On peut identifier dans ce processus d'expérience-apprentissage au moins trois types d'apprentissages : cumulatifs, nouveaux et transformatifs. Certains sont « cumulatifs » par nature, c'est-à-dire qu'ils se construisent et s'enrichissent de nos connaissances, compétences, valeurs et dispositions passées (par exemple, depuis les mathématiques de base jusqu'à la capacité à monter un budget, ou depuis la démocratie scolaire vers la démocratie locale). D'autres apprentissages sont « nouveaux », car ils développent une compétence qui n'avait jamais été explorée auparavant (par exemple, parler en public) ou conduisent à une nouvelle vigilance sur un enjeu particulier (par exemple, le changement climatique). Ceux qui sont dits « transformatifs », comme l'a développé Mezirow[1], désignent les apprentissages qui défient nos conceptions, schémas mentaux et perspectives antérieurs.

On peut identifier dans le processus d'expérience-apprentissage au moins trois types d'apprentissages : cumulatifs, nouveaux et transformatifs.

Le concept d'apprentissage transformatif est très utile ; alors que la métaphore d'un apprentissage qui se ferait « de la naissance à la mort » est souvent comprise comme un enchaînement chronologique, l'apprentissage citoyen se déroule rarement de façon continue et linéaire tout au long de la vie. Il s'agit bien plus souvent d'expériences d'apprentissages désordonnées et complexes qui peuvent se compléter ou se contredire les unes les autres. Les recherches sur la socialisation primaire et secondaire montrent que nos expériences d'apprentissages (tant celles qui sont recherchées intentionnellement que celles qui sont acquises de façon fortuite) soit renforcent nos dispositions et valeurs antérieures, soit les contredisent, et provoquent des tensions, des conflits, parfois même de véritables cas de conscience.

Apprentissage, expérience et communautés de pratique

D'après les travaux de Vygotsky, Dewey, Bandura, Eraut et d'autres sur l'apprentissage social, l'apprentissage ne peut être étudié sans tenir compte des activités des individus, de la culture et du contexte dans lesquels elles ont lieu. Plus encore, on peut affirmer que toute connaissance est construite socialement et que la majorité des apprentissages se font en interactions sociales. Comme Berger et Luckman l'ont souligné dans *La construction sociale de la réalité*, notre compréhension de la réalité est un construit intimement connecté à l'intersubjectivité humaine et à la vie quotidienne, et défini par des processus complexes d'externalisation, d'objectivation et d'internalisation.

Si l'on se place dans la perspective des apprentissages situés, les apprenants sont engagés dans des communautés de pratique qui possèdent un ensemble de valeurs, de comportements, de compétences qui doit être acquis par leurs membres. Cet engagement est rarement homogène, puisque les individus n'entrent pas tous au même moment dans ces communautés. Un système informel d'apprentissage est alors souvent mis en place. En même temps que les débutants ou nouveaux arrivants se déplacent de la périphérie de la communauté vers le centre, ils deviennent plus actifs et engagés dans sa culture, et progressivement assument à leur tour le rôle de « maîtres », d'experts, de vétérans ou d'anciens.

En outre, la littérature dans ce domaine révèle que la plupart des apprentissages situés sont non intentionnels et donc plus souvent incidents que délibérés. De même, Foley (voir l'encadré « J'ai lu » dans ce chapitre), dans une étude sur l'apprentissage informel dans l'action sociale, soutient que les apprentissages les plus intéressants et les plus significatifs ont lieu de façon informelle et incidente, dans la vie quotidienne de chacun. L'expérience, effectivement, est l'une des plus importantes sources d'apprentissage. Mais pour Dewey[2], le fait que toute véritable éducation repose sur l'expérience ne signifie pas que toutes les expériences sont également éducatives. De fait, certaines expériences peuvent être contraires aux apprentissages si elles ont comme effet d'arrêter ou de déformer la recherche de futures expériences.

Les liens entre expériences et apprentissages sont considérables parce qu'ils sont doubles.

Les liens entre expériences et apprentissages sont considérables parce qu'ils sont doubles : non seulement nous apprenons essentiellement par l'expérience, mais aussi cet apprentissage des conséquences de nos actions donne forme à la fois à nos futures expériences et à nos futurs comportements.

En outre, les apprentissages les plus pertinents se font bien souvent lorsque les personnes travaillent sur des tâches authentiques et réalistes qui reflètent le monde réel. Dans de telles situations, les connaissances acquises et les compétences développées sont déterminées par les exigences du

J'ai lu

LEARNING IN SOCIAL ACTION. A CONTRIBUTION TO UNDERSTANDING INFORMAL EDUCATION

par Griff Foley, Leicester, NIACE, 1999.

Comme le dit très clairement son auteur dès la première phrase de l'introduction : « Ce livre traite de quelques-unes des voies par lesquelles les gens apprennent, dans leur vie, à travers leurs expériences, dans leurs luttes. » Il s'agit de comprendre les relations entre apprentissage et lutte sociale.

Les moments de lutte sont particulièrement formatifs dans la mesure où il s'agit toujours de lutter pour donner du sens à ce qui vous arrive et découvrir les solutions pour faire quelque chose. Dans de telles situations l'apprentissage est largement informel et souvent fortuit. Il est tacite, enveloppé dans l'action et pas reconnu comme tel. Il est parfois purement potentiel ou seulement à demi réalisé. Il s'agit souvent de situations de résistance, d'opposition à des visions idéologiques hégémoniques.

Pour mettre en évidence cette importance de l'apprentissage par la lutte, l'auteur présente différents exemples situés en Australie ou ailleurs dans le monde et qu'il a étudiés.

À l'occasion d'une campagne réussie pour préserver une forêt tropicale résiduelle dans l'Est australien, les participants ont acquis des connaissances concernant l'écologie de la forêt tropicale, le fonctionnement politique et administratif du pays et des capacités pour travailler sur ces questions. Ils ont également développé des compétences touchant à la compréhension de la complexité à construire des formes démocratiques d'organisation et à faire de l'action directe. Nous sommes ici proches de ce que Freire appelle conscientisation et Mezirow la transformation de la perspective.

Les centres sociaux qui apparaissent en Australie dans les années 1970 pour se développer dans les années 1980 constituent des espaces où les femmes ont l'occasion d'explorer leurs expériences et de construire des relations centrées sur elles-mêmes. Elles ont pu sortir de leur isolement, apprendre en participant (ex. dans les *playgroups* ou groupes de jeu avec des enfants), développer des luttes pour obtenir des structures de garde d'enfants. Cependant dans ces lieux, comme dans d'autres, l'apprentissage informel n'est ni automatique ni inévitable. Foley évoque également des luttes contre la réorganisation d'entreprises, les organisations féminines brésiliennes qui ont réalisé des campagnes pour des structures de garde enfantines ou la lutte de libération du Zimbabwe. Il s'agit pour lui d'apprentissage critique et émancipatoire. Les modifications du contexte social, économique, politique liées aux luttes permettent des ruptures qui rendent possibles les apprentissages, possibles mais pas nécessaires.

Gilles Brougère

monde réel et le contexte particulier dans lequel les apprenants interagissent. Si les connaissances sont décontextualisées, comme cela arrive souvent dans les classes, on court le risque de les voir devenir inutiles et inertes. Les élèves et les étudiants apprennent de nouveaux concepts, mais peuvent avoir des difficultés à les comprendre finement, en l'absence d'un contexte réel dans lequel les utiliser. Même si cela sonne comme un cliché, le meilleur moyen d'apprendre quelque chose est de le faire. Cela se vérifie dans de nombreux domaines, en particulier celui de la citoyenneté et de la démocratie.

Apprendre en faisant : apprentissage citoyen et démocratie participative

L'idée que l'acte en soi de participer à une délibération ou à une prise de décision ait un impact éducatif significatif a été développée par de nombreux penseurs en éducation et politique à travers l'histoire, depuis Aristote jusqu'à Carole Patemon et Jane Mansbridge, en passant par J.-J. Rousseau, Alexis de Tocqueville, J.S. Mill, John Dewey et Paulo Freire. Avec quelques variantes, ces auteurs – et d'autres – soutiennent que la participation à la démocratie locale produit des citoyens responsables et vertueux plus enclins à protéger le bien commun et à s'engager dans l'action politique.

En outre, ils soutiennent que la démocratie participative et le débat rationnel encouragent une attitude plus active, coopérative et autonome. De tels fonctionnements nourrissent une capacité à se gouverner, à réfléchir et à modifier sa vision du monde face aux arguments et aux perspectives des autres. De ce point de vue, les systèmes démocratiques favorisent un engagement dans un processus participatif qui n'est pas seulement efficace en termes de gouvernance (la qualité des décisions) mais qui permet aussi de contribuer au développement de compétences sociales, politiques et plus largement de dispositions démocratiques.

La démocratie participative et le débat rationnel encourageraient une attitude plus active, coopérative et autonome.

Comme Pateman[3] l'a noté, les compétences politiques sont à la fois un résultat et une condition préalables à une bonne participation, ce qui permet d'enclencher une spirale vertueuse. Une fois qu'un système participatif est instauré, il s'auto-entretient car les qualités nécessaires aux citoyens pour que le système fonctionne sont précisément celles que le processus de participation développe et encourage. Ainsi, plus les citoyens participent, plus ils deviennent capables de participer. Les capacités politiques se développent alors au travers du processus de participation lui-même, qui est un processus d'apprentissage informel.

En effet, une part importante de l'apprentissage dans la démocratie participative repose sur le développement de certaines attitudes psychologiques, qui à leur tour favorisent la participation active des citoyens. Ces attitudes psychologiques sont étroitement liées à l'augmentation de l'efficacité politique (c'est-à-dire la confiance que les individus acquièrent dans leur propre capacité d'influencer les décisions politiques) et à l'augmentation de la tolérance et du respect des personnes qui ont d'autres opinions et valeurs. En outre, le processus participatif améliore également l'acceptation des décisions collectives, attribut essentiel de la démocratie.

Compte tenu du phénomène grandissant de ce qu'on appelle le « déficit démocratique », visible aux forts niveaux d'abstentionnisme électoral et à une faible confiance dans les politiciens et les institutions politiques, il est urgent de démocratiser la démocratie. Comme Pierre Bourdieu[4] l'a souligné, le fait que le champ politique soit monopolisé par des politiciens professionnels est un phénomène qui peut être remis en cause par l'action sociale. Cette question est encore plus importante pour les groupes de citoyens à faible revenu. Il y a en effet souvent une corrélation entre le statut socio-économique, l'efficacité politique et la participation politique : les groupes à faible revenu ont tendance à avoir un moindre sens de l'efficacité politique et à moins participer. De ce fait, l'effet éducatif de la participation en termes de développement de l'efficacité politique est particulièrement pertinent pour les groupes qui sont sous-représentés dans la démocratie participative et qui ont une moindre expérience de ces dispositifs.

Il y a en effet souvent une corrélation entre le statut socio-économique, l'efficacité politique et la participation politique.

Toutefois, l'augmentation de l'efficacité politique n'est pas le seul effet éducatif souligné dans la littérature. La démocratie participative contribue également au développement de nombreuses compétences démocratiques, comme par exemple un élargissement des perspectives et des intérêts des citoyens, une meilleure capacité à voir le lien entre les intérêts privés et publics, un gain de familiarité avec les procédures démocratiques, une meilleure compréhension des relations entre les décisions locales et l'environnement politique et social plus large, et de son influence sur la réalité locale… Outre ces apprentissages individuels, le groupe, en tant que collectif, apprend en devenant plus intégré, plus juste dans les procédures et les critères choisis, et plus volontaire pour atteindre et accepter le consensus.

La démocratie locale et ses effets étendus

La littérature sur la participation citoyenne tend à considérer la démocratie locale comme un chantier privilégié pour trois raisons. Premièrement, parce que les questions traitées à ce niveau affectent la vie quotidienne des citoyens de façon directe. Deuxièmement, parce que c'est dans de plus petites unités de gouvernance que les personnes ordinaires ont le plus de chances d'être entendues et élues par leurs pairs pour servir dans des organisations gouvernantes. Troisièmement, parce qu'on ne peut apprendre comment s'exerce le pouvoir politique à une large échelle que si l'on

TÉMOIGNAGES DE CITOYENS IMPLIQUÉS DANS LE BUDGET PARTICIPATIF DE PORTO ALEGRE (BRÉS

REGARDS D'ACTEURS

Un budget est bien plus qu'un budget, c'est un acte politique essentiel qui permet de définir les priorités, de choisir les projets, car il s'agit aussi de leur suivi, du contrôle de leur réalisation. L'origine s'inscrit dans l'histoire des mouvements populaires de Porto Alegre, des associations des *vila* (*favela*), et celle de la sortie de la dictature, le développement d'organisations populaires. « Nous sommes arrivés à la conclusion qu'il ne servait à rien de discuter des politiques municipales sans discuter aussi du budget. Parce que celui-ci est la matérialisation des politiques et, sans discussion des finances, il n'existe pas de vraie participation populaire » (Paulo Guarnieri, alors président de l'Union des associations d'habitants de Porto Alegre, p. 37). « Le budget participatif est un exercice de démocratie bien plus fort parce que tu travailles avec ton contraire, un contraire que tu ne connais absolument pas mais que tu dois respecter. Cela donne des dialogues extrêmement difficiles au début, mais qui ensuite te confèrent une sensibilité nouvelle. Le budget participatif a changé ma vision de la ville, ma façon de penser dans toutes ses dimensions et non pas seulement par rapport à ce qui m'intéresse. Je me sens plus généreuse aujourd'hui avec Porto Alegre » (Eleonora Rizzo issue des classes moyennes, p. 61). On compte 45 000 participants au budget (pour une population de 1 300 000 habitants) dont 58 % de femmes. Le système repose sur des conseillers populaires qui ne perçoivent aucune indemnité, pas même pour leur transport. « Peu à peu tu

a d'abord pratiqué le gouvernement populaire à une échelle plus limitée.

Ce dernier point est particulièrement pertinent pour le champ de l'éducation à la citoyenneté. En même temps que les individus se familiarisent avec la démocratie locale et y deviennent plus efficaces, ils s'intéressent (et parfois s'engagent) plus largement à des questions d'ordre régional, national ou transnational. Les premiers travaux sur ce thème menés par Kojala en 1965[5], avec une étude de cas sur les conseils de travailleurs yougoslaves (et confirmés par des travaux ultérieurs), ont montré qu'avec le temps, les participants évoluent : au départ ils discutent des façons de gérer leur environnement immédiat, puis ensuite discutent de questions politiques et de décisions qui le dépassent. Autrement dit, l'apprentissage acquis par la participation à la démocratie locale peut avoir des effets étendus.

La participation à la gouvernance locale élargit les intérêts et les perspectives et développe des capacités pratiques pour la participation politique.

En effet, la participation à la gouvernance locale a des conséquences éducatives plus larges, car elle élargit les intérêts et les perspectives et développe des capacités pratiques pour la participation politique. Une telle participation, avec les apprentissages qui en découlent, produit des citoyens mieux informés, plus critiques et plus engagés, avides d'en

commences à comprendre comment les choses fonctionnent et tu en viens à parler naturellement » ; « J'ai trop appris à travers cette expérience » (Paulinho, délégué du budget participatif, p. 95). Ce savoir acquis dépasse largement le cadre du budget participatif. « Avant je regardais la télévision sans comprendre. Je regardais, par exemple, les films de Chaplin pour le côté comique, mais je ne comprenais pas le message, ce qu'ils voulaient dire. Aujourd'hui la télévision ne m'attire plus autant. Si je la regarde, c'est simplement pour suivre les informations. Depuis que je suis entré dans le budget participatif, j'ai commencé à découvrir des choses qui ne faisaient pas partie de mon monde [...] J'ai appris ce qu'étaient le pouvoir exécutif et le pouvoir législatif, j'ai appris ce qu'était la culture, j'ai appris aussi que je suis noir. Avant pour moi la discrimination était naturelle. Mais aujourd'hui je n'accepte plus certaines choses, j'exerce mes droits de citoyen dans toutes les situations. J'ai appris à écouter et lire. J'ai appris enfin que la vie des riches est meilleure que la nôtre, qu'ils mangent bien, qu'ils s'habillent bien » (Paulinho, p. 96). « Je pense que c'est une bonne université de la vie » ; « Tu commences à te former, à discuter avec d'autres et ton univers s'élargit. Moi par exemple, je n'ai pas eu la chance de voyager. J'ai très envie de sortir d'ici pour visiter l'Espagne, la France, la Belgique… C'est quelque chose qui me manque, mais pourtant je me sens bien parce que depuis 1997, depuis que j'ai commencé à participer, j'ai appris beaucoup de choses » (Ervino Pitchill, p. 100). « J'ai appris à me battre, à ne plus avoir peur, à laisser mes complexes de côté » (Claudia Gomez Pinto, déléguée du budget participatif, p. 102). « Le mouvement populaire est une université de la vie comme disent les gens. Avant je n'avais aucune connaissance. Mais j'ai côtoyé d'autres personnes, des gens qui savaient plus que moi et j'ai appris comment les choses se font » (Algeu Camargo, p. 137).

Gilles Brougère

1. D'après E. Granet, *Porto Alegre – Les voix de la démocratie*, Paris, Syllepse, 2003.

apprendre davantage et de relever de plus grands défis. Lorsque les citoyens deviennent plus éclairés, plus investis et confiants, ils sont prêts à dépasser leur propre cercle et deviennent plus actifs dans d'autres sphères. La transformation d'un sentiment d'impuissance en un sentiment de capacité à agir est à cet égard fondamentale.

Même si de nombreux participants restent plus intéressés par les questions locales, les nouveaux apprentissages leur permettent de mieux apprécier les performances des représentants nationaux, d'évaluer les conséquences des décisions qu'ils prennent dans leur vie quotidienne et leur environnement immédiat, et de prendre eux-mêmes des décisions à l'échelle nationale quand ils en ont l'occasion.

Cet effet étendu apparaît aussi dans la transition d'un intérêt centré sur soi vers un intérêt pour le bien commun. Il permet le passage du regard sur sa propre rue comme seul centre de l'univers à une compréhension intégrée d'une communauté en tant que système global. Il y aurait donc un lien étroit entre le développement de la capacité à agir et celui de compétences et de vertus civiques. Ce lien a été souligné par Rousseau lorsqu'il affirmait qu'à travers la participation les citoyens apprenaient à tenir compte de questions plus larges que leurs seuls intérêts privés (par la nécessité de coopérer avec les autres) et à considérer que les affaires privées et publiques étaient liées. Pour Rousseau, la logique du système participatif contraint les citoyens à délibérer selon leur propre sens de la justice et à trouver un terrain d'entente commun afin de rendre la délibération possible.

Rousseau affirmait qu'à travers la participation les citoyens apprenaient à tenir compte de questions plus larges que leurs seuls intérêts privés.

Le budget participatif comme école de la citoyenneté

Le budget participatif est un processus de participation ouvert et démocratique qui permet à des citoyens ordinaires de prendre des décisions collectives sur l'allocation de ressources. Le budget participatif prototypique est implanté au niveau local – la ville de Porto Alegre, au Brésil, fut la première à en développer un en 1989 (voir l'encadré « Regards d'acteur » dans ce chapitre) –, et existe aujourd'hui dans douze mille communes à travers le monde. Il consiste en des discussions de quartier et des décisions sur les priorités à faire en termes d'investissements dans les infrastructures locales comme le pavage des rues, le traitement des eaux usées, les collecteurs d'eaux pluviales, les écoles, la santé publique, l'accueil de la petite enfance, le logement. Ces choix concernent également des questions à l'échelle de la ville comme les questions de circulation et de transport public, l'assistance sociale, le développement économique, les impôts, le développement urbain, l'éducation, la culture et les loisirs. Bien que le modèle soit loin d'être parfait, il favorise une administration des ressources publiques plus efficace, transparente et responsable. En utilisant des critères d'équité dans l'allocation de ressources et un processus partant de la base, il améliore également les conditions de vie des communautés les plus pauvres en renversant la dynamique antérieure qui favorisait les quartiers les plus riches.

Bien que le modèle du budget participatif soit loin d'être parfait, il favorise une administration des ressources publiques plus efficace.

Il s'agit là de réussites importantes, mais l'une d'entre elles est encore plus fascinante d'un point de vue éducatif : il s'agit des apprentissages informels acquis à travers le processus participatif, dimension souvent cachée, rarement reconnue et largement inexplorée. Cet apprentissage informel nourrit le pouvoir d'action des associations de quartier et des organisations populaires et développe une nouvelle culture démocratique qui réduit le clientélisme politique, augmente le nombre de projets dont la communauté peut s'emparer, préserve la propriété publique, revitalise la vie civique et augmente la participation citoyenne, l'organisation communautaire et l'activisme politique. En outre, mes recherches sur l'apprentissage au travers des budgets participatifs au Brésil, en Uruguay, en Argentine et au Canada montrent des changements importants de connaissances, de compétences, d'attitudes et de pratiques[6].

En effet, à travers le processus de participation lui-même, les voisins découvrent une variété de moyens pour devenir des citoyens plus actifs, informés, responsables, tolérants et démocratiques. Ils trouvent un espace au sein duquel ils peuvent développer des capacités civiques et politiques qu'ils ne pourraient pas développer au même rythme et avec la même intensité ailleurs. Ils apprennent qu'une ville est un système global au-delà des questions précises qui se posent à propos d'une rue ou d'un quartier, et comprennent les spécificités de la délibération et de la prise de décision démocratiques. Ils acquièrent aussi des compétences et des attitudes démocratiques élémentaires, comme parler en public, écouter respectueusement les opinions différentes des autres sans les interrompre, résoudre des conflits et trouver des points d'accord. Les participants signalent également qu'ils ont appris de nouvelles connaissances sur l'administration publique, l'organisation communautaire et le travail du système politique formel.

Il est intéressant de noter que ces apprentissages semblent avoir été plus importants chez les participants venant de groupes à faible revenu et avec antérieurement un faible niveau d'implication dans la vie civique et politique. Dans la mesure où les délégués élus des budgets participatifs doivent changer continuellement, de nombreux citoyens ordinaires ont l'opportunité de développer leurs compétences de leadership et d'éviter la concentration du pouvoir entre les mains de quelques-uns (habituellement des « citoyens professionnels » issus des classes moyennes). Enfin, et cela est peut-être le plus important, les participants peuvent constater presque immédiatement les résultats de leurs décisions en termes de travaux publics. Ils apprennent qu'ils peuvent faire la différence et deviennent plus confiants dans leur capacité à influencer le système politique.

Les apprentissages semblent avoir été plus importants chez les participants venant de groupes à faible revenu.

Conclusion

De la même façon que l'on n'apprend à nager qu'en se jetant dans le bain, le meilleur moyen d'apprendre la démocratie est de participer activement au processus démocratique. À travers un apprentissage expérientiel, les personnes apprennent la démocratie en la faisant, à travers l'acquisition de connaissances, de compétences, d'attitudes et de valeurs rarement acquises à l'école. De plus, ces apprentissages se traduisent souvent par des changements de pratiques, comme

NOTES

1. J. Mezirow, *Penser son expérience, développer l'autoformation*, Lyon, Chronique sociale, 2001.
2. J. Dewey, *Expérience et éducation*, Paris, Armand Colin, 1968.
3. C. Pateman, *Participation and Democratic Theory*, New York, Cambridge University Press, 1970.
4. P. Bourdieu, *Langage et pouvoir symbolique*, Paris, Seuil, 2001.
5. J. Kojala, *Workers' Councils: The Yugoslav Experience*, Londres, Tavistock, 1965.
6. D. Schugurensky, « "Vingt mille lieues sous les mers" : les quatre défis de l'apprentissage informel », *Revue française de pédagogie*, n° 160, juillet-août-septembre 2007, p. 13-27.

participer à des mouvements politiques et sociaux, promouvoir les règles démocratiques dans d'autres institutions et organisations, ou prendre davantage soin de la cité.

Étant donné leurs répercussions pédagogiques, de bons processus de démocratie participative constituent des institutions éducatives non reconnues qui pourtant remplissent un rôle éducatif essentiel. Cela devrait nous conduire à trouver de nouveaux moyens de faire et d'apprendre la politique.

Chapitre 17
Les savoirs syndicaux

Renato Di Ruzza

Pour conclure sa présentation du numéro de la revue *Éducation permanente* consacré à « La formation syndicale », Yves Palazzeschi écrit : « Le syndicaliste a une image ambivalente auprès de nos contemporains. Empêcheur de travailler et de circuler en rond lorsqu'il actionne la grève, il est maudit. Mais on est bien content de le trouver sur son chemin en cas de problèmes [...]. On est alors heureux s'il connaît son droit, s'il élabore des stratégies gagnantes, s'il engage sa relation aux autres avec éthique, bref, s'il est compétent. Compétent aussi, c'est une exigence, lorsqu'il exerce un mandat d'administrateur, de délégué, d'élu, de conseiller prud'homme... »[1]

L'exercice d'une activité syndicale ne saurait se concevoir sans l'apprentissage de savoirs multiples.

En effet, l'exercice d'une activité syndicale ne saurait se concevoir sans l'apprentissage de savoirs multiples. Et cet apprentissage en est à la fois la condition et le résultat : dès qu'il se syndique, le travailleur aura l'occasion de participer à des réunions, de tenir la parole en public, de prendre des notes, d'écrire des tracts ou des comptes rendus, de mettre en mots des arguments susceptibles de convaincre ses collègues de travail syndiqués et non syndiqués... ; s'il accepte d'assumer des responsabilités dans les institutions représentatives du personnel, il aura à traiter de questions juridiques (par exemple relatives au contrat de travail ou aux droits sociaux), économiques (analyse des comptes dans les comités d'entreprise), ergonomiques (dans les CHSCT, les comités d'hygiène, de sécurité et des conditions de travail), etc. Autant de « compétences » qui ne s'acquièrent ni directement ni obligatoirement dans les écoles qui l'ont instruit et préparé au métier qu'il exerce. Dans le même temps, consciente de ces exigences, l'organisation syndicale lui proposera de participer à des stages, à des formations, à des « écoles », cet ensemble étant hétérogène dans sa formalisation, dans lesquels lui seront enseignées, le plus souvent par des syndicalistes (qui mettent donc en œuvre des compétences de formateurs acquises « sur le tas »), les connaissances qui paraissent nécessaires à l'exercice de son activité militante.

Un apprentissage de savoirs multiples

Sur tous ces aspects, l'apprentissage est permanent et multidimensionnel. De nombreux témoignages en font état de façon détaillée : comment se comporter en réunion syndicale ou en réunion de comité d'entreprise ? A-t-on la possibilité (le droit ?) de tout dire ? Que veut dire « être à l'écoute des salariés » ? Quelles sont les modalités par lesquelles les syndiqués et les non-syndiqués vous reconnaissent comme un « bon syndicaliste » ? Et celles par lesquelles les directions d'entreprise vous reconnaissent comme un interlocuteur « responsable » ? Comment acquérir dans la temporalité courte du syndicalisme les connaissances nécessaires à l'exercice de la pratique militante ? Qu'est-ce qu'un « bon compromis » ? Comment rédiger un « cahier de revendications » qui synthétise des points de vue obligatoirement différents ? Ce sont là des questions qui reviennent souvent, et dont les réponses ne se trouvent pas souvent dans des généralités tant les situations sont singulières. Il est évident que la transmission de l'expérience des plus anciens syndiqués vers les plus récents joue un rôle non négligeable ; mais, même dans ce cas, la méfiance réciproque, à l'origine de laquelle on peut signaler toutes les vicissitudes de l'histoire du syndicalisme, dans ses liens notamment avec le niveau politique, limite les effets de cette transmission et laisse le syndiqué plus récent procéder par « essais et erreurs »[2].

Des questions reviennent souvent dont les réponses ne se trouvent pas dans des généralités.

Ainsi, il est quasiment impossible de dresser la liste de toutes les connaissances ou de tous les savoirs que l'activité militante dans une organisation syndicale demande et procure à celui qui l'exerce : cela va de savoirs techniques et de savoir-faire à des connaissances théoriques issues de multiples disciplines, en passant par tout un système de valeurs inséparables du reste. De ce point de vue, comme cela a souvent été dit depuis les origines du mouvement syndical, le syndicalisme est en lui-même une vaste formation, qui demande aujourd'hui à être admise institutionnellement par l'intermédiaire de procédures comme la « validation des acquis de l'expérience ». D'une certaine manière, il semble difficile voire hasardeux d'affirmer que cet apprentissage indéniablement issu d'une expérience sociale singulière est « informel ». Il a été au contraire en grande partie profondément formalisé tout au long du XXe siècle : dès 1898, Fernand Pelloutier met en place des bibliothèques, des cours professionnels, et propose d'ouvrir des « écoles syndicales » dans le cadre des Bourses du travail qu'il considère comme de véritables « universités de l'ouvrier »[3]. Cette tradition sera maintenue sous des formes évolutives jusqu'à nos jours (notamment par la création des Instituts du travail), fondée sur un projet refusant la dichotomie entre travail et éducation[4].

Le syndicalisme est en lui-même une vaste formation, qui demande aujourd'hui à être admise institutionnellement.

Au total, les savoirs acquis au cours de l'exercice d'une activité syndicale par le militant sont un entrelacs de savoirs formels et informels qu'il est extrêmement difficile de démêler. Lenoir parle même d'un ensemble constitué par trois types de savoirs : les savoirs formels, issus de situations éducatives organisées comme telles, les savoirs non formels, acquis dans et par l'action syndicale, mais en conscience, et les savoirs informels, acquis dans et par l'action, mais sans conscience immédiate[5]. La caractérisation de ces savoirs reste encore assez énigmatique, même si nous pouvons en décrire quelques traits qui ressortent immédiatement.

Les savoirs syndicaux sont pluridisciplinaires, forcément pluridisciplinaires : lorsqu'il formalise et défend une revendication salariale, lorsqu'il analyse les conditions de travail, lorsqu'il argumente pour préserver l'emploi, le militant syndical mélange nécessairement les dimensions économiques, sociales, ergonomiques, sanitaires, comptables, financières. Plus que pluridisciplinaires, nous dirions volontiers que ces savoirs sont « in-disciplinaires », voire « in-disciplinés », tant ils récusent, sur le principe, les découpages académiques traditionnels, à la fois parce que ces découpages ne correspondent pas aux réalités vécues de l'expérience syndicale et parce que ces mêmes réalités conduisent à en contester le bien-fondé. Pour affronter les arguments « économiques » d'une direction d'entreprise qui refuse par exemple d'augmenter les salaires, le militant syndical comprend rapidement qu'il faut « changer de terrain », que d'autres aspects qui peuvent être plus importants doivent être pris en considération, et *in fine* que la « science économique » prise en elle-même ne « sert que les patrons ». Que le militant ait raison ou non en pensant cela ne change rien à l'affaire : son activité syndicale le conduit automatiquement à se méfier des découpages entre les disciplines académiques[6].

D'un point de vue formel, les savoirs syndicaux sont évidemment marqués par les exigences de la pratique militante : exigence pédagogique, puisqu'ils doivent être transmissibles à l'ensemble des salariés et assimilables par eux ; exigence analytique ensuite car il s'agit de comprendre ou d'interpréter des situations singulières ; exigence pratico-normative enfin, car ces savoirs doivent donner à ceux qui les élaborent et qui les portent les moyens concrets de transformer ces situations. C'est ce que nous avons appelé

Isabelle Bouquet, déléguée régionale CFDT

REGARD D'ACTEUR

À votre avis, l'action syndicale permet-elle de développer des savoirs ? Si c'est le cas, comment prenez-vous en compte ces savoirs acquis au sein du syndicat ?

Isabelle Bouquet : Il me semble à la lecture du chapitre de Renato di Ruzza que nous fonctionnons très différemment à la CFDT et de ce fait les apprentissages que nous tirons de nos actions ne sont sans doute pas de même nature. Pour la CFDT, la revendication syndicale ne doit pas être portée par des experts, qui seraient détenteurs de ces savoirs spécifiques. Pour nous, elle est construite dans le collectif de la section, et tous les militants quelles que soient leurs catégories socioprofessionnelles y participent. Ce qui est alors essentiel à apprendre, surtout pour les jeunes qui débutent en quelque sorte un parcours militant, c'est de savoir construire cette revendication. Qu'ils identifient par exemple les moyens à mobiliser, les préalables requis pour lui permettre d'aboutir, et de façon plus fondamentale, qu'ils sachent y incarner les valeurs qui sont les nôtres, notamment l'émancipation et le respect de la personne.

Pouvez-vous nous en dire un peu plus sur comment on apprend à construire la revendication ?

I. B. : Les questions de formation sont au centre de nos réflexions à la CFDT et nous avons bâti un système de formation pour développer ces savoirs chez nos militants. Tout d'abord nous ne remettons pas en cause les savoirs académiques, qui sont très importants à maîtriser, mais nous contestons les usages qui en sont faits. Ces savoirs sont pour nous des outils au service de l'action syndicale. Ils sont donc nécessaires à maîtriser, non pour avoir une culture dans le domaine du droit, de la sociologie des organisations ou de l'économie, mais parce qu'ils nous sont utiles dans l'action. Très vite, ils manquent quand on

avec Yves Schwartz la « non-extériorité » des savoirs syndicaux par rapport à leurs objets[7]. Cela leur donne en effet parfois des allures simplificatrices, voire « sloganesques », mais en même temps cela leur confère des responsabilités dont peuvent très bien se dispenser les savoirs produits par de nombreux universitaires et chercheurs.

Les savoirs syndicaux sont évidemment marqués par les exigences de la pratique militante.

Sur le fond, les savoirs syndicaux sont pour partie des savoirs spécifiques, inaccessibles en dehors d'une expérience militante. Parce que le syndicaliste a une expérience directe du travail (il est en général lui-même en situation de travail), et qu'il est obligé de penser sa situation de travail et celle de ses collègues, il est le mieux placé pour décrire, analyser, expliquer, transmettre l'activité réelle des travailleurs qui l'entourent, dans ce qu'elle signifie au niveau des conditions de travail, de l'intensification, de la reconnaissance qu'elle procure, des risques qu'elle comporte, des moyens de l'améliorer tout comme des moyens d'améliorer son efficacité. Ce qui est vrai du travail réel l'est certainement également pour d'autres aspects de la vie de l'institution à laquelle il collabore : les conditions (et les subtilités) de la rémunération salariale, la nature et les performances des

---

arrive à un certain niveau et que nous dialoguons avec les dirigeants des entreprises. Nous avons besoin d'avoir et de maîtriser des grilles de lecture pour argumenter dans les négociations. Pour cela, la CFDT sollicite des universitaires pour nous organiser des cycles de formations dans ces différents domaines.
Ces apprentissages sont importants, mais impliquent que d'autres apprentissages, moins académiques, soient acquis auparavant. Nous organisons des sessions d'échanges animées par les militants qui visent simplement à faire partager des pratiques. Lors de ces rencontres, les militants s'épaulent mutuellement pour développer leurs actions syndicales, partagent des expériences et découvrent ensemble des nouveaux champs de travail. Ici, aucun savoir académique n'est enseigné, c'est simplement la possibilité de pouvoir parler librement qui est importante. Ces échanges sont essentiels notamment pour apprendre à définir la zone d'accord possible dans un conflit. On constate que ces moments d'échanges animés par des militants sont très appréciés pour se former à l'action syndicale et qu'ils sont sources de nombreux développements et savoirs, que nous essayons de valoriser par le biais de la VAE.

Les adhérents viennent-ils pour apprendre ou pour militer au sein de la CFDT ?

I. B. : Sans doute pour les deux, du moins aujourd'hui. C'est une question importante qui a tendance à diviser les anciens militants des plus jeunes. Les militants « seniors », pourrait-on dire, estiment que l'action syndicale est portée par des valeurs et des convictions et qu'elle se suffit à elle-même. Ils militent gratuitement sans chercher d'autres gains que ceux liés à la réussite de leur action. Les jeunes manifestement n'ont pas ces mêmes valeurs. Tout d'abord ils ne s'engagent pas sur la durée. Le rapport au temps des jeunes est très différent parce qu'ils veulent avant tout rester libres. Ce n'est pas la même philosophie de la militance qui les anime. On doit en tenir compte et les accompagner dans leurs désirs d'évolutions. Nous nous attachons beaucoup par exemple à leur montrer que les compétences qu'ils développent en construisant une revendication ne leur serviront pas seulement dans le domaine des relations sociales mais pourront être mobilisées dans beaucoup d'autres domaines professionnels ou non professionnels. Cela explique en partie notre mobilisation sur la VAE !

Propos recueillis par Anne-Lise Ulmann

équipements, la formation des prix, etc. Bref, autant de domaines auxquels l'universitaire ou le chercheur ne peut pas avoir un accès direct, et dont la connaissance nécessite le passage par et l'écoute de la parole syndicale.

Les savoirs syndicaux sont des « savoirs savants » qu'on peut confronter aux « savoirs académiques traditionnels », dans un processus de co-apprentissage.

Ces quelques traits caractéristiques des savoirs syndicaux montrent pourquoi ils sont particuliers dans leurs formes d'existence, et pourquoi ils sont nécessaires à toute production de savoirs sur la société. S'ils sont issus de l'expérience militante, marqués par l'« informel », ils n'en sont pas moins des « savoirs savants » qu'il est possible de confronter aux « savoirs académiques traditionnels », dans un processus de co-apprentissage. Schwartz a conceptualisé ce processus dit « ergologique » en distinguant les « savoirs investis » (dans les activités humaines, dont l'activité syndicale n'est qu'une modalité) et les « savoirs institués » (produits, reconnus et transmis par les institutions *ad hoc*), et en élaborant une théorisation nouvelle et de la formation des savoirs investis et de la pertinence de leur mise en dialogue avec les savoirs institués[8].

La nécessaire reconnaissance des savoirs syndicaux

Toute l'histoire des relations entre les universitaires et les chercheurs d'une part et les syndicalistes d'autre part démontre la pertinence de ce dialogue, qui évidemment passe par la reconnaissance de l'existence des savoirs syndicaux. Dans la belle préface qu'il a écrite pour la publication des actes du colloque tenu à l'occasion du quarantième anniversaire de la création de l'Institut d'études sociales de Grenoble, Henri Bartoli évoque « cette première session consacrée aux comités d'entreprise, ces stylos que, les uns après les autres, posaient les syndicalistes présents alors qu'un de [ses] collègues, professeur de Droit du travail, en exposait les compétences et les règles de fonctionnement, cette réponse “ce que vous dites ne correspond nullement à ce que nous vivons”, de sorte que ce fut lui qui se mit à prendre des notes et que nous comprîmes toute la distance qu'il y avait entre nous et la pratique, qu'il nous fallait changer de méthode et recourir à un enseignement à base de dialogue et d'échange interactif »[9].

Ce constat fait au niveau de l'enseignement par Bartoli peut également être fait au niveau de l'« expertise ». Sur la base d'une série d'entretiens menés avec des syndicalistes,

Georges Ubbiali s'interroge : « Peut-on parler d'une expertise syndicale ? »[10] Les réponses qu'il apporte à cette question tiennent en trois points :

– Mis en situation d'usage des savoirs syndicaux, les militants ne manifestent que très rarement un sentiment d'incompétence ; au contraire, ils insistent souvent sur l'incompétence de la partie adverse.

– La compétence revendiquée par les militants est néanmoins particulière (c'est ce qui lui donne sa supériorité par rapport aux « experts » patronaux) ; elle ne s'apprend pas « dans les livres », elle n'est pas « technocratique » ; elle s'appuie sur des luttes, des discussions, des débats, des prises de positions, au total, sur une élaboration collective.

– Cette compétence fait du militant un intellectuel d'un type particulier ; plus qu'un expert, naturellement selon son niveau de responsabilité, le syndicaliste se pense comme un intellectuel citoyen, qui peut faire sienne la réflexion de Paul Ricœur : « [Aujourd'hui], on se dessaisit au profit des experts de décisions concernant les problèmes économiques, financiers, fiscaux, etc. Ces domaines sont devenus si compliqués, nous dit-on, qu'il faut nous en remettre au jugement de ceux qui savent. Il y a là, en réalité, une sorte d'expropriation du citoyen. La discussion publique se trouve ainsi captée et monopolisée par les experts. Il ne s'agit pas de nier l'existence de domaines où des compétences juridiques, financières ou socio-économiques très spécialisées sont nécessaires pour saisir les problèmes. Mais il s'agit de rappeler aussi et très fermement que, sur le choix des enjeux globaux, les experts n'en savent pas plus que chacun d'entre nous. »[11]

Plus qu'un expert, le syndicaliste se pense comme un intellectuel citoyen.

C'est ce type de constat qui a permis que se constituent, au début des années 1980, des structures syndicales de recherche : avec la création de l'Ires (Institut de recherche économique et sociale, au service des organisations syndicales représentatives), chaque organisation a eu la possibilité de créer en son sein sa propre structure de recherche, et, dans ce cadre, la CGT s'est dotée de l'Iseres (Institut syndical d'études et de recherches économiques et sociales). Ayant été pendant près de vingt ans d'abord collaborateur puis coordinateur scientifique de l'Iseres, je peux témoigner de la richesse voire de l'originalité des recherches qui associaient les savoirs universitaires et les savoirs syndicaux.

Cette collaboration devait nécessairement prendre forme et consistance dans la perspective d'une question dont la réponse n'était (et n'est toujours) pas immédiate : comment construire une démarche de recherche qui soit une démarche de « recherche syndicale » ? Deux écueils étaient à éviter : soit effectuer des recherches semblables à celles menées dans n'importe quel autre centre de recherche (universitaire ou non), ignorant par conséquent le lieu où cette recherche était conduite, soit effectuer des « recherches » dont les résultats étaient prédéterminés par les positions stratégiques ou tactiques adoptées par les organisations syndicales. S'agissant d'un institut de la Confédération générale « du travail », le parti a été alors pris, sous l'impulsion du syndicaliste Jean Magniadas et de l'universitaire Gérard de Bernis, de tenter de mener des recherches de type académique, libres de toute finalité préétablie ou préordonnée, mais de les mener « du point de vue du travail ». Exercice périlleux et difficile, car il s'agissait d'une part de ne pas confondre ce « point de vue du travail » avec le « point de vue des travailleurs », ni *a fortiori* avec le « point de vue de la classe ouvrière », ni naturellement avec le « point de vue de la CGT », et, d'autre part, de traiter de toutes les questions concernant l'intervention du mouvement syndical dans la société (en fait toutes les questions dont traite traditionnellement l'économie politique) et pas seulement du travail, et de les traiter d'un point de vue particulier et relativement nouveau au début des années 1980.

Comment prendre en compte, dans les protocoles de recherche, les savoirs portés par les acteurs syndicaux ?

Cette posture intellectuelle conduisait, dès son initiation, à aborder la question : comment prendre en compte, dans les protocoles de recherche, les savoirs portés par les acteurs syndicaux, que ces acteurs soient des individus ou des collectifs ? De nombreux exemples pourraient être cités qui illustrent cette démarche. Certains sont évidents lorsque les recherches portent sur les conditions de travail, les salaires, les besoins, c'est-à-dire sur des domaines traditionnellement inclus dans le champ syndical. D'autres le sont beaucoup moins, et l'un d'entre eux peut être retenu comme particulièrement significatif.

La première « commande » que le Bureau confédéral de la CGT a adressée à l'Iseres consistait en la publication d'un rapport annuel sur la conjoncture économique. Cette demande, banale en quelque sorte lorsqu'elle est adressée à des économistes, exigeait pourtant qu'elle soit traitée en tenant compte des savoirs des syndicalistes. C'est lors d'un séminaire qui réunissait des chercheurs et des militants de toutes les fédérations et de tous les niveaux de responsabilités qu'un syndicaliste fit la déclaration suivante (la citation est naturellement faite de mémoire) : « La conjoncture économique est pour moi très simple à évaluer : lorsque les salariés expriment des revendications sur l'emploi, c'est qu'elle est mauvaise ; lorsqu'ils revendiquent des augmentations de salaires, c'est qu'elle est bonne ! » Nous avions là une hypothèse, liant les thèmes revendicatifs aux mouvements conjoncturels, à laquelle les économistes n'avaient jamais pensé, et que nous avons creusée systématiquement pour élaborer un rapport annuel qui traitait de la conjoncture économique de façon sensiblement différente de ce qui se faisait habituellement.

Cet exemple, pour particulier qu'il soit, et sans même qu'il soit besoin de s'interroger sur sa validité scientifique, montre à la fois le décalage qui existe entre les savoirs savants des économistes et les savoirs portés par les syndicalistes, et l'étendue des domaines sur lesquels peuvent porter ces savoirs syndicaux. Issus de l'expérience revendicative, ils abordent l'ensemble du champ économique et social, et méritent indéniablement d'être pris en considération par tous ceux dont la fonction est de comprendre le monde.

NOTES

1. Y. Palazzeschi, « La formation syndicale », *Éducation permanente*, 2003, n° 154, p. 11.
2. À titre d'exemple sur ce type de questions, on peut lire P. Rimbert et S. Crespo, « Devenir syndicaliste ouvrier ; journal d'un délégué CGT de la métallurgie », *Actes de la recherche en sciences sociales*, 2004, 155.
3. H. Lenoir, « S'éduquer pour acquérir la science de son malheur », in *Éducation permanente*, 2003, n° 154, p. 15.
4. *Ibid.*, p. 17.
5. *Ibid.*, p. 13.
6. A. Roudil, « Ascension et déclin du congé de formation syndicale », in *Analyses et documents économiques*, octobre 2002.
7. R. Di Ruzza et Y. Schwartz, « De l'activité militante à l'élaboration de savoirs », in *Éducation permanente, op. cit.* Outre cet article, on peut trouver des développements sur ce point dans D. Faïta et Y. Schwartz, *L'homme producteur*, Paris, Éditions sociales, 1985 ; B. Gendron, *Redécouvrir l'expérience syndicale ; l'approche ergologique et la sûreté des centrales nucléaires*, mémoire de troisième cycle, département d'ergologie, Université de Provence, 2000 ; I. Oddone *et al.*, *Redécouvrir l'expérience ouvrière*, Paris, Éditions sociales, 1981 ; R. Di Ruzza, « Savoir savant et savoir syndical », *Spécial Options*, juin 1989.
8. Y. Schwartz, *Le paradigme ergologique ; pour un métier de philosophe*, Toulouse, Octarès, 2000.
9. M. Rocca (dir.), *Acteurs syndicaux et sciences sociales du travail : objets, méthodes et enjeux d'une coopération*, préface d'H. Bartoli, Toulouse, Octarès, 2001, p. 11.
10. G. Ubbiali, « Peut-on parler d'une expertise syndicale ? », *in* M. Rocca (dir.), *op. cit.*
11. *Le Monde*, 29 octobre 1991, cité par G. Ubbiali, *op. cit.*, p. 87.

Chapitre 18
L'expérience associative

Stéphane Hanczyk

Il est tellement coutumier de croire ou d'affirmer qu'une pratique plus ou moins régulière et formalisée engendre un apprentissage qu'il ne serait guère étonnant qu'un apprentissage puisse avoir lieu en milieu associatif. Si cette éventualité est vraisemblable, il importe de trouver comment la caractériser, en relevant, si possible, ses spécificités. Mais sur quels paramètres s'appuyer pour réfléchir et rendre ces dernières manifestes ?

L'engagement bénévole et associatif repose bien souvent sur des valeurs, des idéaux solidaires et démocratiques. Ces caractéristiques sont aussi celles de l'engagement salarié militant, comme le confirme une recherche que j'ai conduite sur les logiques d'action des acteurs des centres sociaux et socioculturels. Les centres sociaux, en tant que structure majoritairement associative, ne sont pas seulement un lieu privilégié pour analyser l'évolution de l'engagement bénévole, comme motivation pour agir, associée à la professionnalité engagée des salariés. Ses acteurs se donnent comme priorité autant de professionnaliser la négociation et la gestion de leurs projets que d'affirmer une ambition politique : celle d'accompagner la mobilisation des habitants et de développer des modes de conduite de l'action favorisant largement les démarches participatives et le partage des savoirs. Entre une logique de réponses aux incitations et aux préconisations de leurs partenaires et une logique d'initiative et de soutien à la participation de leurs publics, les centres sociaux représentent ainsi un terrain privilégié pour observer l'appropriation d'un imaginaire social : l'individualisme contemporain.

L'expérience associative ne répond pas à une logique de consommation de services, mais de relations interpersonnelles. Elle témoigne qu'un engagement éminemment personnel peut être réinvesti dans une action collective solidaire et citoyenne. Les associations sont aujourd'hui en situation de double contrainte : d'une part, faire face à une demande de professionnalisation et de logique de projet, pour s'adapter à des logiques institutionnelles (évaluatives), gestionnaires (planificatrices) et économiques (concurrentielles) qui mettent en péril leur spécificité ; d'autre part, être reconnues comme « producteur de la démocratie locale » et donc représenter un foyer d'expérimentation de nouvelles modalités du vivre et du travailler ensemble. Dilemme difficile à résoudre.

Dans leurs manières d'agir, les bénévoles axent leur mode relationnel sur la convivialité et le partage d'expériences. La bonne ambiance de travail est orientée vers des préoccupations sociales et solidaires en privilégiant l'esprit d'initiative. Toutefois, de plus en plus, les modalités de l'action s'effectuent également dans un souci d'efficacité. De ce fait, cette manière d'être s'exprime dans un cadre démocratique dont elle respecte volontiers les valeurs, mais se trouve contrainte par l'aspect procédural et administratif de la conduite de projet.

La mixité statutaire : clé de lecture de l'expérience associative ?

Pour comprendre l'apprentissage en milieu associatif, il est fondamental de se pencher sur les statuts qui se côtoient dans des groupes hétérogènes.

Si l'on veut comprendre la spécificité d'un apprentissage en milieu associatif, il est fondamental de se pencher sur les différents statuts qui se côtoient dans des groupes hétérogènes[1]. L'importance de cet apprentissage au quotidien n'est cependant pas toujours observable ou explicite entre les salariés et les bénévoles. Par contre, l'existence de représentations communes entre eux est manifeste par rapport aux partenaires. Pour résumer, chacun a tendance à se construire une représentation du lieu et de ses fonctions par rapport à l'utilisation qu'il en a. L'usage du lieu résulte et dépend ainsi généralement de l'activité pratiquée. Si apprentissage il y a, celui-ci est surdéterminé par les particularités de l'activité elle-même. Pour autant, une typologie de ces activités serait vaine tant elles sont diverses et pas toujours spécifiques à ces structures.

Autre biais d'analyse : l'apprentissage diffère sensiblement selon la manière de prendre part à l'activité. L'usager poursuit surtout une logique d'appropriation ; les bénévoles et les salariés sont préoccupés par une logique de conception et d'animation ; les directeurs, les administrateurs et les partenaires se situent davantage dans une logique de décision, d'évaluation (pertinence des projets, organisation démocratique des procédures…) et de financement. La place occupée ne résulte donc pas uniquement du statut, elle peut dépendre de la fonction exercée par rapport à l'activité et, par ailleurs, du caractère de chacun. Pourtant, à travers cette différence statutaire, se cristallisent des enjeux de pouvoir et de sociabilité. De nombreux chercheurs[2] s'accordent à souligner l'importance d'une réflexion sur l'articulation des rôles respectifs du salarié et du bénévole, et de leurs représentations de l'action souvent contradictoires, voire conflictuelles. Leurs relations sont fréquemment marquées par des tensions, tout particulièrement dans les associations employeurs.

Le positionnement des salariés et des bénévoles est un enjeu de pouvoir dont la conflictualité est récurrente. Certes, ils n'ont pas le même regard sur l'activité, ni la même manière de s'y engager, d'où une incompréhension réciproque récurrente. Mais cette lecture n'est qu'en partie fondée. Elle correspond à une logique de gestion hiérarchique des relations humaines qui, en l'occurrence, est inappropriée. L'opposition entre l'idéologie technocratique (le pouvoir exécutif, la compétence, le savoir spécialisé vont au professionnel) et l'idéologie démocratique (le pouvoir législatif, la participation aux activités, la liberté d'expression et l'engagement citoyen vont aux bénévoles) résout peut-être moins de conflits qu'elle n'en alimente. Cette lecture dichotomique et antagoniste revient à privilégier deux conceptions de l'action :

Le positionnement des salariés et des bénévoles est un enjeu de pouvoir dont la conflictualité est récurrente.

– une représentation humaniste et démocratique dans laquelle la personne est valorisée en tant que telle ; la compétence est appréciée en termes de savoir-être, sous la dimension relationnelle (engagement, motivation, implication) et par rapport aux valeurs qui guident l'action (convivialité, utilité sociale, solidarité, respect des personnes). Le bénévole y puise sa légitimité ;

– une représentation techniciste de l'action ; la compétence est appréciée en termes de savoir-faire. La qualification, l'expérience, l'habileté, la productivité, l'efficacité sont privilégiées. Elle légitime le salarié en tant que professionnel.

Ces deux représentations ne s'appuient pas sur les mêmes valeurs. Elles ne valorisent ni les mêmes comportements dans l'activité ni les mêmes logiques d'action. L'interprétation du conflit entre acteurs associatifs fait ainsi largement référence à ce système de valeurs. L'amalgame qui est fait, d'un côté, entre bénévole et amateur et, de l'autre, entre salarié et professionnel est préjudiciable à la résolution des conflits. Il en résulte une répartition du pouvoir dont le partage, non équivalent, se fait en fonction d'une représentation des compétences des uns et des autres. Elle légitime, par conséquent, une répartition des tâches, des rôles et des responsabilités qui leur seront dévolus. Quand la dimension technique va au professionnel – représenté par le salarié –,

QUESTIONS À

DAN FERRAND-BECHMANN, PROFESSEURE À L'UNIVERSITÉ PARIS 8, PRÉSIDENTE DE L'ASSOCIATIC

Qui sont les bénévoles ?

DAN FERRAND-BECHMANN : Parmi les bénévoles, il y a ceux qui viennent pour des services ponctuels ou quelques assemblées d'associations, ceux qui sont actifs quelques heures par semaine, enfin, les bénévoles acharnés ou infatigables, certains travaillant plus qu'un plein-temps. Une des motivations de l'engagement bénévole est la rencontre avec des individus porteurs d'un projet, ou impliqués dans une association dont ils « défendent » les activités, ou bien encore le vécu d'une situation difficile ou qui semble scandaleuse.

Les objectifs sont nombreux, mais visent depuis la réduction des inégalités jusqu'au plaisir de la danse, du jeu ou des activités presque égoïstes.

Les motivations sont éthiques mais aussi pratiques et individualistes. Curiosité et goût à découvrir d'autres horizons ; besoin d'être ou de rester actif ; besoin d'apprendre pour soi et éventuellement d'apprendre aux autres ; quête d'un espace physique de liberté, libérateur du quotidien, constituent certaines des motivations.

D'autres personnes sont en quête de modes de fonctionnements sociétaux, de références et de valeurs différentes.

L'établissement de relations sur des bases égalitaires et non hiérarchiques, en dehors des processus de compétition, de performances, de démarche commerciale, est un objectif parfois évoqué. Mais le pouvoir n'est pas absent des relations dans le bénévolat et de la motivation à y être actif.

Qu'apprend-on quand on fait du bénévolat ?

D. F.-B. : Les questions d'apprentissage et de formation ne sont guère développées dans les recherches sur les associations et le bénévolat. Les bénévoles apprennent la vie en groupe et le respect d'autrui. Solidarité, fraternité, entraide, égalité des chances, laïcité sont

alors que la dimension humaine (et morale) va à l'amateur, représenté par le bénévole, elle légitime une certaine répartition du pouvoir plutôt qu'une autre.

La représentation du conflit viendrait d'une inégalité de compétences à laquelle la formation pourrait remédier. De fait, cette différence statutaire entretient une logique de qualification des acteurs reposant très exclusivement sur la formation. Les attentes en matière de bénévolat ont évolué. L'adaptabilité du bénévole à sa structure d'accueil est ainsi devenue préoccupante. La bonne volonté ne suffit plus. L'engagement du bénévole s'est contractualisé pour répondre à une logique d'efficacité. Par ce contrat, les protagonistes se garantissent mutuellement des droits et des devoirs. Le bénévole a besoin d'être formé et informé à ce propos. La formation devient ainsi le moyen de remplir son contrat. Elle permettrait de réduire cette inégalité dans les compétences qui départagent le salarié du bénévole.

La formation permettrait de réduire cette inégalité dans les compétences qui départagent le salarié du bénévole.

Pourtant, à l'issue des formations, le clivage persiste. En fait, la formation offre une réponse pertinente quand l'incompétence est fonctionnelle, quand il s'agit de com-

ANÇAISE DE SOCIOLOGIE[1]

des valeurs citées fréquemment. Apprendre à travailler en équipe et à gérer les conflits est un des avantages de la vie associative et la confrontation d'idées et de points de vue est une clé d'apprentissage. Aller dans une association permet souvent d'avoir une expérience pré-professionnelle qu'on ne trouve pas ailleurs. Les bénévoles développent diverses capacités : le sens des relations (donner, recevoir, créer du lien, être convivial car les relations ont souvent autant d'importance que l'objet lui-même de l'association. Elles apportent plaisir, sociabilité et contacts) ; le sens des responsabilités (s'engager, prendre des risques et en mesurer les conséquences) ; la démarche de projet (anticiper, innover et/ ou s'adapter). Mais il y a aussi des apprentissages et des expériences comme ceux du conflit et de la difficulté de travailler ensemble dans un groupe, notamment entre bénévoles, militants, salariés, élus et usagers.

Y a-t-il des spécificités à l'apprentissage des bénévoles ? Lesquelles ?

D. F.-B. : La recherche d'un engagement, de responsabilité citoyenne, de projets collectifs, d'une implication dans la vie locale et de la mise en œuvre d'actions solidaires caractérise les bénévoles. D'une part, l'essentiel des processus d'apprentissage s'effectue « sur le tas », par l'expérimentation. Le désir de faire entraîne un désir d'apprendre : on utilise ce qui est utile et ce que l'on a envie d'utiliser ; on privilégie la connaissance la plus efficace et immédiatement applicable ; on s'implique dans ce qui est applicable. L'empreinte de ce qu'on apprend dans l'expérience est plus forte. D'autre part, l'apprentissage est coopératif. À la différence des systèmes d'éducation « classiques » et formels, il ne s'acquiert pas selon une modalité hiérarchique et descendante, mais horizontale et souvent mutuelle. L'apprenant « s'enseigne lui-même » au contact de l'autre et acquiert des savoirs. Ils sont les uns pour les autres des « passeurs » et des médiateurs de savoirs.

Propos recueillis par Stéphane Hanczyk

1. D. Ferrand-Bechmann est entre autres l'auteure de *Les bénévoles et leurs associations, autre réalité, autre sociologie*, Paris, L'Harmattan, 2004 ; *Le métier de bénévole*, Paris, Anthropos-Economica, 2000 ; « Les savoirs dans les associations », *Économie et Solidarités*, 2004, vol. 34, n° 2.

bler un manque de connaissances et/ou de pratiques. Or, il est souvent question d'un manque de reconnaissance des compétences. Le développement des procédures de validation des acquis de l'expérience est une aubaine pour rendre manifestes les apprentissages et les compétences développés en milieu associatif. Elle offre une alternative appropriée pour repenser cette hiérarchisation des compétences. Autrement dit, la différence de statuts et de logiques d'action entre salariés et bénévoles n'est pas si déterminante. En fait, les conflits résultent plutôt de la différence de reconnaissance des compétences dont ils font preuve dans l'exercice des activités. La légitimité professionnelle des acteurs salariés n'est d'ailleurs pas toujours reconnue par les partenaires. L'un des enjeux de la formation, comme de la VAE, est de renégocier ce discrédit. En tant qu'acteurs du milieu associatif, salariés et bénévoles peinent à faire reconnaître leurs compétences. Sur ce point, ils partagent et éprouvent la même « injustice ». Le débat n'est pas nouveau et incite au dépassement des clivages traditionnels. La reconnaissance se présente comme condition du dénouement de ce clivage, si l'on considère qu'elle est un point de départ et non d'aboutissement de cette relation. Respecter et valoriser les logiques d'engagements spécifiques du salarié et du bénévole réduirait d'autant les conflits générés par cette représentation inégalitaire de leurs compétences.

Si apprentissage il y a, il dépend ainsi de l'importance accordée aux compétences à détenir ou, à défaut, à acquérir pour effectuer une activité. Ce n'est donc pas seulement la pratique de l'activité qui détermine quel apprentissage en résulte. L'élément déterminant est une question de représentation des compétences. L'enjeu se noue dans ce qui importe pour effectuer une activité : or quelle dimension privilégier ? Entre le salarié et le bénévole, le conflit n'est pas imputable à une question de compétence. Par contre, dès lors que le salarié est considéré comme un professionnel et le bénévole comme un amateur, le premier voit son travail légitimé par la maîtrise de savoirs théoriques reconnus (sur lesquels se fonde sa pratique), alors que le second est remercié pour sa bonne volonté, parce que les savoirs qu'il mobilise pour agir ne bénéficient pas de cette reconnaissance, et sont le plus souvent sous-estimés, dévalués, voire ignorés.

Si apprentissage il y a, il dépend de l'importance accordée aux compétences à détenir ou, à défaut, à acquérir pour effectuer une activité.

Réfléchir sur les types d'apprentissages résultant d'une expérience en milieu associatif requiert de tenir compte des représentations et des valeurs conférées aux compétences susceptibles de se développer au cours d'une activité. L'existence d'enjeux différents pour une même activité est spécifique au milieu associatif. Les enjeux liés à la détermination des compétences requises et acquises sont ainsi porteurs d'enjeux en termes de représentation de l'action. Le développement d'une politique de formation des bénévoles sur le modèle des compétences valorisées par une représentation professionnelle de l'activité a tendance à homogénéiser les pratiques. Le risque sous-jacent serait de nier les spécificités de l'engagement bénévole et de remettre en question les particularités d'un apprentissage en milieu associatif.

Repenser l'apprentissage associatif en termes de spécificités plutôt que de conflictualité : être avec et non pas contre…

Plusieurs motivations sont propres aux bénévoles : désir d'être utile aux autres et à la société ; besoin de faire ensemble et de faire pour soi ; besoin de rencontres et d'échanges, d'être ou de rester actif, d'apprendre pour soi et éventuellement d'apprendre à d'autres. Ils se caractérisent ainsi par la recherche d'un engagement, de responsabilités citoyennes, de projets collectifs, d'une solidarité, d'une implication dans la vie locale et de la mise en œuvre d'actions solidaires[3]. Pourtant, la spécificité de l'engagement bénévole s'estompe. L'évolution récente du milieu associatif conduit à brouiller les frontières. Le cumul des statuts incite à proscrire toute lecture univoque : des retraités continuent d'exercer leur ancienne activité professionnelle mais au sein d'une structure bénévole, des salariés sont bénévoles à divers titres dans plusieurs structures, des bénévoles deviennent salariés dans la même structure… En outre, différents profils de bénévoles coexistent : entre l'administrateur bénévole, qui participe à la décision et au suivi de l'action à long terme, et le bénévole occasionnel, qui vient donner un coup de main, il y a effectivement des différences notables. Le second se confond encore volontiers avec l'amateur charitable, alors que le premier doit faire preuve de professionnalité.

Différents profils de bénévoles coexistent : de l'administrateur bénévole au bénévole occasionnel.

EN PRATIQUE : L'AFEV : DES ÉTUDIANTS QUI APPRENNENT AUTREMENT

L'Association de la fondation étudiante pour la ville offre un engagement à des étudiants auprès de jeunes en difficulté, en particulier à travers une aide individualisée. Au-delà de l'accompagnement de l'élève dans ses devoirs et ses leçons, ce suivi s'avère un accompagnement global de l'enfant ou du jeune. Si les étudiants aident ces jeunes à apprendre, leurs témoignages montrent qu'à travers cette activité bénévole ils apprennent.

« Par mon action bénévole, je sors de l'aspect purement théorique de mes études. J'ai découvert le monde des cités qui est totalement différent des nombreux préjugés que j'avais. La structure associative m'a permis ici de découvrir un milieu qui n'était pas le mien. J'ai aujourd'hui un regard totalement nouveau sur l'enseignement [...]. Je m'implique dans une activité bénévole non pas comme une implication politique, mais plus comme une implication citoyenne. » Claire, 20 ans, licence de sciences de l'éducation.

« J'ai eu besoin d'avoir une action utile en direction des autres et de donner un sens social à ma vie. J'apprends beaucoup de choses avec eux. Par exemple, l'enfance est souvent vue comme un monde idéal. Être en contact avec les enfants, voir leurs rapports entre eux et leurs préoccupations a un peu cassé une image idyllique que j'avais du monde de l'enfance. À l'inverse de ce qu'on peut penser, ils ont des rapports assez compliqués entre eux. La reconnaissance, je l'ai dans l'échange que j'ai avec les enfants, je n'ai pas besoin d'avoir une médaille à la fin de l'année. La multiplication des associations de solidarité me semble être révélatrice du fait que la société ne marche pas droit. » Aurélien, 20 ans, DEUG d'histoire.

Comme le soulignent les auteurs de l'ouvrage (Afev, *Être utile – Quartiers défavorisés, jeunes en difficulté : des étudiants s'engagent*, INJEP, 2005) dont sont issus ces témoignages en conclusion : « Ces apprentissages ne font pas partie du champ ordinaire des institutions scolaires classiques, mais sont fondamentaux pour l'évolution d'un individu, sa trajectoire future, sa capacité à évoluer dans son environnement social. »

Gilles Brougère

Si l'écart en termes de compétences professionnelles se réduit entre les bénévoles les plus engagés dans l'action et les salariés, le statut n'est plus justifiable pour indiquer une frontière monétaire exclusive à l'égard des salariés. Le développement du travail associé accroît l'interchangeabilité des rôles et des logiques d'action. Les rétributions « compensatoires » en faveur des bénévoles durablement impliqués dans la structure se banalisent au-delà des pratiques déjà courantes de défraiements. Il est à craindre que la logique d'engagement dans l'action n'en subisse quelques conséquences[4]. En l'espace de quelques décennies, le bénévolat a perdu de sa dynamique militante au profit d'un engagement ponctuel dans une ou plusieurs activités bien précises. L'engagement bénévole est axé, de manière forte, sur une représentation hédoniste, solidaire et altruiste de l'action. Symptomatiquement, quand les bénévoles n'ont plus de plaisir à s'engager dans une structure associative, plus sûrement qu'auparavant, ils ont tendance à se réinvestir ailleurs.

Une question se pose néanmoins avec acuité : sur quelles bases édifier de nouvelles modalités du travail pour que chacun puisse vivre en société et, autant que possible, s'intégrer et s'épanouir dans une activité ? La valorisation des spécificités de l'engagement bénévole peut-elle permettre de repenser l'engagement professionnel ? Les logiques conviviale et sociale seront-elles reconsidérées et prises en compte comme modalité essentielle d'un vouloir-travailler ensemble ? L'émergence de structures économiques alternatives et solidaires, à partir du mode « un homme une voix », l'illustre avec intérêt. L'écueil serait une récupération de cet engagement pour aménager une professionnalisation à moindre coût ou une situation d'attente, car il devient stratégique d'anticiper et de savoir gérer des périodes récurrentes et prolongées d'absence d'activités rémunérées. La reconsidération de l'engagement bénévole, usant de ressources motivationnelles particulières, constituerait une aubaine et une opportunité pour continuer d'exercer une activité d'intégration sociale périphérique en dehors de ces périodes.

Sur quelles bases édifier de nouvelles modalités du travail pour que chacun puisse vivre en société ?

Depuis que le travail n'agit plus en qualité d'intégrateur social, il devient opportun de se demander où et selon quelles modalités le lien social perdure. Puisque l'être humain se définit, notamment par l'entremise d'Aristote, comme un « animal politique », le lien social – ce qui fait tenir ensemble les personnes vivant dans une même société – oscille entre la traduction d'un droit naturel et celle d'un droit constitutionnel, entre un état de fait et l'établissement d'un contrat, entre une solidarité organique et une solidarité mécanique. En dernière analyse, toute crise est identifiée comme crise du lien social. Or, la constatation d'un mal-vivre en société ne résulterait peut-être pas tant d'une crise du lien social. Le modèle associatif dans sa diversité, ainsi que l'illustrent les centres sociaux, réinvente et manifeste chaque jour, dans chaque structure, des modalités participatives, démocratiques, solidaires, enthousiastes et pluriculturelles d'un vouloir-vivre ensemble. Est-ce la qualité du lien « d'association » qui préserve le lien social d'une crise ? Les réponses attendues en termes économiques ont-elles déplacé le cadre d'une réponse légitime à la question du lien social ?

Dans chaque lieu, les manières d'agir (surdéterminées par le statut, la fonction et/ou le caractère) modélisent le lien social qui s'y exprime. Elles permettent, facilitent ou refrènent certaines possibilités et façons d'être liés les uns aux autres. Les structures associatives ont comme particularité d'être des lieux d'implantation et de mise en œuvre de multiples services, des lieux d'accueil pour lutter contre la solitude et l'individualisme, des lieux de rassemblement, de confrontation, d'échange de valeurs partagées. Elles sont des lieux-ressources où les divers acteurs trouvent tout à la fois : un lieu de convivialité, où il est possible d'être ensemble, de faire des rencontres, de se retrouver avec plaisir ; un lieu de sociabilité, où il est possible d'être utile, de s'entraider, de s'intégrer, de faire quelque chose avec et pour les autres ; un lieu d'animation, où il est possible de transmettre et d'apprendre, mais également de proposer des initiatives et de les réaliser ; un lieu de médiation, où il est possible de partager et de s'organiser autour de valeurs collectives.

Par cette volonté qu'ils manifestent de ne pas se contenter de vivre en société, mais de choisir de le faire, les bénévoles incitent à repenser la pertinence d'une crise du lien social. Les lieux et les temps pour se retrouver, pour être ensemble, perdurent. Par contre, les modalités du lien semblent affectées, disparaissent, évoluent, se recomposent. Une situation donnée implique une représentation de l'action à effectuer, c'est-à-dire des raisons et des manières d'agir. Les personnes alternent le fait de vouloir, de pouvoir ou de devoir être ensemble ou non avec le fait d'être ensemble ou de ne pas l'être. Dans une situation collective, les participants choisissent ou subissent ce que le lieu, le temps et les circonstances rendent possible. Comme pour se lier et se délier, il y a des manières consensuelles ou conflictuelles de vivre ensemble. Certaines manières d'être ensemble suscitent le conflit, d'autres facilitent le compromis ou le partage. Ainsi, pour déterminer les conditions d'expression du lien (où, quand, comment, pourquoi…) qui se manifestent dans une activité, il faut prendre en compte la nature de l'activité elle-même, mais surtout le cadre dans lequel elle se réalise. L'expérience associative a la particularité de révéler et de stimuler des modalités conviviales et solidaires du lien social. En tant que telle, elle est révélatrice de liens relatifs au savoir-être ensemble. L'apprentissage le plus significatif repose en définitive sur cette capacité à vivre et à vouloir vivre ensemble.

L'expérience associative a la particularité de révéler et de stimuler des modalités conviviales et solidaires du lien social.

L'expérience associative offre une diversité d'apprentissages dont le trait commun et spécifique au milieu associatif repose sur un engagement librement consenti d'effectuer une activité en dépit (ou en raison !) de l'hétérogénéité des raisons d'agir et des manières de la réaliser. Cet apprentissage caractéristique représente une opportunité pour revaloriser l'expérience associative et, de surcroît, pour repenser de nouvelles pratiques de gestion des rapports sociaux. Bien que méconnues, l'originalité et l'importance de cet apprentissage participent également au renouvellement de la question du lien social et du vivre ensemble.

NOTES

1. Ces groupes étaient composés principalement de salariés et de bénévoles des centres sociaux, et parfois de leurs partenaires : élus locaux, délégués de fédérations départementales et techniciens de la CAF notamment.

2. Voir les articles de J. Afchain, B. Eme, B. Enjolras, J.-L. Laville, F. Mayaux *in* F. Bloch-Lainé (dir.), *Faire société. Les associations au cœur du social*, Paris, La Découverte et Syros, 1999 ; ceux de D. Ferrand-Bechmann et de E. Arnoult-Brill dans *Informations sociales*, CNAF, 2001, n° 90/91 ; ainsi que les ouvrages de B. Halba et M. Le Net, *Bénévolat et volontariat*, Paris, La Documentation française, 1997 ; et de J.-L. Laville, A. Caillé, P. Chanial *et al.*, *Association, démocratie et société civile*, Paris, La Découverte, 2001.

3. R. Rochefort, « Les Français et les associations », *in* J.-C. Barbarant, *De la liberté de s'associer à la démocratie participative*, Paris, Direction des journaux officiels, 2001, p. 51-59 ; D. Ferrand-Bechmann, « Les savoirs dans les associations », *Économie et solidarités*, 2004, vol. 34, n° 2, p. 1-21.

4. P. Mossé, « Pour une analyse socio-économique du bénévolat associatif », *Les Études coopératives mutualistes associatives*, 1998, n° 267, p. 40-51.

Sixième partie

Quelles théories pour les apprentissages du quotidien ?

Chapitre 19
La socialisation au quotidien : les enjeux d'une ethnographie du minuscule

Régine Sirota

> « L'éducation est l'action exercée par les générations adultes sur celles qui ne sont pas encore mûres pour la vie sociale. Elle a pour objet de susciter et de développer chez l'enfant un certain nombre d'états physiques, intellectuels et moraux que réclament de lui et la société politique dans son ensemble et le milieu social auquel il est particulièrement destiné. »[1]

De cette définition devenue canonique, les sociologues ont dans un premier temps retenu qu'il fallait porter le regard sur le travail des institutions chargées du travail de modelage et de façonnage des individus pour les intégrer au monde social. Un programme portant tant sur le travail fait par les agents des institutions que sur les contenus de cette formation a par exemple orienté et parcouru les travaux de la sociologie de l'éducation. Modèles, normes et rôles semblent ici en accord, dans une institution dont la légitimité n'est pas discutée. L'enfant est une cire molle sur laquelle le fonctionnement institutionnel permet d'imprimer un ensemble de modes de comportement qui vont orienter l'ensemble de sa personnalité. Dans cette vision d'une socialisation strictement verticale, dérouler les modalités et la construction des contenus des programmes des institutions scolaires doit permettre de comprendre les formes et modes de cette transformation des individus. D'autant que les adultes chargés de ce travail sont considérés comme des agents de l'institution porteurs des valeurs de l'institution.

Mais il ne faut cependant pas oublier que déjà Durkheim soulignait dans le même ouvrage : « Il n'y a pas de période dans la vie sociale, il n'y a même pour ainsi dire pas de moment dans la journée où les jeunes générations ne soient pas en contact avec leurs aînés, et où par la suite, elles ne reçoivent de ces premiers l'influence éducatrice. Car cette influence ne se fait pas seulement sentir aux instants très courts où parents et maîtres communiquent consciemment, et par la voie d'un enseignement proprement dit, les résultats de leur expérience à ceux qui viennent après eux. Il y a une éducation inconsciente qui ne cesse jamais. Par notre exemple, par les paroles que nous prononçons, nous façonnons d'une manière continue l'âme de nos enfants. »[2]

« Il y a une éducation inconsciente qui ne cesse jamais », (Durkheim).

Dérangement dans l'ordre scolaire et éducatif, une relecture des théories de la socialisation

L'apparition de la notion d'échec scolaire non plus considéré comme un problème individuel mais comme un problème structurel et collectif va amener les sociologues à interroger plus avant le fonctionnement institutionnel. Les apparents ratés de la socialisation deviennent le centre de l'analyse. Une sociologie du soupçon va faire évoluer et porter le regard sociologique sur l'efficace de l'informulé, se demandant ce qui se cache derrière les programmes et proclamations explicites, en d'autres termes sur la socialisation invisible. On passe ici de l'analyse du curriculum formel à celle du curriculum implicite, qu'il soit nommé curriculum caché ou réel. Il s'agit de saisir ce qui se joue réellement dans le quotidien de l'institution scolaire, c'est-à-dire dans les situations les plus banales et les plus ordinaires. Non plus en s'intéressant uniquement à l'émetteur du message, mais aussi aux conditions de sa réception. À la sociologie de la reproduction mettant en exergue les modalités de la violence symbolique, va succéder l'exploration des situations et interactions à l'intérieur de la classe. L'élève apparaît comme partenaire à part entière de cette interaction. Mais c'est encore un acteur porteur d'une socialisation façonnée par une autre institution : la famille. Porteur de l'habitus de sa classe sociale, c'est-à-dire de l'ensemble des manières de penser, d'agir et de faire de son groupe social d'appartenance, il rencontre avec plus ou moins de facilité ou d'appétit les exigences de l'institution scolaire et les apprentissages exigés. Comprendre distances et affrontements entre capital culturel familial et ordinaire de la classe va devenir une des lignes de recherche pour saisir les difficultés des apprentissages et la construction des inégalités à l'intérieur du système scolaire.

Mais le fonctionnement ordinaire de l'institution scolaire perd de son évidence. Les décalages-désaccordements entre logiques institutionnelles et fonctionnement des acteurs s'accentuent de l'école primaire au collège puis au lycée. L'expérience des acteurs devient de plus en plus douloureuse, de plus en plus complexe à saisir. Il ne s'agit donc plus simplement de s'interroger sur le travail exigé par l'institution mais aussi sur le travail que produisent les individus sur eux-mêmes pour faire face aux situations. On est ainsi passé insensiblement de l'agent à l'acteur puis à l'individu, c'est-à-dire à un sujet dont il s'agit de comprendre la pluralité des logiques. Cette évolution paradigmatique s'accompagne d'une évolution des problématiques et des méthodes ouvrant de nouvelles scènes à l'investigation sociologique. De plus, la redécouverte de l'interactionnisme symbolique, l'introduction du constructivisme, le renouveau des approches qualitatives et le retour général des sociologues vers l'acteur ont fortement réinterrogé et secoué les évidences du paradigme durkheimien dans la sociologie francophone. Parallèlement, au sein de la sociologie anglophone, la notion même de socialisation est fortement contestée, car elle donnerait une vision du monde « sur-socialisée ». Ce qui conduit à la naissance d'une sociologie de l'enfance qui considère que l'enfant ne doit plus être considéré simplement comme un *future being*, dont il s'agit d'analyser le développement, mais comme un *actual being*, soit un être au présent, c'est-à-dire un sujet actif dans sa propre socialisation. Ce que William Corsaro nommera la « reproduction interprétative » [voir l'encadré « J'ai lu » dans ce chapitre]. Il s'agit alors de comprendre comment l'enfant pris au sérieux et considéré comme un acteur au plein sens du terme analyse, réinterprète

La sociologie de l'enfance considère l'enfant comme un être au présent.

et produit monde et règles sociales, non plus simplement individuellement mais comme un acteur collectif. L'attention se porte alors sur les sociétés enfantines et leur construction propre des règles du jeu, dans le cadre social proposé par les adultes. La socialisation ici n'est plus considérée comme uniquement verticale mais aussi comme réversible et horizontale. Car le groupe de pairs prend autant d'importance que celui des adultes.

Les partages de champs académiques : le quotidien et ses objets nobles et illégitimes

Il n'y a plus à privilégier les situations les plus formelles d'apprentissage mais à s'interroger sur les moments, les lieux, les occasions.

Il n'y a donc plus à privilégier les situations les plus formelles d'apprentissage mais à s'interroger sur les moments, les lieux, les occasions où se construisent en permanence, dans un flux et un bouillonnement continu, en rappelant Simmel, les apprentissages de la socialisation. Le regard s'inverse vers l'envers du décor, passe du public au privé, du formel à l'informel. L'évidence de la nature des objets de recherche légitimes s'effrite, d'autres dimensions, d'autres acteurs, d'autres objets apparaissent dans l'ensemble des sciences sociales. Aux objets les plus visibles considérés comme nobles et légitimes par la science normale succèdent des objets demeurés jusque-là largement invisibles. Pour certains sociologues de l'éducation, l'analyse de la socialisation ne peut plus se résumer aux modalités de la scolarisation.

Ce qui était le propre des descriptions pleines de saveurs des folkloristes, mais restées quelque peu dédaignées par la sphère académique, devient l'objet de succès médiatiques certains. Telle la réussite de la collection « Terres humaines » et de son best-seller *Le cheval d'orgueil* (Plon, 1975). Dans cette autobiographie, Pierre-Jakez Hélias retrace son enfance, n'oubliant ni les comptines du grand-père sur les ajoncs et les genêts, ni l'achat de la culotte pour le jour de la rentrée ou la terrible punition de la « vache » quand par malheur l'enfant est pris en train de parler breton dans la cour de récréation. Tout le quotidien des apprentissages d'un enfant pauvre de Bretagne se trouve ici rendu au travers d'anecdotes soigneusement documentées par celui qui fut longtemps chroniqueur de radio.

J'ai lu

THE SOCIOLOGY OF CHILDHOOD

par William Corsaro, Thousand Oaks, Pine Forge Press, 1997.

Dans ces dernières années, nous avons vu les commencements d'une nouvelle sociologie de l'enfance qui se débarrasse d'une doctrine individualiste qui considère la socialisation comme l'internalisation privée par l'enfant des aptitudes des adultes et de leurs savoirs. Dans cette nouvelle approche, le regard est porté sur l'enfance en tant que construction sociale résultant de l'action collective des enfants avec les adultes et entre eux. L'enfance est considérée comme une forme structurelle et les enfants comme des acteurs sociaux qui contribuent à la reproduction de l'enfance et de la société au travers de négociations avec les adultes et au travers de la production créative d'un ensemble de cultures de pairs avec les autres enfants. Cette nouvelle vision de l'enfance en tant que phénomène social remplace la notion de socialisation par le concept de *reproduction interprétative*. La reproduction interprétative reflète l'appartenance évolutive des enfants à leur culture, qui commence dans la famille et se construit en spirale au fur et à mesure que les enfants créent des séries de cultures enfantines emboîtées et basées sur les structures institutionnelles de la culture adulte. Et ce qui est le plus important, la notion de reproduction interprétative oblige la sociologie à prendre les enfants au sérieux et à apprécier les contributions des enfants à la reproduction sociale et au changement.

William Corsaro en donne des exemples dans *"We're Friends, Right?": Inside Kids' Culture* (Washington, DC, Joseph Henry Press, 2003). Il démontre ainsi à partir d'exemples pris dans des jeux de rôles observés dans des cours de récréation d'école maternelle ou des squares que les jeux ne sont pas de simples imitations du monde adulte. Les enfants évidemment sont affectés par le monde adulte, mais ils s'approprient collectivement les éléments de ce monde adulte pour créer leurs propres routines innovatrices de jeu dans une culture de pairs. Le jeu de rôle est particulièrement intéressant car il comprend la construction collective des enfants et le partage des récits de leurs propres vies au présent et les projections de leurs vies dans le futur en tant que futurs adultes. La construction de ces récits est créative et amusante, et de plus ce sont des aspects valorisés d'une culture partagée entre pairs. Dans le processus de création et d'engagement dans les jeux de rôles, les enfants sont amenés à développer des prédispositions pour leur vie future et de cette manière contribuent à la reproduction et au changement du monde adulte.

Régine Sirota

La vie privée apparaît ainsi sous la plume des historiens : « Au seuil du privé, l'historien – tel un bourgeois victorien – a longtemps hésité, par pudeur, incompétence et respect du système de valeurs qui faisait de l'homme public le héros et l'acteur de la seule histoire qui vaille d'être contée : la grande histoire des États, des économies et des sociétés. Pour qu'il y pénètre enfin, il a fallu un renversement de l'ordre des choses, que le privé devienne autre chose qu'une zone maudite, interdite et obscure : le lieu plein de nos délices et de nos esclavages, de nos conflits et de nos rêves ; le centre peut-être provisoire de notre vie enfin reconnu, visité et légitimé. »[3]

Les petits objets matériels du quotidien deviennent dignes d'être l'axe essentiel de l'analyse.

Cette évolution des objets va de pair avec une évolution des problématiques et des méthodes dans un entrecroisement disciplinaire où petits objets matériels du quotidien, pratiques domestiques et personnages secondaires deviennent dignes d'être l'axe essentiel de l'analyse, faisant réapparaître femmes et enfants. De nouvelles disciplines se créent telles que les « Cultural Studies », les « Gender Studies » ou la « Sociologie de l'enfance ». Ce renversement du regard se théorise et se légitime, ouvrant de nouveaux territoires au regard scientifique, ce que commente Daniel Roche dans son ouvrage sur l'*Histoire des choses banales* (Paris, Fayard, 1997) : « La leçon des Annales a été entendue. Les historiens ont cherché à saisir le poids réel du quotidien et ont essayé de donner une histoire à ce qui ne paraissait pas en avoir : vie matérielle et comportements biologiques, histoire de l'alimentation, histoire de la consommation alimentaire et vestimentaire, histoire des maladies. […] Tenant compte de l'apport des travaux de l'anthropologie, elles ont mis l'accent sur l'observation des pratiques et des gestes individuels et collectifs, sur les questions posées par la mémoire, la transmission, le changement des attitudes et des habitudes qui structurent l'univers où évoluent les hommes, sur ce qui rassemble ou ce qui s'oppose à travers des habitus […] ou des logiques de situation […] » (p. 13). Une ethnographie du minuscule apparaît. Mais il ne s'agit pas pour autant d'un écrasement ethnographique vers de simples descriptions, l'ambition reste bien aussi de comprendre structurellement les modalités de la socialisation. « L'histoire de la vie privée est l'histoire politique du quotidien », affirme clairement Michelle Perrot.

Déjà l'analyse de la forme scolaire au travers d'une vision foucaldienne avait mis l'accent sur la discipline scolaire, prenant appui sur une anatomie politique du regard où nul détail du quotidien n'est indifférent au pouvoir pour accomplir ce façonnage des âmes et des corps. Mais ici l'analyse ne porte plus principalement sur les rapports de domination mais aussi sur les stratégies et ruses du quotidien qui permettent aux acteurs sociaux de se réinventer dans la multiplicité des manières de dire et de faire.

La réintroduction de la pluralité des situations de la socialisation, ou la traque du minuscule

Nombre de questions restent en suspens. Comment se construit cette incorporation du capital culturel ? Comment se fait au quotidien ce façonnage des corps et des esprits ? Si la sociologie bourdieusienne ne répond pas clairement à ces questions, elle propose un schéma théorique puissant : celui de l'habitus, « système de dispositions durables et transposables », ou « structure structurée et structurante » qui sous-entend à la fois inculcation méthodique et persuasion clandestine. Mais elle ne donne guère de preuves empiriques de cette fabrication sociale des apprentissages. Dans quelle mesure y aurait-il une telle homogénéité des habitus à l'intérieur d'une classe sociale ? Les conditions de la socialisation n'ont-elles pas profondément évolué ? Les théoriciens de l'individualisme vont s'attaquer à ces questions, en soulignant la marge d'autonomie de l'acteur social et la pluralité de ses expériences sans oublier le travail de sa subjectivité. Car l'individu est un individu pluriel. On peut considérer avec Bernard Lahire[4] que chaque individu est en quelque sorte le dépositaire de dispositions à penser, à sentir et à agir qui sont les produits de ses expériences socialisatrices multiples, plus ou moins durables et intenses, dans divers collectifs et dans des formes de rapports sociaux différents. La pluralité des situations dans lesquelles se construit, déconstruit, reconstruit l'individu devient le cadre de l'analyse. Les apprentissages se feraient, déferaient et referaient donc quotidiennement, mêlant routines et improvisations d'un individu devenu incertain, et toujours à l'épreuve de lui-même.

Dans quelle mesure y aurait-il une telle homogénéité des habitus à l'intérieur d'une classe sociale ?

Socialisation explicite ou silencieuse ? Socialisation par frottement, dirait François de Singly pour parler de la multiplicité de ces situations domestiques qui forgent les manières d'être ensemble.

Transmissions invisibles et construction de soi, la socialisation au quotidien

Car les apprentissages de la vie quotidienne se produisent et se révèlent de manière parfois inattendue tout au long du cours de la vie, ainsi que le montre Luce Giard[5] dans un texte qui souligne la puissance de cette socialisation au quotidien, parfois invisible et pourtant en constant travail.

Situation banale quotidienne, la cuisine. Deux personnages, mère et fille. Deux générations prises dans la dynamique de deux époques. Identités individuelle et collective.

DU CÔTÉ DE LA RECHERCHE

Classes sociales et « élevage » des enfants

Reprenant une problématique classique sur les inégalités sociales, mais suivant un dispositif très original, Annette Lareau, sociologue et professeure à Temple University, observe la vie quotidienne d'enfants d'une dizaine d'années avec une équipe de chercheurs, en suivant ceux-ci au travers des diverses situations de leur vie ordinaire, que ce soit en famille, en classe ou avec leurs copains[1]. « Bien que la vie familiale ait un impact important sur les chances de vie des enfants, les mécanismes au travers desquels les parents transmettent ces avantages sont imparfaitement compris. » Utilisant une métaphore agricole, Annette Lareau démontre que les modalités éducatives se structurent autour de deux modèles d'élevage des enfants. Les parents de classe moyenne sont engagés dans une éducation de type « concerted cultivation », soit une mise en culture négociée où ils essayent de développer les talents de leurs enfants au travers d'activités de loisirs et de raisonnement intenses. Les parents de la classe ouvrière et des catégories les plus pauvres sont engagés eux dans « the accomplishment of natural growth », c'est-à-dire la pousse naturelle de leurs enfants, en leur fournissant des conditions leur permettant de grandir naturellement, mais ils laissent les activités de loisirs aux enfants eux-mêmes. Ces parents utilisent plutôt les directives que le raisonnement. Les enfants de classe moyenne, qu'ils soient blancs ou noirs, eux, gagnent un sens de plus en plus important de leurs droits à partir de leur vie de famille. La race a beaucoup moins d'impact que la classe sociale. Aussi, les différences dans les logiques culturelles d'élevage des enfants donnent des ressources différentes pour mener les interactions avec les professionnels et les adultes en dehors de la maison. Les enfants des classes moyennes gagnent des avantages qui peuvent sembler sur un plan individuel insignifiant, mais qui finissent par se cumuler. Voici deux exemples tirés de cette observation de la vie quotidienne lors de visites chez le médecin (p. 767).

Première scène

Avant la visite médicale, Alexandre demande à sa mère s'il va recevoir des piqûres chez le médecin. Comme il s'approche du cabinet du médecin, Mme Williams lui dit tranquillement qu'il faut le demander au médecin, elle l'encourage à communiquer directement avec celui-ci.

Travail sur soi et inscription sociale. « De l'expérience tâtonnante des premiers gestes, des essais et des erreurs, il me reste cet étonnement, je croyais n'avoir jamais rien appris, rien observé, puisque j'avais voulu me soustraire avec obstination à la contagion de cette éducation de fille, puisque j'avais toujours préféré ma chambre, mes livres et mes jeux à la cuisine où s'activait ma mère. Pourtant mon regard d'enfant avait vu et mémorisé des gestes, mes sens avaient gardé le souvenir des saveurs, des odeurs, et des couleurs. Je connaissais déjà tous ces bruits : le chuintement de l'eau qui frémit, le grésillement de la graisse qui fond, le battement sourd de la main qui pétrit. Une recette, un mot inducteur suffisaient à susciter une étrange anamnèse où

« Tu dois réfléchir aux questions que tu veux poser au médecin, tu peux lui demander n'importe quoi, ne sois pas timide. »
Alexandre réfléchit une minute. « J'ai des boutons sous les bras à cause de mon déodorant. »
« Vraiment, tu veux dire ton nouveau déodorant ? Alors tu dois lui demander. »
Alexandre a donc appris qu'il a le droit de parler et qu'il faut préparer cette rencontre avec une personne d'autorité.
Durant la visite, le médecin mesure Alex, il lui dit : « Grande taille comme d'habitude, Alex est dans les 95 %. »
Bien qu'il s'adresse à Mme Williams, Alex l'interrompt :
« Je suis dans le quoi ? »
« Cela signifie que tu es plus grand que 95 parmi 100 des jeunes garçons de 10 ans. »
« Je n'ai pas 10 ans. »
« Bon, il est marqué que tu as 10 ans, ils prennent toujours des âges approximatifs pour faire ce graphe. »
« D'accord. »
Cette dernière phrase montre bien qu'il considère qu'il a le droit d'exprimer son jugement. Mme Williams montre aussi qu'elle est à l'aise face à un représentant de l'autorité médicale, et qu'elle considère cet examen comme un échange entre pairs.

Deuxième scène

Mme McAllister est chez le médecin avec son fils.
Le médecin : « Mange-t-il chaque jour soit du poisson, de la viande ou des œufs ? »
La mère : « Oui », d'une voix très basse.
Le médecin essaye d'établir un contact visuel mais la mère fixe son papier. « Un légume jaune ? » Il la regarde….
« Des légumes verts ? »
La mère : « Oui », elle garde toujours la tête baissée et regarde le sol.
L'assistant de recherche qui accompagne la famille chez le médecin n'a jamais vu de légumes, ni jaunes ni verts, sur la table familiale.
Ni Harold ni sa mère ne semblent à l'aise dans cette rencontre.
[…] Plus tard durant la consultation […]
Le médecin : « As-tu des marques de naissance ? »
La mère regarde le médecin, secoue la tête pour dire non.
Harold, levant la main gauche, dit avec excitation : « J'ai une marque de naissance sous mon bras ! »
La mère élevant la voix et ayant l'air tendu :
« Tu vas te calmer un instant ? »
La mère répond à nouveau à la question du médecin : « Non. »

Alors que la visite médicale d'Alexandre s'est transformée en un entraînement à la maîtrise des situations sociales, tout se conjugue devant ce qui devient un contrôle de la vie quotidienne, où mère et fils tentent d'esquiver la situation. Harold ne pose aucune question, il ne fait que répondre, et quand il essaye de se lancer dans le jeu de la conversation, son information est niée. Le médecin a bien touché du doigt les difficultés que rencontre la famille pour faire pousser ses enfants. Rencontre de normativités bien différentes. Deux vies quotidiennes, deux apprentissages bien différents.

1. A. Lareau, « Invisible inequality : Social class and childrearing in black families and white families », *American Sociological Review*, 67, Oct. 2002, p. 747-776 ; *Unequal Childhoods: Class, Race, and Family Life*, Berkeley, University of California Press, 2003.

se réactivaient par fragments d'anciens savoirs, de primitives expériences dont j'étais l'héritière, le dépositaire sans l'avoir voulu. Il fallut m'avouer que, moi aussi, j'étais nantie d'un savoir de femme, qui s'était glissé en moi, trompant la surveillance de mon esprit. Quelque chose qui me venait du corps et qui m'agrégeait au grand corps des femmes de mon lignage, pour m'incorporer à leur troupe anonyme. » Si dans cette opposition entre identité explicitement proclamée et identité construite se révèle l'incorporation d'une pratique sociale, et une socialisation de genre, se manifestent aussi les multiples dimensions qui construisent nos sensibilités, donnant à voir fil rouge et contradictions dans la fabrication quotidienne de nos identités contemporaines.

NOTES

1. É. Durkheim, *Éducation et sociologie*, Paris, PUF, 1922, p. 51.
2. *Ibid.*, p. 69.
3. M. Perrot, Introduction, *Histoire de la vie privée*, t. IV, Paris, Seuil, 1987, p. 11.
4. B. Lahire, *L'homme pluriel*, Paris, Nathan, 1998.
5. L. Giard et P. Mayol, *L'invention du quotidien*, t. II, *Habiter, cuisiner*, Paris, 10/18, 1980, p. 151.

Chapitre 20 Niche de développement et approche interculturelle

Lysette Ngeng

Pour Pierre Dasen[1], les savoirs du quotidien doivent être définis dans leur rapport à l'éducation informelle par opposition à l'éducation formelle, qui se déroule à l'école. Il propose ainsi le cadre théorique de la « niche de développement » et sa version approfondie, pour les étudier de près. Les savoirs quotidiens seraient selon lui des connaissances acquises hors et après l'école, par apprentissage ou par expérience. Ils englobent les activités qui se passent autour et dans le(s) lieu(x) naturel(s) de vie de l'individu et auxquelles il participe. Ils font référence à la dimension éducative inhérente aux échanges familiaux et sociaux quotidiens. Dans ce sens, ils sont partagés par une communauté de personnes et situés dans un contexte précis. Ils permettent de résoudre des problèmes pratiques.

La « niche de développement » a été conçue à l'origine par Super et Harkness[2] pour analyser et rendre compte de la complexité du développement humain. Elle met en relation l'enfant et son environnement au cours du développement. Cette approche est modifiée par Blandine Bril[3] pour intégrer la notion d'apprentissage et par P. Dasen pour intégrer l'influence des macrocontextes. Des recherches développées récemment montrent que la théorie de la niche de développement permet d'étudier un éventail de savoirs du quotidien plus large que celui produit par l'éducation formelle.

La « niche de développement » met en relation l'enfant et son environnement au cours du développement.

Cette conception présente l'enfant en développement au centre de la niche. La niche de développement met en évidence les spécificités du milieu dans lequel vit l'enfant, ainsi que l'adaptation continuelle de ce milieu à ses besoins. Dans le champ disciplinaire de la psychologie du développement, la niche représente l'interface entre les mécanismes psychologiques en jeu dans le développement/l'apprentissage et l'environnement dans lequel le développement s'effectue[4].

La niche est constituée de trois composantes :

1. L'environnement physique et social, c'est-à-dire l'ensemble des caractéristiques matérielles de l'organisation sociale.

2. L'ensemble des activités des parents ou gardiens (en anglais « *caretakers* »). Il s'agit des pratiques éducatives (enculturation, socialisation).

3. Les croyances parentales, c'est-à-dire les idées que les parents se font du développement de l'enfant. Les recherches sur les savoirs du quotidien ont développé un vocabulaire varié à ce sujet : théorie implicite du développement et de l'apprentissage, théorie naïve, représentations, croyances (dans le cadre de l'éducation informelle) ou curriculum caché (dans le cadre scolaire), etc.

Les trois composantes de la niche sont indissociables et concourent à construire chez l'enfant les caractéristiques personnelles et les compétences nécessaires à son intégration. Ces composantes ne sont pas fixes, mais s'ajustent au niveau de l'enfant (âge et capacités). B. Bril, convaincue qu'une analyse des trois composantes de la niche n'est pas suffisante pour expliquer la variation dans les apprentissages, propose d'analyser également la structuration de l'environnement, c'est-à-dire l'ensemble d'expériences potentielles et les mécanismes mobilisés pour acquérir des expériences spécifiques.

P. Dasen complète la niche de développement en y intégrant le modèle écoculturel de Berry[5]. Ce modèle préconise d'étudier le comportement par l'intermédiaire des processus de transmission culturelle et d'acculturation. Il soutient que la culture est une réponse fonctionnelle, une adaptation aux contextes écologiques et sociopolitiques.

La niche de développement fait partie d'un macrosystème qui englobe l'exosystème et le mésosystème.

Selon lui, la niche fait partie d'un macrosystème qui englobe l'exosystème et le mésosystème. L'exosystème est constitué des aspects économique, social, culturel, politique et physique qui influencent l'ensemble de l'encadrement éducatif de l'enfant. Le mésosystème structure les liens, l'harmonie et les interrelations entre l'enfant, les milieux essentiels et l'ensemble de l'écosystème.

La grande partie de la littérature ayant emprunté ce cadre théorique porte sur les savoirs indigènes, traditionnels ou coutumiers. Ces savoirs sont en général liés à une communauté locale, autochtone ou à un autre groupe de personnes s'identifiant à une culture traditionnelle en tant que dépositaires ou gardiens de ses savoirs et chargés de les transmettre. La littérature est divisée en deux grands domaines : les mathématiques produites sur les lieux de travail ou dans des activités familières (ethnomathématiques) et la transmission des savoirs familiaux (tissage, poterie, cornac, etc.). Ces recherches sont développées dans les pays du Sud. En Suisse et en France, la littérature se limite au domaine étroit de la migration, avec un accent particulier sur les phénomènes marginaux. Très peu d'études portent sur les phénomènes familiaux, scolaires, professionnels et sociaux généraux comme les rapports d'autorité, les conflits au sein des groupes, etc. Mais elles ont été d'un intérêt particulier quant à la modification de la théorie de la niche de développement qui s'applique désormais aux activités professionnelles. Par exemple, Léanza utilise le concept de niche professionnelle pour étudier l'activité des pédiatres auprès de patients migrants.

Savoirs du quotidien et ethnomathématiques

Les ethnomathématiques s'interrogent sur la question de l'universalité des mathématiques scolaires.

Les ethnomathématiques s'interrogent sur la question de l'universalité des mathématiques scolaires. Au Brésil, de nombreuses recherches ont montré la nature riche et diversifiée des mathématiques développées dans les activités quotidiennes. Vithal et Skovsmose (1997, *Educational Studies in Mathematics*) notent l'abondance d'activités de géométrie dans le travail des charpentiers. Carraher, Carraher & Schliemann (1985, *British Journal of Developmental Psychology*) montrent que les enfants vendeurs de bonbons dans la rue savent résoudre des problèmes arithmétiques. Acioly (1994, thèse de doctorat en psychologie, Université René-Descartes) constate que des vendeurs de loterie résolvent efficacement plusieurs types de problèmes mathématiques

Des vendeurs de loterie résolvent efficacement plusieurs types de problèmes mathématiques indépendamment de leur niveau d'instruction.

(entre autres les permutations) indépendamment de leur niveau d'instruction. Une revue de la littérature des savoirs mathématiques produits dans le cadre de l'éducation informelle[6] montre que la plupart des recherches portent sur des mathématiques figées (les chercheurs travaillent sur la base des documents et des livres issus des musées, des productions artisanales, sans contact avec les acteurs). Les auteurs proposent que les recherches soient faites sur des mathématiques vivantes, ce qui permettra de faire une analyse plus fine des processus mis en jeu.

Si les recherches ethnomathématiques confirment le rôle pratique des mathématiques apprises dans le contexte informel pour la résolution des problèmes courants, elles soulignent également des limites sur le plan de leur généralisation et de leur transfert. Notons d'une part l'incapacité des vendeurs de la rue d'expliciter leur démarche. D'autre part, l'incapacité des personnes moins scolarisées d'entrer en matière lors de la présentation de problèmes modifiés. Seuls les vendeurs de loterie plus scolarisés présentent des niveaux de résolution de problèmes plus élevés. L'ancienneté dans le travail conduit aussi à des niveaux plus élevés de stratégies employées.

Tout un débat est développé autour de l'intégration des mathématiques quotidiennes dans les programmes scolaires. Il comporte des aspects politiques liés à la revalorisation des savoirs mathématiques locaux. Depuis le Mozambique, Gerdes (1996, Kluwer Academic) défend l'idée de « dégeler » les mathématiques pour renverser les relations de pouvoir dans les pays colonisés et pour lutter contre les échecs scolaires. Rowlans et Carson (2002, *Educational Studies in Mathematics*) émettent des doutes quant à la pertinence d'une telle approche en soulignant que l'intérêt principal serait d'illustrer l'universalité des mathématiques et la diversité de ses formes d'expression. Les aspects pédagogiques du débat sont récents. Ils s'interrogent particulièrement sur l'intégration des approches ethnomathématiques dans les classes multiculturelles. À travers la théorie de l'enseignement culturellement adapté, Ladson-Billing[7] espère mettre en lumière comment les enseignants utilisent la culture des élèves pendant les cours de mathématiques aux États-Unis. En Suisse, les travaux menés par le groupe EOLE sont intéressants bien que ne portant pas sur les mathématiques.

J'ai lu

WEAVING GENERATIONS TOGETHER: EVOLVING CREATIVITY IN THE MAYA OF CHIAPAS

par P. M. Greenfield, Santa Fe, NM, School of American Research Press, 2004.

Ce livre présente les résultats d'une recherche longitudinale menée par Greenfield et son équipe depuis 1969 dans un village de tisserands appelé Nabenchauk, dans le Chiapas du Mexique. Préoccupée par la relation entre l'apprentissage et le contexte, elle étudie comment les tisserandes zinacanthèques enseignent le tissage à leurs filles au quotidien. Elle fait une microanalyse des processus d'apprentissage et d'enseignement du tissage en utilisant pour la première fois une association des méthodes nouvelles de collecte de données : l'enregistrement vidéo et l'entretien.

En 1970, l'enseignement était basé essentiellement sur l'« échafaudage » : les tisserandes guidaient alors soigneusement leur fille en prenant en charge elles-mêmes les aspects difficiles du tissage. Ce modèle d'enseignement sans erreur permet d'assurer la continuité de la tradition car, à l'époque, les tisserandes produisaient seulement quatre motifs de tissage. Les habits tissés étaient portés par les populations zinacanthèques. Seuls quelques tissages ratés étaient vendus aux touristes et les fils de tissage coûtaient très cher parce que produits à base de coton et de laine naturels. L'« échafaudage » est une intervention non verbale et ponctuelle de la tisserande qui permet à l'apprenante d'effectuer des tâches complexes et difficiles qu'elle n'aurait pas pu effectuer toute seule. La tisserande s'ajuste au niveau de développement de l'apprenante. L'échafaudage diminue à mesure que l'apprenante acquiert de l'expérience et disparaît lorsqu'il n'est plus utile.

Revenue vingt ans plus tard sur le terrain, en 1991, Greenfield constate que le village a connu des changements socio-économiques importants qui ont affecté l'enseignement du tissage. Des infrastructures modernes : routes, télévision, construction, électricité, etc. changent le mode de vie des villageois. Ces changements ont un impact sur le développement de l'activité commerciale du textile. Les familles de tisserandes sont engagées dans la commercialisation des textiles. Les matériaux textiles coûtent désormais moins cher car ils sont produits industriellement. On note l'existence sur le marché de plusieurs couleurs de fil. Ce qui implique la variété des tissages. Alors que le blanc et le rouge dominaient précédemment, le noir et le bleu prennent désormais de l'importance dans les tissages. Les motifs sont brodés, imprimés, tissés, symétriques, fleuris, multiformes et viennent de multiples sources parmi lesquelles les dessins et les catalogues. Les tisserandes passent plus de temps dans leurs commerces et n'ont plus le temps d'enseigner à leur fille. C'est l'apprenante qui initie désormais son propre apprentissage.

On passe alors du modèle d'échafaudage à celui d'essais et erreurs. L'apprenante fait appel à la tisserande ou à sa sœur aînée lorsqu'elle est en difficulté. Ce vent de changement est observé au niveau de la communauté tout entière. D'où le terme de créativité présent dans le titre du livre.

Lysette Ngeng

Leur objectif est d'attirer l'attention des élèves et des enseignants sur la diversité des langues (et par extension des mathématiques) et sur la complémentarité des approches pour leur apprentissage. Dasen parle de la pédagogie interculturelle ou pédagogie de la diversité qui consiste à puiser dans plusieurs cultures des contenus ou des démarches différentes pour la résolution d'un même problème. Cette orientation est proche de la problématique de la pédagogie plurielle, prônée dans le cadre de la mobilité internationale, qui insiste sur la nécessité de revisiter de manière critique le curriculum de l'éducation générale. Reste à savoir quelles en sont les implications pédagogiques et les activités à mener pour la formation des enseignants.

La pédagogie de la diversité consiste à puiser dans plusieurs cultures des contenus ou des démarches différentes pour la résolution d'un même problème.

Savoirs du quotidien et processus d'apprentissage

Les recherches ethnomathématiques ont identifié les savoirs mathématiques développés dans les activités quotidiennes. Mais comment ces savoirs sont-ils acquis ? Les recherches sur les processus d'apprentissage tentent de répondre à cette question. Elles s'intéressent aux interactions entre parents et enfants, formateurs et apprenants dans le cadre d'activités familiales et sociales. Elles étudient les modes de transmission des savoir-faire en lien avec le contexte socio-historique de production. Si les savoir-faire s'appliquent directement à une tâche, Gérard (2000, *Forum-Pédagogies*) ajoute qu'ils sont inclus dans les savoir-être. Car ils ne se transmettent pas sans représentations, croyances, valeurs, etc. Chamoux[8] distingue les savoir-faire généraux (transmis à tous) des savoir-faire particuliers (transmis à certaines personnes seulement en fonction du sexe, de l'âge ou des sous-groupes, par exemple les castes). Les travaux de Laine (2006, AJEI Toulouse) donnent une excellente illustration de cette définition. Il décrit le savoir-faire des cornacs en Asie comme particulièrement masculin et montre que sa transmission actuelle fait partie des défis de cette activité face aux nouveaux enjeux de la domestication des éléphants. Les enjeux sont partagés entre perpétuer une activité quotidienne locale (un savoir-faire autochtone) et militer pour les luttes politiques internationales de « défense » ou de privatisation de la faune.

Chamoux conclut que les savoir-faire sont inséparables des processus historiques et des rapports sociaux. Ces derniers « déterminent très largement la transmission des savoir-faire, et donc leur répartition entre les classes d'individus. Ils font l'objet de procès d'appropriation sociale, et inversement d'expropriation » (p. 73).

Les modes de transmission des savoir-faire sont variés. Pour apprendre, l'enfant procède tout d'abord par l'observation et l'imitation, note Rochefort (2005, thèse de doctorat, Université du Québec à Montréal) qui a identifié les savoirs que l'enfant Lébou (Sénégal) de six ans a acquis durant son enfance, servant ainsi à constituer le bagage de ses connaissances préscolaires. Mais l'apprentissage peut aussi être intentionnel, se faire « avec un maître » qui dirige l'attention, procède par démonstration guidée, et possède en fait toute une pédagogie implicite. Greenfield (voir l'encadré « J'ai lu » dans ce chapitre) a développé la théorie des deux modèles de l'éducation informelle pour décrire comment le rôle de la tisserande change en fonction du contexte historique d'enseignement et de production du tissage. Elle oppose l'enseignement guidé ou « échafaudage » (la tisserande réalise les aspects difficiles du tissage à la place de l'apprenante) à l'apprentissage par essais et erreurs (l'apprenante procède par tâtonnement et découverte). Le premier modèle est observé alors que les tisserandes mayas produisent elles-mêmes le fil de tissage pour fabriquer des vêtements portés localement. Ce modèle assure la continuité culturelle et s'oppose au modèle de la créativité observé vingt ans plus tard lorsque les apprenantes initient elles-mêmes leur apprentissage, les mères étant occupées par le commerce modernisé du textile. Cette conclusion ouvre le débat sur deux points : l'applicabilité de cette typologie à d'autres savoir-faire ; et la hiérarchisation des modèles ou leur existence indépendamment l'un de l'autre. Sur ce deuxième point, nous avons analysé les processus d'enseignement et d'apprentissage de la poterie au Cameroun : ces deux modèles coexistent. Nous suggérons que plusieurs recherches soient menées dans des contextes aussi diversifiés que variés pour élaborer une typologie très large, pouvant être adaptée à des recherches particulières.

L'enseignement guidé ou « échafaudage » s'oppose à l'apprentissage par essais et erreurs.

Curriculum, enseignement de la didactique et formation des enseignants

La conséquence de ces recherches est de créer un rapprochement entre l'éducation familiale, informelle et l'éducation scolaire. Trois questions importantes émergent dès lors : quels contenus (mathématiques) doivent-ils être enseignés ? Comment les enseignants et les élèves prennent-ils en compte leur diversité pour un enseignement adapté (des mathématiques) ? Comment les politiques intègrent-elles la pluralité pédagogique dans la formation des enseignants ? Ces interrogations résument les défis d'une pédagogie ouverte et décentralisée, débarrassée des écueils de la dérive culturaliste qui consistent à survaloriser le paramètre culturel en réduisant l'autre à sa culture.

Les défenseurs d'un curriculum mathématique critique suggèrent qu'il soit pluriel et propre à chaque individu. Un

QUESTIONS À

PIERRE DASEN, PROFESSEUR À L'UNIVERSITÉ DE GENÈVE

Comment définissez-vous les savoirs informels ?

PIERRE DASEN : Les savoirs informels consistent en tout ce qui est appris en dehors de l'école. Cela comprend donc toutes les influences d'enculturation et de socialisation que le milieu social (en général les parents et autres adultes, mais également les pairs) a sur l'individu en développement, sauf pour les savoirs explicitement transmis par l'institution scolaire. Mais même dans cette institution il y a de la transmission informelle, dans ce qu'on appelle le « curriculum caché », par exemple dans une valeur transmise inconsciemment comme celle de travailler rapidement.

Pourquoi insister sur l'aspect informel des savoirs ? Est-ce à dire que l'aspect formel n'est pas intéressant ?

P. D. : En sciences de l'éducation, presque toutes les recherches et les théories portent sur l'éducation formelle. Quant on parle d'éducation, on pense généralement à la scolarisation, et cela est devenu vrai pour l'ensemble de la planète, même là où l'école est en fait, historiquement, une imposition externe, souvent coloniale. Mais l'éducation est plus large, et correspond à l'ensemble de la transmission culturelle. Étudier la partie de cette transmission qui se fait dans les institutions formelles n'est pas inintéressant, mais n'épuise pas le sujet.

Vous défendez l'observation comme la méthode principale et efficace pour étudier les savoirs du quotidien. Pourquoi ?

P. D. : Pas exactement. Je défends une triangulation de méthodes, la combinaison de différentes méthodes pour cerner un objet d'études avec des perspectives différentes. Ainsi, il est important de savoir ce que pensent et disent les gens, comment ils voient eux-mêmes les choses ; il faut donc procéder par entretiens. Mais parfois, ce que les gens disent ne correspond pas tout à fait

aspect tel que la définition des contenus appropriés est en chantier. Ils sont tirés de l'expérience des élèves et des maîtres. C'est le cas du Maths Club de l'université d'Arizona qui a monté une expérience d'enseignement et d'apprentissage des maths extrascolaires auprès d'élèves et d'enseignants de diverses cultures. Intitulé « Maths is everywhere : connecting mathematics to student lives », le programme a pour but de connecter mathématiques scolaires et mathématiques pratiques. En général, les pratiques de tels programmes sont basées sur la recherche. Dans ce cas, elle consiste à faire des mesures au sein, puis autour de l'école et dans la communauté d'origine des participants. Les données recueillies permettent de poser des problèmes mathématiques culturellement appropriés. Le partage d'expériences permet de se rendre compte de la diversité des expériences, des méthodes et des outils de travail.

Par ailleurs, des propositions fortes émergent des recherches plus larges. Par exemple, l'idée de respecter les conventions mathématiques selon les pays. Des exemples concrets

à ce qu'ils font. Ils peuvent n'être pas conscients de ce qu'ils savent. Il faut donc aussi procéder par observation.
La recherche de Patricia Greenfield sur l'apprentissage du tissage chez les Zinacanthèques en est une bonne illustration : quant elle a demandé aux mères comment elles apprenaient à tisser à leurs filles, elles disaient « Moi, je ne fais rien, elles apprennent toutes seules ». Or, l'observation en utilisant des documents vidéo a montré que ce n'était pas du tout vrai. En intervenant constamment par échafaudage, les mères devaient en fait analyser avec précision où en était leur fille dans son apprentissage, ce qu'elle pouvait faire et ne pas faire, et structurer l'apprentissage en conséquence. Elles mobilisaient toute une pédagogie, même si celle-ci restait implicite et inconsciente.
Par ailleurs, il n'est pas toujours possible d'attendre qu'un savoir informel se manifeste spontanément ; ce serait souvent très long, ou en tout cas aléatoire. Le chercheur psychologue doit parfois provoquer le comportement à étudier, et donc utiliser des procédures expérimentales, comme des épreuves ou des tests. Ce qui est important, dans les recherches interculturelles comparatives, est de ne pas sauter les étapes : avant d'utiliser de telles procédures provoquées, il faut bien savoir ce que disent et ce que font les gens dans les situations quotidiennes, autrement dit, avoir une bonne connaissance de leur culture. C'est ce qui permet d'utiliser des procédures culturellement adaptées, et donc plus valides.

Comment peut-on prendre en compte la diversité culturelle dans la formation ?

P. D. : Partout dans le monde, même dans les sociétés qui resteraient en dehors des flux migratoires, il est important que l'école transmette une compréhension et le respect de la diversité culturelle, et du vivre ensemble. Il est donc indispensable que la formation des enseignants prenne cette perspective au sérieux, même dans les milieux soi-disant homogènes.

Pensez-vous que la pédagogie interculturelle est la seule orientation pour résoudre le problème de la diversité culturelle ?

P. D. : La diversité culturelle n'est pas un problème, ou ne devrait pas l'être. C'est parce que la pédagogie générale est souvent ethnocentrique que la diversité culturelle est vécue comme un problème plutôt qu'une richesse. Donc oui, toute pédagogie devrait être interculturelle.

Propos recueillis par
Lysette Ngeng

d'activités ethnomathématiques sont tirés de la diversité des systèmes de numération historiques, actuels, écrits et oraux. Girodet (1996, Didier) cite les systèmes monétaires, les mesures traditionnelles comparées aux systèmes métriques, les tailles de chaussure, la lecture des tickets de caisse. Une équipe élaborant des curricula pour les écoles multiculturelles polonaises propose des activités organisées autour d'événements comme les anniversaires et les œuvres des grands hommes de l'histoire mondiale. Mais toutes ces recherches déplorent le manque de matériel pédagogique pour un enseignement approprié. Si les changements au niveau de la révision des contenus sont rapides, ceux concernant la formation des enseignants avancent timidement. Des chercheurs américains et canadiens relèvent le contraste entre les discours politiques reconnaissant la démographie galopante de la population scolaire multiculturelle et les pratiques de formation statiques. On peut regretter avec Pierre Dasen que les approches interculturelles ne figurent dans les plans de formation des enseignants que de façon optionnelle. Au Sénégal et au Cameroun par exemple, l'introduction des langues nationales à l'école n'est pas suivie dans la formation des maîtres. Néanmoins les enseignants en formation sont sensibilisés pour considérer leurs classes comme des lieux de recherche.

On peut regretter que les approches interculturelles ne figurent dans les plans de formation des enseignants que de façon optionnelle.

NOTES

1. P. Dasen, « Theoretical frameworks in cross-cultural developmental psychology: An attempt at integration », *in* T. S. Saraswathi (dir.), *Cross-Cultural Perspectives in Human Development: Theory, Research, & Applications*, New Delhi, Sage India, 2003, p. 128-165.
2. C. Super, S. Harkness, « The developmental niche: a conceptualization at the interface of society and the individual », *International Journal of Behavioral Development*, 1986, p. 545-569.
3. B. Bril, « Contextes et apprentissage », *Intellectica*, vol. 2, n° 35, 2002, p. 251-268.
4. P. Dasen, « L'approche interculturelle du développement », *in* J. Lautrey (dir.), *Psychologie du développement et de l'éducation*, Paris, PUF, 2007, p. 197-225.
5. J. W. Berry, Y. H. Poortinga, M. H. Segall, & P. R. Dasen, *Cross-Cultural Psychology, Research and Applications (second edition)*, Cambridge, Cambridge University Press, 2002.
6. P. Dasen, A. Gajardo et L. Ngeng, « Éducation, ethnomathématiques et processus d'apprentissage », *in* O. Maulini et C. Montandon (dir.), *Les formes de l'éducation : variétés et variation. Raisons Éducatives*, Bruxelles, De Boeck, 2005, p. 39-63.
7. G. Ladson-Billing, « Toward a theory of culturally relevant pedagogy », *American Educational Research Journal*, vol. 32, n° 3, 1995, p. 465-491.
8. M.-N. Chamoux, « Les savoir-faire techniques et leur appropriation : le cas des Nahuas du Mexique », *L'Homme*, vol. 21, n° 3, 1981, p. 71-94.

Pour conclure, la niche de développement se présente comme un cadre pertinent pour l'analyse des savoirs. Les contextes de vie offrent d'immenses possibilités et des expériences d'apprentissage à prendre en considération lors de l'élaboration du curriculum. Les implications pédagogiques concernant la révision des contenus d'enseignement et la formation des enseignants sont importantes, mais restent superficielles. Elles représentent des contributions et des additions d'éléments culturels discrets aux contenus de formation déjà existants. Une solution plus forte est de procéder à une action de transformation profonde, c'est-à-dire d'introduire des perspectives multi et interculturelles dans le curriculum général. C'est un projet lourd qui mérite néanmoins une grande attention.

Chapitre 21
Une théorie de l'apprentissage adaptée : l'apprentissage comme participation

Gilles Brougère

Les différents chapitres de cet ouvrage ont mis en évidence les multiples apprentissages qui pouvaient résulter de l'immersion dans la vie quotidienne sous ses divers aspects, qu'il s'agisse de vie familiale, de travail, de loisir, mais aussi des activités politiques ou des luttes sociales. Reste à comprendre comment on peut apprendre de la vie quotidienne dans la mesure où, le plus souvent, aucun enseignement, aucune didactique n'apparaissent. Cet apprentissage se caractérise par son absence de visibilité, qui est due pour partie à son imbrication dans l'activité elle-même. Ce constat d'un apprentissage non dissocié de la pratique a conduit certains auteurs à considérer que la notion de participation pouvait être une clé pour comprendre de telles situations. Autour de ce concept s'est développée une théorie sociale de l'apprentissage ou théorie de l'apprentissage situé (*situated learning*) qui nous semble particulièrement adaptée à l'analyse de la vie quotidienne. C'est en participant que l'on apprend.

Qu'est-ce que participer ?

Selon le *Robert*, participer c'est « prendre part à ». Rien de plus commun, de plus répandu. Cela renvoie à l'idée de faire avec, aux notions combinées d'activité et de collectif. Pour suivre l'analyse de Wenger[1], le principe de participation nécessite à la fois action et connexion. La dimension collective est ici essentielle : participer c'est s'engager dans une activité partagée. Cela implique la reconnaissance mutuelle de cette participation qui en devient légitime. Derrière la participation, il y a donc des groupes qui lui donnent sens et lui confèrent un cadre, groupes que les théoriciens de cette conception de l'apprentissage ont nommés « communautés de pratique », renvoyant à la double dimension d'une relation à d'autres, dans le cadre d'un faire, d'une pratique, d'actions ou d'activités.

C'est bien de ces participations que la vie quotidienne est tramée. Qu'il s'agisse des tâches de la vie domestique qui consistent à assurer ensemble, même si c'est de façon très inégale selon les membres, les tâches de production et de reproduction du monde domestique dans la communauté de la famille (ménage, cuisine, mais aussi loisirs collectifs ou conversations, voire simplement vivre ensemble) ou de celles du travail qui supposent des modalités d'organisation et de collaboration variables en fonction des métiers ou des entreprises. Dans les deux cas, les pratiques quotidiennes renvoient toujours à nos participations à différents groupes.

La participation n'est pas nécessairement co-présence, elle peut impliquer des activités séparées.

Certaines activités apparaissent solitaires, mais renvoient à une communauté sous-jacente : je peux prendre seul mon repas, mais je le fais dans un espace qui a été organisé et produit par d'autres membres de la famille, en mangeant un plat qui a pu être acheté collectivement, etc. La participation n'est pas nécessairement co-présence, elle peut impliquer des activités séparées. Celles-ci n'en sont pas moins liées à d'autres qui leur donnent sens, les insèrent dans un quotidien collectif, construit à partir d'interactions dont certaines sont différées.

Les modalités de la participation

Si la vie quotidienne est faite de participations à de multiples activités à travers partages et interactions, cela ne signifie pas pour autant que chacun participe de la même façon. Lave et Wenger[2] ont mis en évidence dans de nombreuses situations, telles que l'apprentissage des tailleurs du Liberia ou l'organisation des Alcooliques Anonymes aux États-Unis, comment les membres de ces communautés passaient d'une posture de participation périphérique légitime à celle d'une pleine participation. Apparaît ainsi une carrière de membre où l'on peut être accepté mais avec une position périphérique qui permet à la fois de découvrir, d'apprendre avant de maîtriser les compétences d'une participation pleine mais aussi de construire son identité de membre de cette communauté. Il n'est pas certain que tous les groupes fonctionnent avec une organisation aussi progressive de l'appartenance à la communauté et confèrent légitimité à une position qui tout en étant périphérique n'en est pas moins reconnue.

Mais nous pouvons retenir de cela l'idée que la participation ne se décline pas selon le tout ou rien, mais en fonction de modalités diverses : on participe plus ou moins, avec une position plus ou moins dominée, centrale, pleine. Le débutant peut avoir une participation aménagée. Ces différentes modalités de participation peuvent ainsi permettre d'apprendre en intervenant progressivement dans des participations plus exigeantes en fonction des compétences acquises. Participer, c'est parfois ne pas participer pour se préparer à le faire.

Les moyens et les supports de la participation

Il y a donc une carrière des participants, une progression de la participation. L'observation est sans doute un des moyens le plus souvent mis en œuvre quand il s'agit de faire avec d'autres. Le débutant regarde ce que font les autres avant de se lancer à son tour. On peut voir ce principe à l'œuvre dans les jeux de la cour de récréation : un long temps d'observation est nécessaire à certains enfants alors que d'autres se lancent plus vite au risque d'être rabroués pour leurs impairs.

L'observation est sans doute un des moyens le plus souvent mis en œuvre quand il s'agit de faire avec d'autres.

Imiter, faire comme les autres, est également un moyen d'apprendre fort répandu et efficace en ce qui concerne les pratiques quotidiennes. Cela suit l'observation et permet d'adapter son action en fonction des réactions qu'elle suscite.

J'ai lu

SITUATED LEARNING : LEGITIMATE PERIPHERAL PARTICIPATION

par J. Lave et E. Wenger, Cambridge, Cambridge University Press, 1991.

Cet ouvrage propose une analyse, voire une redéfinition, de l'apprentissage (au sens de *learning*) en s'intéressant aux interactions entre « anciens » et « nouveaux », entre maîtres et élèves dans une pratique culturelle. S'appuyant sur cinq études ethnographiques consacrées à des communautés diverses (confectionneurs de vêtements au Liberia, sages-femmes en Amérique du Sud, ou encore Alcooliques Anonymes aux États-Unis), Lave et Wenger montrent à travers une description de pratiques sociales en apparence hétérogènes que l'apprentissage, peu importe la nature de ce qui est appris, est un processus de *participation* à des groupes sociaux, à ce qu'ils nomment des *communautés de pratique.* Selon les auteurs, on ne peut séparer l'apprentissage de la communauté qui lui donne sens et forme : apprendre c'est participer à des pratiques sociales et participer c'est apprendre.

Lave et Wenger développent ainsi une analyse située de l'apprentissage en focalisant leur attention sur la dimension sociale de l'apprentissage : l'environnement, le contexte, les relations entre maître et élève, les interactions entre les nouveaux venus sont des variables essentielles. Tout aspirant à une pratique sociale apprend non seulement ce qu'il faut pour « faire le boulot », autrement dit l'ensemble des compétences implicites ou explicites constitutives de la pratique partagée par une communauté, mais il apprend dans le même temps ce que signifie, dans ses dimensions corporelles, affectives, langagières et identitaires, « être un tailleur », « être un ancien alcoolique », « être une sage-femme ». Il existe selon eux une relation fondamentale et indissociable entre identité et *praxis.* Pour autant, précisent les auteurs, il ne suffit pas qu'il y ait communauté pour qu'il y ait apprentissage. En effet, le nouvel arrivant doit non seulement « vouloir en être » et participer, mais il doit dans le même temps être reconnu comme « légitime » par la communauté. Plus encore, celle-ci doit mettre en place de façon plus ou moins formalisée une zone d'apprentissage qui permet au nouveau venu d'expérimenter les différentes facettes d'une pratique. Elle doit proposer des identités fortes de sorte que le novice soit intégré dans la « culture » de la communauté.

Cette relation entre participation, légitimité, communauté et apprentissage est le titre et la thèse du livre : l'apprentissage est affaire de *participation périphérique légitime* à une communauté.

Vincent Berry

Une autre modalité consiste à faire des tâches aisées, faciles (ou facilitées par ceux qui encouragent la participation). Au lieu de se lancer dans les tâches les plus complexes, ou dans la tâche dans sa totalité, on commencera par effectuer une tâche plus simple, une partie plus facile de la tâche, une tâche simplifiée. L'étude de l'apprentissage traditionnel du tissage[3] montre une participation progressive mais toujours effective, limitant ainsi l'apprentissage par essais et erreurs. Celui-ci supposant sans doute une sortie de la participation pour créer un espace spécifique et séparé de l'apprentissage, avec un risque de gaspillage de la matière, ce que certaines sociétés ne peuvent se permettre. Les essais ne sont possibles que dans la mesure où ils ont toute chance d'aboutir à la réussite, quitte à ce que l'apprenti soit étroitement encadré pour cela.

La participation peut s'appuyer sur les multiples objets qui organisent et cadrent l'activité, et constituent autant de ressources pour le participant. Si l'observation de l'usage des objets est un préalable, les objets eux-mêmes, par leur fonction, me permettent de comprendre ce que je n'ai pas vu.

Le participant n'est pas nécessairement livré à lui-même, il est guidé. Rogoff[4] a proposé la notion de participation guidée pour montrer, entre autres, comment les adultes guident les enfants dans leur prise en charge des activités du quotidien. C'est vrai bien au-delà de l'éducation des plus jeunes. Par l'exemple (« fais comme moi »), par le soutien corporel, par les conseils oraux, mon action est guidée de façon à s'accorder à ce qu'elle doit être dans tel ou tel contexte.

Participation délibérée aux communautés

Selon Rogoff[5], il en résulte une modalité particulière d'apprentissage qui est dominante dans les sociétés où les enfants ne sont pas séparés de la vie quotidienne adulte et de ses tâches, comme c'est le cas avec le développement de l'école. L'aspect délibéré est important : les enfants participent en développant une attention acérée à ce qui se passe. L'observation n'est pas simple réception mais anticipation de la participation. Progressivement, en fonction de ses progrès, l'enfant est impliqué dans des tâches plus complexes, pour autant qu'il le veuille car il se doit d'être prêt. L'enfant y apparaît comme le participant périphérique légitime décrit par Lave et Wenger. Il y a donc place pour l'initiative de celui-ci et, loin de tout étalonnage précis entre une tâche et un âge, il importe que chacun s'insère à son rythme. La valorisation des tâches adultes est une motivation à parti-

L'observation n'est pas simple réception mais anticipation de la participation.

ciper. On voit ainsi dans certaines sociétés un faible développement du jeu symbolique au profit d'une participation périphérique aux tâches adultes.

L'école est, au contraire, marquée par la ségrégation des enfants par rapport aux tâches adultes.

L'école (qui est du type, pour reprendre l'expression de Rogoff, « instruction selon le modèle du travail à la chaîne ») est, au contraire, marquée par la ségrégation des enfants par rapport aux tâches adultes. Il s'agit d'un détour, d'une préparation à l'âge adulte qui ne passe pas par la participation à ses tâches mais par l'insertion dans des activités spécifiques aux enfants sous la direction de maîtres qui n'y participent pas. De plus, le modèle scolaire marqué par le fait d'organiser des tâches enfantines spécifiques, définies par leur dimension éducative sans contribution aux activités adultes, transforme les modalités de relations entre parents et enfants. Les mères scolarisées ont tendance à reproduire avec leurs propres enfants ce modèle d'apprentissage et à donner des « leçons » de vocabulaire, à faire répéter l'enfant, à lui poser des questions dont elles connaissent la réponse.

Cependant l'apprentissage par participation délibérée aux communautés n'a pas pour autant disparu de nos sociétés. Malgré l'influence scolaire, il reste présent dans les familles pour les apprentissages comme le langage. On peut en trouver des traces dans toutes sortes d'activités, comme le montre l'exemple de l'apprentissage des statistiques fait par Rogoff elle-même en les pratiquant dans sa communauté scientifique et non par un détour scolaire. Cet exemple, ainsi que d'autres renvoyant aux apprentissages de savoirs abstraits (chez les Maoris de Nouvelle-Zélande par exemple) par participation délibérée, montre que cette modalité d'apprentissage ne se limite pas à celui de la maîtrise de pratiques du quotidien. Il importe de dissocier modalités d'apprentissage et résultats ou contenus de l'apprentissage.

Participer ou apprendre

Ce qui caractérise cette façon de voir les choses c'est qu'il n'est pas question d'apprentissage au sens strict. Il s'agit de participer, de vouloir participer, d'intégrer un nouveau participant, de prendre en charge telle ou telle activité. Ce faisant on apprend sans nécessairement s'en rendre compte, sans toujours le vouloir. Ce qui prime c'est de participer, de faire avec les autres, d'être un membre d'une communauté de pratique.

L'apprentissage n'est pas séparé, isolé, il est l'effet de la participation, il est la participation elle-même, « évaluée » par ma transformation dans ma capacité à participer, ce que certains peuvent appeler le développement. L'apprentissage est défini aussi bien par Rogoff que par Lave ou Wenger comme le processus de transformation de la participation dans les activités ou pratiques culturelles en cours.

L'apprentissage n'est pas séparé, isolé, il est l'effet de la participation, il est la participation elle-même.

Apprendre de la vie quotidienne serait alors participer à la vie quotidienne, deux éléments indissociables comme les deux faces d'une pièce de monnaie. Apprendre c'est participer, participer c'est apprendre. Mais alors les modalités de l'apprentissage dépendent de celles de la participation. Nous avons vu que les modalités de la participation peuvent être fort différentes. Nous n'avons fait qu'évoquer le côté positif de cette différence à travers la figure du débutant, du novice qui progresse dans la participation.

Mais la participation peut être limitée pour d'autres raisons, soit parce que je ne souhaite pas (trop) participer, soit parce qu'on ne me laisse pas (trop) participer. Cela constitue autant de limites à l'apprentissage.

Engagement et affordance

Au-delà de la construction sociale de la situation, on peut avec Stephen Billett[6] s'intéresser à l'agir de l'individu, à l'intensité de sa participation ou de son engagement, aspect essentiel pour qu'il y ait ou non apprentissage. Plus fort sera l'engagement, plus importante sera la participation et donc l'apprentissage en situation. Mais on peut ne pas s'engager, tel le stagiaire qui en fait le minimum, ne comprenant pas bien l'organisation où il se trouve à force d'éviter toute tâche qui irait au-delà de ce qu'il sait faire. Une étude sur les employés de sociétés viticoles de Nouvelle-Zélande a montré comment les responsables de l'entretien des pieds de vigne, aux perspectives de carrière limitées, pouvaient choisir ce métier pour l'agrément de la vie à la campagne et s'engager plus volontiers dans des activités de loisir comme la chasse que dans leur activité professionnelle.

Encore faut-il que la situation offre (*afford* en anglais) des occasions de s'engager, de participer. On peut donc, en reprenant le terme issu de la psychologie de la perception de Gibbson, prendre en compte l'*affordance* d'une situation par rapport à l'individu et à son engagement potentiel. La même étude a montré que les responsables de la vinification avaient de multiples occasions de réunion avec des collègues d'autres sociétés, pouvaient confronter ce qu'ils faisaient au travail des autres entreprises. Limiter la participation c'est réduire l'*affordance* de la situation et donc son potentiel d'apprentissage. Rendre possible l'engagement dans de nouvelles activités au contraire accroît ce potentiel.

Ainsi l'*affordance* d'une situation (qui est spécifique à un sujet singulier) vaut pour ce qu'elle offre de nouveau, d'original, de différent par rapport à celles que le participant a connues auparavant. Pour le jeune allant passer six mois dans un autre pays, la vie quotidienne domestique, mais aussi celle du lycée, différente de ce qu'il connaît dans son propre pays, peuvent être caractérisées par une *affordance* importante, plus forte que celle souvent routinisée de son quotidien national. Mais, pour s'actualiser, il faut encore qu'elle lui permette participation (que l'on ne crée pas d'obstacles à son accès en le mettant par exemple en marge de la famille ou du lycée) et ainsi qu'il puisse s'engager dans la situation. On peut alors imaginer que l'apprentissage sera maximisé. C'est donc l'engagement dans la participation qui ferait de celle-ci un apprentissage.

Les conditions de l'apprentissage

La vie quotidienne est donc un espace d'apprentissage à travers le simple fait d'y participer, mais les modalités de cette participation ont un effet sur son potentiel éducatif. Encore faut-il un engagement dans la situation et que celle-ci offre des possibilités réelles de participation, à commencer par l'observation (qu'elle se donne à voir).

La vie quotidienne est donc un espace d'apprentissage à travers le simple fait d'y participer.

En participant, j'apprends à participer, à maîtriser la pratique de référence, mais sans doute également d'autres pratiques similaires sous un aspect ou un autre, ce que je ne découvrirai qu'à l'occasion de la rencontre avec ces nouvelles situations. J'apprends également les savoirs liés à ces pratiques, les valeurs associées. Ce faisant je me transforme, je deviens celui qui est capable de faire ceci ou cela, qui connaît ceci ou cela.

La répétition, la routine, la maîtrise peuvent conduire à une saturation de l'apprentissage au sens où l'*affordance* de la situation se trouve réduite. Un changement de lieu, de métier, la rencontre de nouvelles personnes viennent rompre cette répétition et, sous réserve que je m'engage, offrir de nouvelles possibilités de participation et d'apprentissage. On retrouve ici, mais de façon plus large, la notion de participation périphérique légitime. L'idée serait que ce n'est pas la participation dans sa globalité qui serait apprentissage, mais certaines de ses modalités, les moments de début (ou de recommencement par rapport à de nouvelles tâches), de marge, de déstabilisation.

Il importe alors de regarder moins chaque participation que la carrière « participative » d'un individu. Il a appris, il s'est transformé, en participant à des activités qu'il a progressivement maîtrisées. Une carrière d'apprentissage, c'est une succession d'engagements dans de nouvelles participations. On peut évoquer l'arrivée de nouveaux outils tels l'ordinateur ou Internet comme bouleversement des conditions de participation et renouvellement de ses modalités et donc comme possibilités nouvelles d'apprentissage. Mais toujours sous réserve que l'*affordance* de la situation offre de réelles possibilités d'engagement. Ces outils ont à la fois modifié les conditions de participation et ouvert de nouvelles modalités de participation dites virtuelles. Mais le terme est trompeur, car la participation à une communauté sur Internet est bien réelle, à travers des pratiques concrètes (écrire, parler, échanger, répondre, etc.).

Quelles conséquences pour les apprentissages scolaires ?

L'école apparaît à certains comme un mode d'apprentissage qui rompt avec la participation : le détour, la spécialisation des professionnels, même si l'école engendre son propre quotidien auquel les élèves participent selon les modalités de la participation délibérée à une communauté. On peut souligner alors l'opposition entre deux modes d'apprentissage, l'apprentissage par participation d'un côté, l'apprentissage par transmission (lié à l'enseignement) ou par acquisition (si l'on s'attache plus à l'activité de l'élève) de l'autre.

Il existe deux modes d'apprentissage opposés : l'apprentissage par participation et l'apprentissage par transmission.

Une autre vision supposerait de considérer la participation comme seul modèle possible pour comprendre l'apprentissage. En effet, où que l'on soit, apprendre serait participer et réciproquement. L'école relèverait bien de cette logique, sans que les acteurs en aient nécessairement conscience. Les élèves comme les enseignants s'inscrivent dans des pratiques sociales auxquelles ils participent, entrelaçant les éléments strictement scolaires ou éducatifs et les autres aspects sociaux (hiérarchie, organisation des classes et des savoirs) qui en sont indissociables. Par participation, l'enfant apprend à devenir un élève, à jouer sa partition, à maîtriser les pratiques sociales très spécifiques que sont les pratiques scolaires avec les valeurs et connaissances associées. Il pourrait parfois retrouver suffisamment de similitudes avec d'autres pratiques professionnelles pour y être préparé comme ne pas pouvoir transposer dans un cadre non scolaire des pratiques scolaires (par exemple le fait de parler une langue étrangère). Il apprendrait d'autant mieux

QUESTIONS À

BARBARA ROGOFF, PROFESSEUR EN PSYCHOLOGIE DU DÉVELOPPEMENT, UNIVERSITÉ DE CALIFORNI

Vous avez fait de la notion de participation une notion centrale de votre théorie. Pouvez-vous l'expliquer ?

BARBARA ROGOFF : J'ai utilisé le terme participation, d'abord dans l'expression « participation guidée », pour mettre l'accent sur l'activité mutuelle entre les enfants et leur entourage. Mais le terme ne peut être employé sans évoquer à quoi l'on participe. Cela implique de regarder non pas ce que les individus font mais dans quels espaces sociaux, au sein de quelles institutions culturelles ils le font.

Qu'apprenons-nous quand nous participons ?

B. R. : On ne peut participer sans apprendre. Dans toute situation, il y a des aspects nouveaux. L'apprentissage c'est une façon de faire avec ce que nous n'avons pas rencontré auparavant ; qu'il s'agisse de quelque chose d'assez similaire à ce à quoi nous avons déjà été confronté ou de véritablement différent. Ainsi, dans le processus de participation à cette conversation, nous devons saisir des éléments en commun pour aller plus loin. Nous apprenons un peu dans ce processus. C'est le cas tout au long de la vie. De la même façon, c'est en participant que les enfants apprennent à l'école. Ainsi l'élève fauteur de troubles doit apprendre la façon dont le maître structure l'activité, de façon à intervenir avec le plus d'efficacité possible pour les autres élèves tout en prenant le moins de risques par rapport au maître. Cela implique beaucoup d'apprentissages quant à la façon dont l'enseignant organise son travail.

Vous avez mis l'accent sur la question de la ségrégation entre enfants et adultes.

B. R. : La ségrégation des enfants et des adultes conduit à perdre l'occasion de partager des activités. Ainsi, la logique de l'école renvoie à la nécessité d'expliquer des choses à des personnes qui ne sont pas là pour les voir ou les faire. Les enfants sont séparés des activités importantes de leurs communautés, mais cette ségrégation existe également à l'intérieur et au cours de la vie adulte. Par exemple, quand vous

que sa participation serait forte, c'est-à-dire que la situation lui proposerait des modalités importantes d'engagement auxquelles il souscrirait.

Une troisième voie qui se développe aujourd'hui consiste à emprunter à la logique de participation délibérée à des communautés des modalités d'apprentissage transférables à l'école. Cela peut se traduire par la participation parentale, par la transformation des situations d'apprentissage pour permettre aux enfants de participer à des tâches réelles, reprenant certaines perspectives de l'éducation nouvelle ou de la pédagogie Freinet qui dans certains cas avaient bien mis en avant la participation des enfants.

Au-delà des limites de ce centrage sur l'apprentissage comme participation, la théorie de la participation nous permet de saisir une autre logique de l'apprentissage que celle de l'enseignement, de l'école. Elle permet surtout de comprendre comment le quotidien peut être un espace d'apprentissage puisqu'il est ouvert à la participation de tous

SANTA CRUZ

avez 20 ans et que vous n'avez pas d'enfants, vous ne rencontrez que des personnes dans ce cas. Quand plus tard vous avez un enfant, vous ne savez pas quoi faire. Il devient difficile aux enfants de partager les mêmes activités que les adultes. Mon message met l'accent sur la nécessité d'offrir aux enfants la possibilité d'observer, d'écouter, de participer. C'est une source importante pour l'apprentissage.

Y a-t-il une différence d'apprentissage entre les enfants et les adultes ?

B. R. : Oui, certes sur la base d'importantes similarités. Enfants et adultes ont des expériences différentes. Par exemple dans le cas d'une école expérimentale comme celle avec laquelle j'ai travaillé en Utah[1], il est plus difficile pour les adultes que pour les enfants d'apprendre la structure de l'école, parce que les adultes ont l'expérience de différentes structures ; ils viennent avec une vision qu'il est difficile de changer pour une autre. Les enfants arrivent sans attente sur ce que doit être une école. C'est la même raison qui explique pourquoi il est plus difficile à un adulte d'apprendre une nouvelle langue. Nous avons des attentes liées à notre langue qui entravent l'usage d'une autre langue, comme la façon de placer le verbe au sein de la phrase. C'est vrai dans de nombreux domaines. Les enfants souvent prennent plus facilement des risques face à la nouveauté. Confronté à une situation nouvelle un adulte est souvent plus timoré pour essayer qu'un enfant, mais certains adultes, plus sûrs d'eux, ne le sont pas. L'idée générale d'un apprentissage par participation au cours des événements s'applique tout autant aux adultes qu'aux enfants.

À travers quelles sortes de participation apprenons-nous ?

B. R. : On apprend dans toutes sortes de situations. Dans les situations qui sont conçues pour apprendre, on peut apprendre comment éviter de participer, ce qui est encore apprendre. La représentation que l'on se fait de l'apprentissage est liée à l'activité scolaire et aux examens, avec une grande importance donnée à la mémorisation. Souvent, dans la vie quotidienne, vous apprenez d'autant plus que vous ne savez pas que vous apprenez. Chez les personnes qui ont passé plusieurs années à l'école, on ne nomme pas l'apprentissage de la vie quotidienne apprendre quand il s'éloigne de la forme scolaire. Mais apprendre au moyen de l'observation et de l'activité conjointe est une modalité importante de l'apprentissage.

Propos recueillis par Gilles Brougère

1. B. Rogoff, C. Goodman Turkanis, L. Bartlett, *Learning Together – Children and Adults in a School Community*, Oxford, Oxford University Press, 2001.

par définition (et par opposition aux activités spécialisées ouvertes à certains seulement).

J'apprendrais donc le quotidien de ma société en y participant. Il n'y a pas d'école ou de cours pour savoir vivre au quotidien. Cela s'apprend dans l'immédiateté de la participation, ce qui conduit à rendre invisible ce savoir que l'on ne découvre dans sa spécificité que le jour où l'on est confronté à un quotidien différent. Au-delà, j'apprends par et dans le quotidien qui est doté d'une épaisseur, infiltré de savoirs, de valeurs. Cet apprentissage ne se limite pas à la maîtrise de la pratique quotidienne, mais il est acquis à l'occasion de la participation à la pratique quotidienne. Tel est le cas à l'évidence de la langue maternelle, parfois d'une langue étrangère. C'est ensuite la diversité des pratiques sociales quotidiennes analysées dans cet ouvrage, leur façon d'offrir au sujet un engagement, qui permet de multiplier et d'enrichir les apprentissages.

NOTES

1. E. Wenger, *La théorie des communautés de pratique*, Sainte-Foy, Les Presses de l'Université Laval, 2005.
2. J. Laver et E. Wenger, *Situated Learning : Legitimate Peripheral Participation*, Cambridge, Cambridge University Press, 1991.
3. F. Tanon, « Découpage du savoir, apprentissage et transfert de connaissance ». *Techniques & culture*, 1997, n° 28, p. 65-82.
4. B. Rogoff, *Apprenticeship in Thinking : Cognitive Development in Social Context*, Oxford, Oxford University Press, 1999.
5. B. Rogoff *et al*, « Développement des répertoires culturels et participation des enfants aux pratiques quotidiennes », *in* G. Brougère et M. Vandenbroeck (dirs), *Repenser l'éducation des jeunes enfants*, Bruxelles, Peter Lang, 2007.
6. S. Billett, « Working participatory practices : conceptualising workplaces as learning environments », *Journal of Workplace Learning*, vol. 16, n° 5/6, 2004, p. 312-324.

Liste des auteurs

Vincent Berry, Doctorant et chargé de recherche, EXPERICE, Université Paris 13

Gilles Brougère, Professeur, EXPERICE, Université Paris 13

Philippe Carré, Professeur, CREF, Université Paris X-Nanterre

Lucette Colin, Maître de conférences, EXPERICE, Université Paris 8

Philippe de Leener, Professeur, Université catholique de Louvain

Julie Delalande, Maître de conférences, CERSE, Université de Caen Basse-Normandie

Renato Di Ruzza, Professeur, Département d'ergologie, Université de Provence

Dieynébou Fofana, ATER, Université de Rouen, Chercheuse associée au CREF de Paris X-Nanterre

Ismaël Ghodbane, Doctorant, Institut de psychologie et éducation, Université de Neuchâtel

Stéphane Hanczyk, Chargé d'enseignement, Université Paris Est

Jean Houssaye, Professeur, CIVIIC, Université de Rouen

Jonathan Kaplan, Consultant, Chargé de cours, Membre du CREF, Université Paris X-Nanterre

Martine Morisse, Maître de conférences, Université Charles-de-Gaulle, Lille 3 Laboratoire Théodile - CIREL et CNAM - Paris

Hakima Mounir, Maître de conférences, Université Paris Est (ERTE Rev)

Lyzette Ngeng, Enseignante-assistante, Département de psychologie et sciences de l'éducation, Université de Yaoundé I

Jean Retschitzki, Professeur, Département de psychologie, Université de Fribourg (Suisse)

Jean-Yves Robin, Professeur, Laboratoire de recherche en éducation et formation, Université catholique de l'Ouest

Daniel Schugurensky, Professeur, Centre pour les études urbaines et de la communauté, Université de Toronto

Régine Sirota, Professeur, Centre de recherche sur les liens sociaux, Université Paris Descartes

Anne-Lise Ulmann, Maître de conférences, CNAM, Chaire de formation des adultes

Alain Vulbeau, Professeur, Département des sciences de l'éducation, Université Paris X-Nanterre

Cet ouvrage a été composé
par I.G.S. – C.P. à Angoulême
Imprimé en France
par MD Impressions
73, avenue Ronsard, 41100 Vendôme
Mars 2009 — N° 55 217

MD Impressions est titulaire du label Imprim'Vert®